国际视野与
中国实践

生活质量的指标体系研究

张蕾◎著

上海三联书店

目　　录

引　言

一、选题背景

　　20 世纪 50 年代以来,随着全球范围内的经济衰退和发展萧条的出现,无论是处于所谓的"高额群众消费阶段"的发达国家,还是已经处于"起飞阶段"的发展中国家①,都不同程度地面临着经济发展停滞不前、环境恶性破坏、贫富分化悬殊、暴力犯罪猖獗、医疗保障和教育卫生等基本资源匮乏的窘境,由此引发了一系列的社会性问题,也使得人们对传统的唯经济发展优先的发展理念产生了强烈质疑。越来越多的专家学者开始猛烈抨击盲目崇拜物质进步的经济理论和经济政策。以 GDP 为代表的、曾经奉为圭臬的衡量国家发展的指标也成为了公众批判的标靶。如何正确评估人类社会的发展状况,科学引导人与自然和谐相处成为迫切的现实与理论课题。正是在这样一种社会发展理念转变的背景中,生活质量概念开始引起人们越来越多的关注。它不仅在政策层面上逐渐代替了那些饱受质疑的狭隘经济发展目标,成为衡量国家和地区社会发展和谐程度的重要指引,而且在日常生活领域潜移默化地改变着人们对生活和自身发展的认知与态度。

---

　　①　"高额群众消费阶段"和"起飞阶段"的划分源自罗斯托的经济成长阶段论,具体介绍参加本研究第五章的相关内容。

　　作为一种全新的社会理念，生活质量已经广泛渗透到社会生活的方方面面，成为最具影响力的研究领域之一。时至今日，它早已不再仅仅是衡量国家人民生活福利状况的一系列指标，从国家银行的收支平衡状况，到个体对生活的幸福感知；从特殊人群的健康照顾，到城市社区的发展状态，生活质量不但将许多社会指标联系在一起，从而提供了一个评价社会政策成功与否的标准，而且成为公共政策市场化进程中必不可少的一部分（Rapley，2003）。正如兰德（Kenneth Land）指出的，生活质量概念不仅提供了一个社会经济政策的目标，而且包括了所有的（至少是许多的）生活领域，并且除了将个体物质和非物质的福利纳入研究之外，还把诸如自由、公正、对当代及子孙后代自然生存条件的保障等集体价值纳入到生活质量研究中（Land，2000）。研究领域的拓展使得生活质量指标体系的建构也在不断扩充和完善。

　　生活质量指标体系的建构需要跨学科的参与以及多方机构的努力。从研究起步至今的几十年间，越来越多的国际组织、政府机构和专家学者为生活质量的定量评估展开了深入持久的研究，形成大量颇具见地的成果。但是随着生活质量内涵与外延的不断扩大和复杂化，一个完整、科学的生活质量指标体系的设计难度已经超出了人们的最初想象，用现有任何单一的方法都无法准确测量生活质量的真实水平（周长城等，2001）。在多学科、多领域的研究交融过程中，指标体系建构的很多深层次矛盾暴露出来。诸如价值体现、文化差异、指标设置任意性、国际比较的可行性等问题逐渐引起西方学者的关注与讨论。

　　相比较而言，中国的生活质量指标体系建构尚处于发展阶段。直到20世纪80年代中后期，生活质量研究才逐渐引起中国学者的关注。这一方面是由于国际学术交流的日益频繁，使得很多生活质量研究文献流入中国，带动了学科的交流与发展；另一方面更重要的原因是发展理念的转变迫切需要新的社会指标来评估人民的主客观生活状态。中国自改革开放以来,经济社会生活发生了深刻变革。在人们生活水平不断提高的同时,社会发展转型期所面临的一些问题也逐渐凸现出来,如何客观评价生活质量的高低,已经不能简单地以物质水平来衡量。因此建构科学合理的指标体系来评价社会发展的和谐程度和人民群众的生活质量成为迫在眉睫的重要课题。

二、国内研究回顾

20 世纪 80 年代中后期以来,生活质量研究在中国的影响力日渐深入,陆续有专家学者介入到相关研究中。甚至有学者在 1999 年就曾估计当时全国至少有 50 个以上的生活质量课题组曾经或正在从事这一问题的研究(陈义平,1999)。以生活质量为关键词进行学术趋势搜索可以发现,从 20 世纪 90 年代开始有关生活质量的学术研究成果呈现出快速增长的态势。

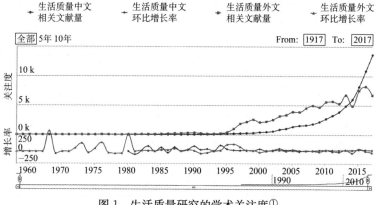

图 1　生活质量研究的学术关注度①

───────────

①　学术关注度是以 CNKI 中国知识资源总库中与关键词最相关的文献数量为基础,统计关键词作为文献主题出现的次数,形成的学术界对某一学术领域关注度的量化表示。这种依托于中国知识资源总库海量文献得出的学术趋势,反映了研究领域随时间变化被学界所关注的情况。

与生活质量相关的指标体系建构也随之发展起来。早期阶段往往以理论为导向,由相关领域的学者进行探索性研究。随着公众对生活质量概念知晓度的提高,以实践为导向的各类生活质量指标体系才日渐丰富。除了学者的探讨外,由某些政府部门或由其委托的专家小组或者商业调查机构组织的研究开始出现。

（一）生活质量的研究进展

截止到 2018 年 12 月底,在 CNKI 上以"生活质量"作为主题进行检索约有 95300 篇文献,其中绝大部分都是期刊论文,博硕士论文、报纸文章等较少。与生活质量相关的一些主题包括护理干预、健康教育（卫生教育）、影响因素、临床疗效（临床效果）等等。从这些相关主题的分布不难看出,生活质量研究在医学领域有着广泛的应用。除此之外,国内开展生活质量研究较多的学科集中在社会学、经济学、人口学、地理学等几个领域。

表 1　国内生活质量相关研究文献数量年度分布

年份	数量（篇）	年份	数量（篇）	年份	数量（篇）
1980	6	1994	109	2007	2,121
1981	2	1995	161	2008	2,389
1983	4	1996	195	2009	2,865
1984	6	1997	243	2010	3,486
1985	7	1998	281	2011	4,278
1986	5	1999	323	2012	4,952
1987	14	2000	467	2013	6,051
1988	15	2001	547	2014	7,347
1989	17	2002	663	2015	9,336
1990	28	2003	1,028	2016	12,135
1991	37	2004	1,272	2017	14,895
1992	51	2005	1,651	2018	15,753
1993	51	2006	2,008		

中国学者开展生活质量研究起步于 20 世纪 80 年代。1980—1993 年这段时间里,生活质量的文献数量极少,虽然呈现出一定的增长趋势,但是增幅缓慢,并未有太多学者关注该主题。1994 年起年度发表相关文献的数量超过了 100 篇,并且增速明显提高。2003 年左右生活质量研究的关注度得到了极大的提升,从该年开始每年的文献数量都在千篇以上,且增量呈上升趋势。至 2018 年,生活质量的年度相关研究已经超过了一万五千篇。由此可见近四十年间,生活质量研究已经从起步状态迅速发展成为了一个跨学科的热点主题。

发生变化的不仅仅是生活质量研究的文献数量,更有生活质量的研究方向。在中国生活质量研究的早期阶段,相关研究多为介绍性的,对国外的研究作翻译总结。以林南为代表的华裔社会学家为将生活质量理念引入大规模的社会调查做出了积极贡献。1985—1987 年间林南在与天津、上海两地社科院的合作研究中,首次使用美国的一套指标对中国大城市居民生活质量进行实证研究。天津千户居民调查沿袭了西方生活质量研究的传统,使用满意度作为生活质量的量度,以人们的主观态度资料为依据,对生活质量进行分层式结构分析(林南等,1987)。上海市居民生活质量调查则是从个体生活角度系统探讨了社会指标与生活质量这两个研究领域之间的关系,力图提出一个将两者结合起来、全面反映社会发展与人民生活的结构分析模型。在总体满意度下分设家庭生活、职业的社会性、职业收入和家庭经济、文化休闲、社会公共服务设施、住房和环境、社会关系和子女教育 8 个方面;其下又设立了 37 个可操作的调查指标,对城市居民进行调查,得到总体生活满意度为 3.37(1 为最不满,5 为最满意),并且再次分析证明决定总体生活满意度的主要是家庭生活、职业状况和生活环境这 3 个方面的满意程度(林南等,1989)。林南 20 世纪 80 年代在中国从事的这两项典型的生活质量调查,虽然带有明显的外来移植的痕迹，但毕竟开创了学术界进行大规模生活质量调查的先河，为后续研究在方法论和研究视角方面提供了宝贵经验。

1987年至1990年，卢淑华、韦鲁英根据北京、西安、扬州三市的抽样调查资料，提出了总体满意度的概念，除引入客观指标外，还增加了参照标准对主观生活质量指标的影响，并通过中介评价指标将客观指标系统进行综合，形成了三级主客观指标作用机制的理论模型（卢淑华、韦鲁英，1992）。具体指标有13个：家庭收入、吃、健康、文化实用程度、家庭生活、住房、家务、用、交通服务业、业余生活、居住本市、工作、存款等。

早期国内的生活质量研究文献存在两个显著的特征或趋势，即：第一，几乎所有的研究都是从"个体的"视角出发，都是以社会中的"个人"为研究的分析单位和讨论基点；第二，相当数量的实证研究采用人们对生活质量所涉及领域的主观满意度来进行讨论，较少将各种相关的反映人们客观生活条件的指标纳入总体满意度影响的分析中（风笑天、易松国，2000）。风笑天和易松国利用1995年在武汉市进行的一项大规模社会调查，力图改变生活质量研究的基本视角，从"家庭"而非"个人"的角度来考察生活质量的指标及其结构，并且将涉及家庭生活质量的各种可能的客观指标与相应的主观指标同时放到研究中，进行分析和比较（风笑天、易松国，1997）。既设计了诸如家庭收入、家庭伙食消费、住房面积、住房设施、家庭物质生活设备、家庭精神生活设备、报刊杂志数、家务劳动时间这样的客观指标，又有对住房状况、邻里关系、家庭成员关系、婚姻生活、闲暇生活等方面的满意程度的主观评价指标。此外还有被访者性别、年龄、文化程度、夫妻婚龄差、家庭人口数、家庭子女数等人口和家庭特征指标，以及特别设计进行横向比较和纵向比较的参照指标。

虽然实证研究开始出现，但是在相当长的一段时间内，以介绍各国的生活质量研究进展和从理论层面构建或者讨论中国生活质量指标体系的非实证研究依旧是学术主流,较少涉及具体人群及其生活质量的测量。大约到 2006 年前后,该主题的实证研究的数量才有了较大的提升。此时的实证研究主题主要是对整体国民生活质量以及城市居民或者农村居民的生活质量进行指标体系的构建和问卷调查。

2012 年前后生活质量研究领域开始出现细分化的趋势。研究对象从宏观层面拓展到微观层面,老年人群体、各类疾病患者、青年人群体、教师等人群成为关注对象。尤其近年来,有关疾病患者的生活质量研究逐渐成为学术热点。随着物质生活的不断提高,医学模式的转变,生活质量被引入医学领域后开始广泛地被运用到与健康相关的研究中。医学也成为近期开展生活质量研究最集中的学科领域。与其他生活质量研究不同的是,疾病患者的生活质量研究的重点不是要通过构建合理全面的指标体系来测量研究对象的真实生活水平,而是要通过生活质量的测量来检验疾病患者在临床治疗中或者后期康复期间所使用的治疗或者护理方法是否有效,也就是说生活质量在这个研究方向中不是结果而是检验治疗效果的评估手段。因此研究者并不会把研究精力过多地用在指标的设计上。他们通常是直接采用现有的量表,一方面可以节省研究投入,另一方面通行量表已经经过广泛的信效度检验,科学性较高。生活质量的评估指标变得多元,测量工具仍以问卷为主,但标准和形式有所改变,并逐渐引入了 Meta 分析方法。这些评估方法和测量工具也被运用到社会科学领域的生活质量研究中,包括各种量表的使用和问卷调查等等。

目前常用的医学领域的量表包括健康调查量表(SF‐36)、生活质量综合评定问卷(Generic Quality of Life Inventory‐74,GQOL‐74)、生活质量调查简表(QOL-BREF)、生活质量核心问卷(QOL-C30)等普遍适用量表以及某些疾病专用的量表问卷等。健康调查量表(the MOS item short from health survey, SF‐36)

包含 36 道问题以及 8 个维度：生理功能(PF)、生理职能(RP)、躯体疼痛(BP)、总体健康(GH)、生命活力(VT)、社会功能(SF)、情感职能(RE)、心理健康(MH)(林宏彩，2016；魏巍等，2016)。生活质量综合评定问卷(GQOL‐74)包括躯体功能、心理情感、社会功能和物质生活共 4 个维度(陈爱红，2015)。生活质量调查简表(QOL‐BREF)由世界卫生组织编制，包括生理领域、心理领域、社会关系领域、环境领域 4 个领域和自身生活质量总体主观感受、自身健康状况总体主观感受 2 个独立条目(戴莉敏等，2014)。生活质量核心问卷(QOL‐C30)内含 30 个项目，包括 5 个功能量表(躯体功能、角色功能、认知功能、情绪功能、社会功能)、3 个症状量表(疲劳、恶心和呕吐、疼痛)、6 个单项测量项目和 1 个总体健康状态(刘洪敏等，2013)。疾病专用的量表往往是在前几个通用量表的基础上加入该疾病特有的一些症状或者问题，如肾病与生活质量简短版量表(KDQOL-SFTM1.3 量表)。该量表由健康调查量表(SF‐36)和肾脏疾病相关生存质量(Kidney disease targeted areas，KDTA)两部分组成，其中 KDTA 量表包括 11 个维度：症状与不适(SPL)、肾病对生活的影响(EKD)、肾病带来的负担(BKD)、工作状况(WS)、认知功能(CF)、社交质量(QSI)、性功能(SEXF)、睡眠(SLEEP)、社会支持(SOS)、透析工作人员的鼓励(DSE)、患者的满意程度(PS)(司晓芸等，2015)。

　　另外有针对智力障碍者生活质量的研究采用了美国学者于 2001 年设计的生活质量核心指标，包括情绪状态(如满意度、积极的自我观念、适度的压力)、人际关系(与家庭、朋友和同伴的社会互动和关系)、物质条件(恰当的收入、职业和居住)、个人发展(接受教育的程度、个人能力的表达，以及创造性和个人表达方面的表现)、健康状况(健康水平、日常生活表现、休闲娱乐和健康照顾)、自我决定(表达自主、个人自控、个人生活目标和价值、有选择的机会)、社会融合(融合和参与所在的社区、承担有意义的社会角色、接受来自社区成员的支持）、权利（具有作为人的尊严、受尊重和平等的权利；具有作为公民的基本权利、发展及相关权利方面保障）（许家成等，2004）。

受 20 世纪 70 年代全球性的社会指标运动的影响，台湾亦于 80 年代初期开始了对社会指标的研究。在其后的发展中呈现出官方社会指标体系的"制度化"与"普及化"、主观性社会指标的"推动化"、社会指标研究的"社会学化"与"落实化"等特点（萧新煌，1992）。随着台湾社会结构和经济条件的变化，原有的社会指标体系已经逐渐失去了反映社会福利的有效性。为此，台湾有关部门开始对社会指标体系的功能与内涵进行重新评估，并试图以现有资料建立一个能简单扼要地掌握及分析人民福利的指标体系。最初构建的"生活质量指标体系（草案）"包括领域和统计项目两大部分。所谓领域，即指从人们的生活欲望与需求出发，将人们的生活划分为基本生活条件及日常生活两部分。其中基本生活条件又分为健康、环境与安全、经济安定 3 个部分，日常生活则分为家庭生活、工作生活、学校生活、社会生活及文化休闲生活等 5 个部分，并以此 8 个部分作为台湾地区人民生活的 8 个领域。各领域之下设统计项目，也就是在各领域内选出能反映该领域现况、水平或福利状态的 10 至 15 个不等的重要统计项目。在"草案"的基础上，经过德尔菲调查和对称性检验以及非阶层式集群分析等实际调研手段或方法，最后确定了比较完整的"生活质量指标体系"，即包括 9 个领域（健康、环境、安全、经济安定、家庭生活、工作生活、学校生活、社会生活、文化休闲生活）、26 个次领域、45 个统计项目，共 46 个统计指标，由此完成了从社会指标体系到生活质量指标体系的转变（施祖辉，1995）。

除中国内地和台湾外，2003 年香港中文大学社会科学院也开始编制"中大香港生活质素指数"（2006 年起由香港中文大学生活质素研究中心接任指标的编制和发布工作），希望通过此项全面及持续编制的社会指标，协助量度及监察 21 世纪香港人生活质量的转变，为政策制订者及社会大众提供有用的参考，更藉此倡议提高香港人的生活质量，以引起各界的关注，并鼓励跨文化生活质素的比较，以促进国际合作①。此项指数的最新数字，由 2003 年起，每年公布一次。"中大香港生活质素指数"最初由 3 组分类指数，共计 21 个指标组成。从 2014 年开始，增加至 5 组分类指数，23 个指标。指标的选择是基于涵盖度、代表性、可量度性及对香港人生活质量的重要性等准则。

表 2　"中大"香港生活质素指标体系

分类指数	具体指标
健康分类指数	1. 出生时平均预期寿命（岁）指男性及女性出生时的平均预期寿命。 2. 医疗公共开支占本地生产总值的百分比。 3. 平均住院日数指住院接受治疗的人均日数。 4. 压力指数指市民现时所承受的压力的水平（基准值＝100）。 5. 生活满意程度指数指市民对于现时生活的满意程度（基准值＝100）。
社会分类指数	6. 言论自由指数指香港市民对于是否能够自由表达意见的评价（基准值＝100）。 7. 报纸批评指数指传媒对于香港的大公司及大财团、香港特区政府及中国政府的批评频密程度（基准值＝100）。 8. 政府表现指数指市民对于香港特区政府的表现的满意程度（基准值＝100）。 9. 整体罪案率（按每一千名人口计算）指每一千名人口中举报了的罪案数字（包括暴力及非暴力罪案）。 10. 教育公共开支占本地生产总值的百分比。 11. 教资会资助学院学士学位课程的适龄学生入读率（百分比）。

① 中大香港生活质素指数：2017 年 7 月 23 日，http://www.cuhk.edu.hk/hkiaps/qol/ch/qol.html。

分类指数	具　体　指　标
文化及休闲 分类指数	12. 文化节目观众指数(按每一千名人口计算)指每一千名 人口中在康乐及文化事务署场地所进行的户内文化节 目的观看次数。 13. 康体活动参与指数(按每一千名人口计算)指每一千名 人口中参加康乐及文化事务署所举办或资助的康体活 动次数。 14. 海外出游指数指香港居民由机场口岸离港出游的人均 次数。
经济 分类指数	15. 置业负担比率指平均每年可负担的物业价格。 16. 实质租金指数指香港物业的租金价格。 17. 失业率指经季节性调整的失业率(百分比)。 18. 经济现况指数指市民对于香港经济现况的评价。 19. 实质工资指数指所有选定行业类别划分督导级及以下 雇员(经理级与专业雇员除外)的实质工资。
环境 分类指数	20. 空气质素指数指香港所有一般空气监察站年均空气质 素指数。 21. 水质指数指香港的河溪的水质属于"良好"或"极佳"级 别的百分比。 22. 噪音指数(按每一千名人口计算)指每一千名人口中环 保署及警方接获有关噪音投诉的个案数字。 23. 都市固体废物循环再造率指来自住宅及工商业活动所 产生的固体废物的循环再造率(百分比)。

资料来源：香港中文大学生活质素研究中心，http://www.cuhk.edu.hk/hkiaps/qol/ch/qol.html

　　"中大香港生活质素指数"是以 2002 年作为基准年，是年的数值被定为 100。如某年的指数高于 100，表示该年香港人的生活质量比 2002 年好；如小于 100，代表该年的生活质量比 2002 年差；如同为 100，则反映该年的生活质量与 2002 年相当。最新公布的统计结果表明 2017 年香港整体的生活质素指数为 105.09，比 2016 年的指数值 105.30 下降 0.21 点，反映香港整体生活质素比上一年轻微下降，其中经济分类指数下跌至有纪录以来第二低的水平，而社会分类指数和文化及休闲分类指数均上升至有纪录以来最高的水平①。

（二）国内生活质量研究的知识图谱分析

美国德雷塞尔大学陈超美教授基于文献计量学及科学知识图谱等理论开发的 CiteSpace 软件，为学术文献的可视化分析提供了重要的辅助工具。其分析功能主要包括作者合作分析（Author）、机构合作分析（Institution）、国家合作分析（Country）、关键词分析（Keyword）、文献共被引分析（Cited Reference）、作者共被引分析（Cited Author）、期刊共被引分析（Cited Journal）等。本研究主要针对作者合作分析、机构合作分析和关键词分析这三个功能进行可视化制图，并生成聚类视图和时区视图。聚类视图能够根据研究领域内研究频次的高低显示研究热点。时区视图能从时间维度上体现文献关键词等方面的热点及趋势。借助该工具可以直观地展现国内生活质量研究的状况，探究该领域相关研究的基础与研究脉络。鉴于 CNKI 数据库中以生活质量为主题的文献数量极其庞大，为了提高文献的代表性，排除相关度较低的文献，此处分析仅以篇名来检索，并且选择了来自于核心期刊和 CSSCI 期刊数据库的论文，数量为 3,956 篇（时间截止 2019 年 1 月）。由于对期刊来源进行了限定，所以最终从 CNKI 中检索到的文献的时间范围仅为 1992 年至 2018 年。

1. 生活质量研究的机构分析

将检索得到的文献导入 CiteSpace 软件中，把时间切片（Time slice）划定在 1992—2018 年间，时间切片设置为一年，节点类型选

---

① 中大香港生活质素指数："中大公布 2017 年香港生活质素指数，港人整体生活质素轻微下降"，2017 年 7 月 23 日，http://www.cuhk.edu.hk/hkiaps/qol/ch/qol.html。

择机构"institution"，默认 TopN 值为 50，在每个时间切片中选择 50 个被引次数最高的文献。节点之间的连线表示它们的合作关系，节点的圆越大颜色越深表示该机构的发文量越多。

　　由机构共现图谱可以看出，国内从事生活质量研究的机构多为高校和医院。其中高校多集中于社会学系和护理学院、公共卫生学院以及精神或心理学科相关的学院。医院机构分布较为分散，省、市级医院的神经、精神、心理、肿瘤等科室均开展过生活质量研究。从地域分布上看，研究机构主要集中在中部、东部、南部省市，西部地区较少。无论高校或医院，多为独立研究，在机构共现图谱中没有出现明显的聚类或者连线，即使是在具有明显地缘关系的机构间的合作网络也极不发达，彼此之间缺乏密切联系，在生活质量研究上不易形成系统的研究成果。处在研究机构图谱中心位置且节点面积比较大的是中南大学护理学院、武汉大学社会学系、北京大学护理学院、河北联合大学护理与康复学院等机构。

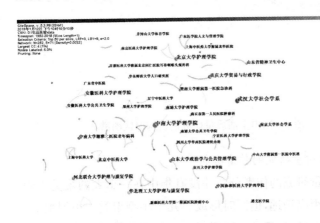

图 2　国内生活质量研究的机构共现图谱

　　由机构时区图谱可以看出，从 2000 年以后，越来越多的高校和医疗机构开始关注生活质量研究。武汉大学社会学系是发文最多且较早开展生活质量相关研究的机构。近年来则是医学领域的研究异军突起，成果斐然。随着人们健康理念的更新，不论是经济发达的国家和地区，还是发展中的国家和地区，医疗卫生保健的目的都已经或正在从单纯的防治疾痛拓宽到包括改善患者的生活质量和其他多项内容的体系（郑晓瑛，1996）。在基础医学和临床诊治中，生活质量已经成为衡量治疗手段成功与否的重要决策依据。它被广泛应用于对个体的生理、心理和社会功能进行评估，因而在医学领域产生了大量的研究文献。

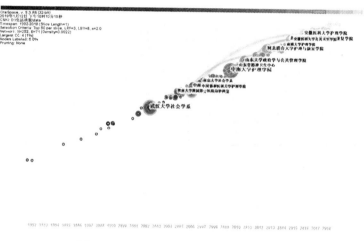

图3　国内生活质量研究的机构时区图谱

2. 生活质量研究的作者分析

生活质量研究的作者分布并没有集中在一个大的聚类当中，节点之间的距离稍远，但同时形成了几个小型聚类。小型聚类一般由数名作者组成，反映出了联系比较紧密的作者合作网络。其中发文较多的合作网络有张磊—王波—黄久仪—李良寿—龙泳（第四军医大学），张忆雄—马佳—李小平（遵义医学院），郑振东—谢晓冬—刘大为—刘永叶（解放军沈阳军区总医院）等。合作者均为同一所医疗机构的研究人员。其他的节点则多为散点分布。作者共现图谱表明虽然在国内存在一定数量的学术共同体开展生活质量研究,但是总体而言合作网络还是比较少,主要以医学领域研究者为主,并且缺乏长期多次合作。邢凤梅、孙振球、王宏、周长城等作者的学术地位相对更为重要,学术影响力较大,受到更多的关注。

图 4　国内生活质量研究的作者共现图谱

河北联合大学护理与康复学院的邢凤梅和中南大学公共卫生学院的孙振球的科研论文呈现出明显的医学学科特征。两者的发文数量最多,但是均非独立作者撰文。邢凤梅关注的领域集中于脑卒中患者和老年患病者的生活质量状况,多从治疗方法、干预手段和影响因素方面着手研究。孙振球关注的领域集中于糖尿病、前列腺增生、骨质疏松等疾病患者的生活质量状况。

表 3　邢凤梅的主要代表文献

篇名	刊名	发表年份	被引量
认知行为干预对脑卒中患者生活质量的影响	现代预防医学	2013	15

续　表

篇名	刊名	发表年份	被引量
日常生活能力系统干预对脑卒中患者的运动功能及生活质量的影响	吉林大学学报（医学版）	2011	15
自我效能干预对居家不出老年人心理状况和生活质量的影响	中国全科医学	2014	13
唐山地区农村中老年膝骨关节炎患者生活质量调查及影响因素分析	中国康复理论与实践	2013	12

表4　孙振球的主要代表文献

篇名	刊名	发表年份	被引量
2型糖尿病患者生活质量量表的研制与考评	中南大学学报（医学版）	2005	139
良性前列腺增生症患者生活质量量表的编制与应用——量表的编制及条目筛选方法	中国卫生统计	2003	58
生活质量测评在糖尿病患者疗效评价中的应用	中南大学学报（医学版）	2004	28
骨质疏松患者生活质量的研究	中国现代医学杂志	2005	10

武汉大学社会学系的周长城是社会科学领域开展生活质量研究成果最为丰富的学者。其主要从事社会学理论和经济社会学研究，为武汉大学生活质量研究与评价中心主任。周长城的生活质量研究起步较早，重点关注生活质量的指标建构问题以及测量方法，从社会政策、社会保障等方面开展生活质量的影响因素调查。其学术成果拥有较高的影响力，为后续学者从事生活质量

研究提供了学术参考。

表5　周长城的主要代表文献

篇名	刊名	发表年份	被引量
生活质量主观指标的发展及其研究	武汉大学学报（哲学社会科学版）	2004	89
生活质量测量方法研究	数量经济技术经济研究	2001	46
经济发展与主观生活质量——以北京、上海、广州为例	武汉大学学报（哲学社会科学版）	2006	26
政策层面的生活质量指标体系	江苏社会科学	2002	20
民生、生活质量与住房保障	武汉大学学报（哲学社会科学版）	2008	15

3. 生活质量研究的关键词分析

CiteSpace关键词聚类能将某领域内的相关关键词进行聚合，以反映研究的热点及发展趋势。在关键词共现图谱中，圆表示该领域关键词的节点，圆的大小表示关键词出现的频次，圆越大表示关键词出现频次越高，反之则表示关键词出现频次越低。节点年轮表示该文献出现的时间，节点年轮色环颜色的深浅度对应该年份关键词出现的频次，色环越厚，频次越高，反之则频次越低。将从CNKI下载的生活质量研究文献进行数据转换，时间切片设置为一年，聚类来源包括标题、摘要、作者信息、关键词，节点类型选择"关键词"。文献信息经软件处理后得到生活质量研究的关键词共现图谱。

从关键词共现图谱可以看出，生活质量的研究文献形成了两个不同类型的聚类。一类是医学领域的聚类，涵盖了众多节点，而这些节点大多都是医学类的名词，如护理干预、延续性护理、慢性阻塞性肺疾病、肾移植、糖尿病、免疫功能、肺功能等等。另一

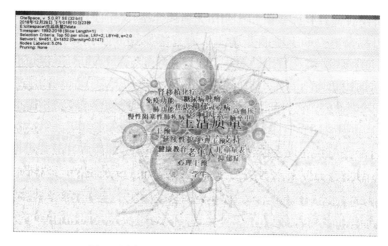

图 5　国内生活质量研究的关键词共现图谱

类是社会学领域的聚类,节点关键词如社会支持、老年人、儿童、学生、心理干预、健康教育等等。当然,这两大学科领域的生活质量研究并非绝对泾渭分明,在很多研究维度上存在学术交集。对聚类结果进一步分析可知,国内生活质量研究中"生活质量"的中心性最高,其次是"老年人""抑郁",再次是"影响因素""社会支持"等。总体而言,出现频次最多的关键词里医学领域的研究占据了最主要的地位。

表 6　国内生活质量研究的关键词频次分布

关键词	频次	中心性	首现年度
生活质量	3508	1.63	1992
老年人	140	0.04	1994
影响因素	119	0.02	1995
社会支持	103	0.02	1997
抑郁	77	0.04	2004

关键词	频次	中心性	首现年度
肾移植	70	0.01	1992
儿童	62	0.01	1998
延续性护理	60	0.01	1992
干预	59	0.01	1992
焦虑	58	0.02	2005
肿瘤	57	0.02	1998
学生	54	0.01	2004
冠心病	49	0.01	2003
心理干预	43	0.01	2002
抑郁症	43	0.01	2001
脑卒中	42	0.01	1998
糖尿病	41	0.01	2004
量表	41	0.00	2001
慢性阻塞性肺疾病	41	0.01	2005
健康教育	40	0.02	2002
肺功能	39	0.02	2003
免疫功能	36	0.03	2007
高血压	35	0.00	2000
化疗	35	0.01	2000
护理干预	34	0.01	2002
慢性心力衰竭	33	0.01	2006
精神分裂症	32	0.00	1998
问卷调查	31	0.01	2006

（三）生活质量指标研究的知识图谱分析

指标建构与测量是生活质量研究中的核心领域，对于生活质量的评估起着至关重要的作用。以"生活质量指标"作为关键词在 CNKI 中做主题检索，所得结果约 12,000 篇，相关主题包括护理干预、可持续性发展、临床研究、影响因素等。

1. 生活质量指标研究的机构分析

在生活质量指标研究的机构共现图谱中，各节点的位置和大小都比较均匀，没有形成大的聚类。研究机构的图谱呈现出以下几个特点：一是图谱中几乎没有出现合作密切的学术连接网络；二是图谱中没有面积突出的节点，节点的大小都相差不大；三是图谱中没有处于特别中心位置的节点。由此看来，生活质量指标的研究机构彼此间缺少合作，学术成果多为机构内部成员的独立研究，同时指标研究并不是这些机构最为重视的研究方向，也没有在该领域出现特别权威的研究机构。

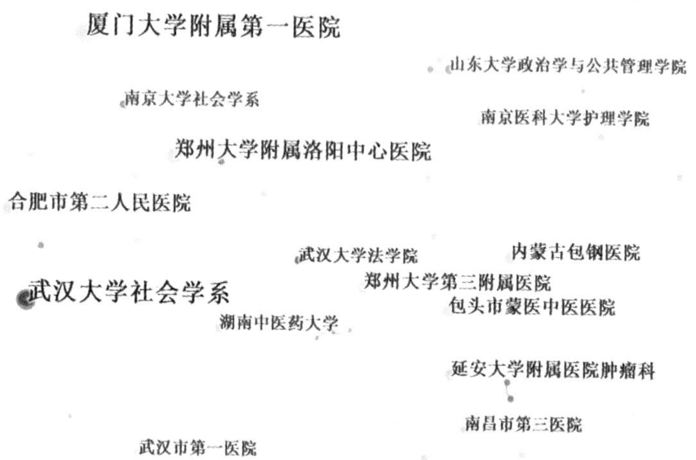

厦门大学附属第一医院

山东大学政治学与公共管理学院

南京大学社会学系

南京医科大学护理学院

郑州大学附属洛阳中心医院

合肥市第二人民医院

武汉大学法学院　　内蒙古包钢医院

武汉大学社会学系　郑州大学第三附属医院

湖南中医药大学　　包头市蒙医中医医院

延安大学附属医院肿瘤科

南昌市第三医院

武汉市第一医院

图 6　国内生活质量指标研究的机构共现图谱

　　就发文数量而言,各个研究机构的成果并不是十分丰富。只有武汉大学社会学系的文献数量超过10篇。研究机构的类型与生活质量总体研究存在显著差异。生活质量指标的研究机构中来自于医学领域的机构数量有了较大幅度的下降,而社科领域的机构例如武汉大学社会学系、南京大学社会学系、山东大学政治学与公共管理学院等机构开始彰显更重要的学术影响力。可见,生活质量指标体系的研究学科涵盖范围更广泛,机构来源更多样。

表7　国内生活质量指标的研究机构及发文数量(n≥3)

机构	数量(篇)
武汉大学社会学系	14
厦门大学附属第一医院	10
郑州大学附属洛阳中心医院	7
合肥市第二人民医院	6
延安大学附属医院肿瘤科	5
内蒙古包钢医院	5
包头市蒙医中医医院	5
郑州大学第三附属医院	5
南昌市第三医院	4
南京医科大学护理学院	4
武汉市第一医院	4
山东大学政治学与公共管理学院	4
郑州市骨科医院	4
湖南中医药大学	4
南京大学社会学系	4
海军总医院	3
江苏省中医院	3

续　表

机构	数量（篇）
中国科学技术大学管理学院	3
成都中医药大学附属医院	3
河南省焦作市第二人民医院	3
湖北医药学院附属人民医院	3
重庆大学贸易与行政学院	3
佛山市第一人民医院	3
郑州人民医院	3
山东大学生活质量与公共政策研究中心	3
华南农业大学公共管理学院	3
郑州市第七人民医院	3
秦皇岛市第一医院心内一科	3
河南省新乡市中心医院	3
中国科学院中国现代化研究中心	3
辽宁中医药大学附属医院	3

2. 生活质量指标研究的作者分析

国内生活质量指标研究的作者共现图谱中，节点的面积较小，而且也缺少特别突出的节点。其中武汉大学社会学系的周长城处于较为中心的位置，显示出他在相关研究中的重要地位。合作网络方面同样不甚发达，图谱中只有一个小型的合作网络，包括王倩和王楠等几位作者，且节点规模也较小。生活质量指标的研究以分散的个人研究为主，研究者之间缺少密切合作与交流。此外，研究者们的发文数量普遍不多，即使成果最丰富的作者，发文量也仅在10篇左右。这间接反映出国内生活质量指标的研究缺乏深入而又系统的研究成果。

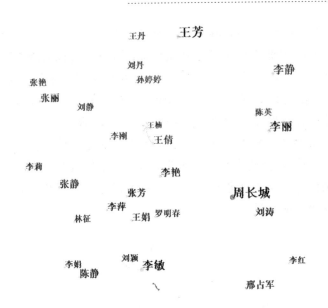

图 7　国内生活质量指标研究的作者共现图谱

表 8　国内生活质量指标研究的作者及发文数量(n≥4)

作者	数量(篇)	作者	数量(篇)	作者	数量(篇)
王　芳	10	邢占军	5	李　娟	4
周长城	10	刘　涛	5	林　征	4
李　丽	8	张　丽	5	李　红	4
李　敏	8	张　芳	5	刘　丹	4
李　静	7	王　娟	5	张　艳	4
陈　静	6	王　丹	4	刘　颖	4
张　静	6	刘　静	4	陈　英	4
李　艳	6	李　刚	4	李　莉	4
王　倩	6	罗明春	4		
李　萍	5	孙婷婷	4		

3. 生活质量指标研究的关键词分析

与整体研究类似，生活质量指标研究的关键词共现图谱也出现了两个明显的聚类，一个是规模较大的医学类聚类，包括护理干预、临床效果、慢性阻塞性肺疾病、糖尿病等关键词；另一个则是指标体系聚类。从节点间连线来看，两个聚类内部共现频繁，但是聚类之间的共现较少。由此反映出两类研究分属不同的学术话语体系，彼此之间缺乏学术沟通。医学领域的研究者极少关注指标体系的理论建构，而社科领域的研究者对于特定的疾病人群缺乏学术关照。

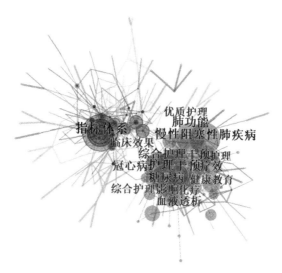

图 8   国内生活质量指标研究的关键词共现图谱

生活质量指标研究的关键词频次分布依旧延续了整体研究的以医学类关键词为主的特点。"护理"是关键词中最为核心的概念，在关键词频次表中有 756 篇文献与其相关，可见护理学是生活质量指标研究领域的显学。

表9　国内生活质量指标研究的关键词频次分布

关键词	频次	关键词	频次	关键词	频次
护理干预	263	影响	106	效果	71
综合护理干预	198	冠心病	104	综合评价	67
指标体系	170	血液透析	92	慢性心力衰竭	66
延续性护理	146	优质护理	86	影响因素	63
慢性阻塞性肺疾病	143	健康教育	86	心理护理	63
肺功能	130	临床效果	80	临床疗效	63
老年	126	化疗	80	免疫功能	61
糖尿病	119	高血压	78		
疗效	108	心功能	71		

三、问题的提出及选题意义

在生活质量指标体系建构的早期阶段,理论研究型指标体系占据了主导地位,主要以专家学者的探索性研究为主。这些在学界具有典型代表性的研究在很大程度上受到研究者学术背景和研究兴趣的左右,指标选择与指标体系建构从属于研究者的研究目的,因此具有较大的变动性。加之关注对象的不同,使得各项理论研究型的生活质量指标体系倾向于观察某个特定群体或者区域的生活质量状况,以微观层面的指标设置为主,鲜见反映宏观社会状况,例如文化、教育、健康、社会保障、自然环境、公共安全的各项指标。

进入20世纪90年代,生活质量研究在中国进入了快速发展阶段,各类规模不一的区域性和国家性调查层出不穷,研究主体也由社会学领域的专家学者拓展到经济学、统计学、社会保障领域的学者,乃至基层统计部门和专业调查机构。这些以实践为导向的生活质量指标体系脱离了纯粹学理型的研究模式,以跨年度比较、地区比较和国际比较为前提,注重将宏观层面的经济、社会、资源、保障等因素纳入研究框架。指标设置日渐丰富、涵盖领域广泛,但是往往缺乏理论支撑,因此指标分析容易流于形式化和表面化,对调查反映的深层社会现象解释力度不够。

随着人们健康理念的不断更新和医学模式的转变,生活质量的概念被引入到医学研究中,并在很短的时间内迅速发展成为热点研究主题。目前,关于慢性疾病、精神疾病、顽固疾病等对患者生活质量影响的研究呈井喷态势,其发文数量远远超过了社会科学领域中的生活质量研究论文。国内生活质量研究逐渐延伸到医学健康领域。但医学领域的生活质量评估指标多为国外引进,缺乏本土性的研究创新。作为评估手段的生活质量研究,其研究结论的技术价值大于理论研究价值,因而很难在研究的深度上有所拓展。

总体而言,虽然近些年各种类型的生活质量指标体系和评估报告在数量上呈现出飞速增长之势,但就研究质量而言却存在普遍不高的缺陷。本身是从事与“质量”相关的研究自身的质量却很难提高。于是便出现一个十分矛盾的现象,与数量庞大的短篇幅研究形成鲜明反差的却是真正具有很高理论价值、论证严谨的研究凤毛麟角,系统性的研究专著更是极其匮乏。造成这种巨大反差的原因十分复杂,一方面可能因为“生活质量”是一个舶来品,受语言差异和获取资料能力的限制,国内学者对其学术渊源、理论背景、价值理念的讨论不够充分,因此普遍存在理论根基薄弱、概念拿来就用的缺陷。另一方面不免受学术功利主义的影响。当生活质量研究成为学界的新宠,而本身研究门槛又比较低时,便产生了大量低水平的重复性研究成果。这种表面繁荣的现象背后隐藏的是系统性研究的缺失。在此情况下,追根溯源、系统探究生活质量指标体系的发展脉络和国际研究进展具有重要的理论与实践价值。不但可以弥补国内生活质量研究中相关理论分析的匮乏,夯实后续研究的理论根基,而且有助于开阔研究思路,以统摄全局的视野分析不同生活质量指标体系的研究定位、结构层次和实践效果,以更加理性的思维审视生活质量指标体系建构中存在的种种矛盾与制衡问题,为今后的生活质量量化与评估研究提供有益借鉴。

四、写作思路

生活质量是一个内涵丰富、外延宽泛的复杂概念,加之其多维度的特性,使得相关指标体系的建构呈现出多样化的特点,因此要想对其进行系统的梳理与研究,寻找到一个关键的切入点显得尤为重要。本研究在对生活质量的学术渊源和基本范畴进行深入剖析的基础上,提出以社会存在的主体——人,无论是个体层面的社会成员,还是群体层面的总人群,作为生活质量研究的逻辑起点的观点。以“人”作为研究分析的逻辑起点,通过一系列身份和社会关系的拓展,可以将不同领域、不同地域、不同层面的社会成员紧密联系在生活质量指标体系的研究框架之中。进而利用对“人”的个体与群体层面的划分,将国际和国内各具特色的指标体系分别归属于不同的研究类型,从而形成两大类既相互区别又存在关联的生活质量指标体系,并分别探究其经典理论、热点命题和指标体系特点。最后在对双重层面的生活质量指标体系进行综合分析的基础上,提出应该以更加审慎、科学的态度看待量化研究和指标体系的现实局限性,在使用与分析的过程中客观评价其作用与意义。

具体而言,本研究从如下 4 个方面展开阐述:

第一章“生活质量与社会指标”从学术渊源的角度,将生活质量研究融入历史发展的背景之中。伴随着全球发展理念的转变，人类实现了对发展内涵的重新认知，生活质量逐渐成为一种全新的评价社会和谐与否、人民是否幸福的社会发展目标。而要实现对这一新的社会发展目标的科学测量，必然需要方法论上的有力支持，20世纪60年代席卷世界的社会指标运动适时地提供了必要的理论与工具上的保障。两者的有机契合积极推动了生活质量研究在全球范围内的开展。

第二章"生活质量研究的基本范畴"和第三章"生活质量指标体系的结构要素"对建构生活质量指标体系所需要的前期理论准备进行了必要的阐述。前者包括对概念起源的重新考证、不同层面的概念辨析和研究领域的分析。重点提出以人作为生活质量研究的逻辑起点并存在个体与群体双重层面的划分，为后续生活质量指标体系的分类研究提供了系统的分析视角。后者则详细分析了建构指标体系会涉及到的测量维度、测量方法和指标操作化的问题。

第四章"个体层面的生活质量指标体系"和第五章"群体层面的生活质量指标体系"是本研究的核心内容。从双重层面对相关经典理论、热点命题和典型生活质量指标体系进行了深入而细致地分析。既有各类国际组织如世界卫生组织、联合国开发计划署、世界银行、经合组织倡导开发的生活质量指标体系，又包括民间机构、学术团体、专家学者的成功研究经验，研究案例覆盖范围广泛，具有较强的代表性。

最后的结语部分是对研究的总结回顾。针对在生活质量指标体系建构中出现的四大矛盾与两大制衡问题进行了探索性研究。在理性思考的基础上，指出应该审慎认知生活质量指标体系存在的现实局限性，破除对量化研究的盲目推崇，提倡以多元化的方法促进生活质量研究的未来发展。

五、研究方法

（一）话语分析法

话语分析法是目前在社会学、新闻学、心理学、语言学等领域被广泛使用的一种研究方法。话语（discourse）作为一种宏观概念，反映着语言如何形塑社会的过程。语言以话语的形式来建构社会现实，话语分析旨在通过对社会文本的观察研究，对社会生活和社会变迁形成更深刻的认知。在本研究中，通过对日常生活中出现在不同情景的生活质量概念的语言、语境分析，可以发现话语中所包含的公众偏好、时代特征以及政策变迁的历史痕迹，有助于从更深层次发掘生活质量的概念内涵。

（二）比较分析法

比较分析法是确定事物异同关系的思维过程和方法。具体而言，就是通过对一系列研究对象的相同点、不同点的对比，通过对客观事物的去粗取精、去伪存真、由此及彼、由表及里地分析，客观、全面、深刻地认识事物的方法。运用这种方法，参照一定的标准，有助于透过现象看清事物发展的规律，对未来趋势形成科学的预测。本研究中涉及的比较内容，不仅涵盖了国际组织生活质量指标体系的比较，还包括不同国家的生活质量指标体系的比较，对于全面认识和了解影响生活质量的政治、经济、文化等社会条件以及生活质量的时空边界，预测生活质量的社会效果具有重要价值。

第一章　生活质量与社会指标

　　将生活质量研究融入宏观历史背景之中，可以使我们在感受时代变迁对人类社会产生深远影响的同时，更加深切地体会到任何一种全新的研究理念的产生都与人类社会的发展变革息息相关。

第一节　全球发展理念的转变

　　发展，这一人类亘古不变的主题，千百年来一直是先知先贤苦苦思索、为之奋斗不息的社会目标。从古代中国的春秋战国魏晋南北朝，到西方文明的发源古希腊罗马时期，发展理论的萌芽都在清晰地记录着人类前进的每一步历史足迹，及至波澜壮阔的现代文明再次改写人类发展的历史，伴随着轰鸣作响的机器隆隆之声，发展理论也得到了再次升华与创新的历史契机。

一、社会发展的内涵

　　狭义的社会发展指的只是经济领域的发展，其目标是产值和利润的增长、物质财富的增加。为了实现经济增长，还必须进行一定的社会经济改革，然而这种改革也只是实现经济增长的手段。联合国第一个发展十年（1960—1970 年）开始时，当时的联合国秘书长吴丹概括地提出了"发展＝经济增长＋社会变革"这一广为流传的公式,反映了二次大战后近 20 年间人们对于社会发展的理解和认识。在这种发展观的支配下,人们尚不认识因而也不承认环境本身也具有价值,为了追求最大的经济效益,采取了以损害环境为代价来换取经济增长的发展模式,其结果是在全球范围内造成了严重的环境问题。

惨痛的代价叩问着人类的良知,痛定思痛之后人们逐渐意识到社会发展并非是纯经济性的,而应是超脱于经济、技术和行政管理的现象。社会发展不应当狭义地被理解为经济增长。经济增长一般被定义为人均国民生产总值的提高,有时也看作是人均实际消费水平的提高。经济增长是发展的必要条件,但并不是充分条件。一种经济增长如果随时间推移不断地使人均实际收入提高却没有使社会和经济结构得到进步,就不能认为是发展。发展与增长的区别就在于"发展不纯粹是一个经济现象。从最终意义上说,发展不仅仅包括人民生活的物质和经济方面,还包括其他更广的方面。因此,应该把社会发展看成包括整个经济和社会体制的重组和重整在内的多维过程","发展是集科技、经济、社会、政治和文化,即社会生活一切方面的因素于一体的完整现象"[①]。"发展应该被看成是复杂的、多元化的:经济的、社会的、科学的、文化的……它必须具有一种综合的特点,即包括社会生活的多种表现形式,并符合根植于各国人民的历史财富和道德的文化的目的"[②]。总之,发展除了生产数量上的增加,还包括社会状况的改善和政治行政体制的进步;不仅有量的增长,还有质的提高。社会发展的目的是要改善人们的生活质量,使人们的福利

---

① ［埃］阿卜杜勒·马利克等著,杜越等译,1990,《发展的新战略》(联合国资料),北京:中国对外翻译出版公司,第 4 页。

② ［西］马约尔著,吕臣重译,1993,《不要等到明天》,北京:社会科学文献出版社,第 29 页。

待遇不断提高，因此只有在人们生活的所有方面都得到改善时才能称之为真正的社会发展。

二、发展理念的转变

发展内涵从狭义向广义的延伸并非一蹴而就，其过程反映了全球发展理念的不断变迁。社会发展这一体现特定历史阶段特征的历史范畴，大致经历了4个阶段：

第一阶段，人们对社会发展的理解是走向工业化社会或技术社会的过程，也就是强调经济增长的过程。这一时期从工业革命延续到20世纪70年代，人们将追求幸福的生活等同于追求大量的物质财富，物质财富的无限增长似乎成为社会发展的唯一目标。以产业革命为标志，人类社会的发展进入了一个新的历史时期。产业革命及一系列科学技术的涌现大大增强了人类战胜自然、改造自然的能力。新知识、新技术、新方法的不断涌现，改变了人们的旧思想、旧观念。人们甚至认为，人类是无所不能的，人类可以发明一切所需的科学技术和工具去战胜自然，使人类无限的欲望——首先是物质欲望得到满足。因此各个国家都开始拼命地生产和积累物质财富，以保证物质欲望的满足，并以物质财富的多寡，即经济的发展程度，作为各国实力强弱的象征。资本主义就是在这种发展观的支配下建立起前所未有的物质文明和社会繁荣。特别是在第二次世界大战之后，物质财富的积累达到了惊人的水平，发达资本主义国家的生活水平有了普遍提高，社会保障也有明显改善。西方发达国家似乎向落后国家展示了一条通向国富民强的现代化之路：工业化是一个国家或地区经济活动的中心内容；经济增长是一个国家或地区发展的"第一"标志；国民生产总值（GDP）在经济学大师凯恩斯等人的极力推崇之下，逐渐演化成为衡量一个国家经济社会是否真正进步的最重要的指标;追求经济持续增长成为一个国家或地区的经济活动的中心任务。以 GDP 增长统帅一切的传统发展理念在全球得到广泛认同。

虽然人类在短短 100 年的时间里创造了历史上前所未有的发展奇迹,但是片面的社会发展理念很快便给人类带来了灾难性的教训。20 世纪 60 年代,以巴西、伊朗等为代表的发展中国家通过单纯的经济增长方式加快了经济增长速度。就第三世界整体来说,也达到了发展机构所设定的国民生产总值年增长 5％ 的指标①。然而,仅有经济增长并没有改变发展中国家千百万人民的生活状况,甚至还带来了社会两极严重分化,人民生活困苦不堪的不良恶果。在发展实践中,不仅发展中国家大多遭受挫折,发达国家在经济大繁荣的同时也遭遇了种种始料不及的不良后果。单纯经济增长的弊端不仅表现在经济领域,产业结构和经济结构的畸形发展使资本主义陷入滞胀的困境。在社会领域,经济增长与社会发展间的紧张关系引发了分配不公、两极分化、社会腐化,甚至社会动荡。在人与自然的关系上,长期对立引起了自然对人的强大反作用。所谓“恶性增长”或“有增长无发展”正是对这一现象的最好概括,众多学者开始反思单纯以经济增长为中心的传统发展理念,在反思基础上鲜明地提出了“发展是一个全面范畴”的观点。

第二阶段,20 世纪 70 年代初,随着工业化进程,人们将发展视为经济增长和整个社会变革的统一,即伴随着经济结构、政治体制和文化法律变革的经济增长过程,经济增长不再是社会发展的唯一目标。许多学者将社会发展必须解决的问题拓展到消除贫困、改善环境、消除战争的可能性,限制大规模杀伤性武器,限

---

① 鲍宗豪主编,1999,《当代社会发展导论》,上海:华东师范大学出版社,第 74 页。

制军备、保障人权等范围。1969 年,英国发展经济学家达德利·西尔斯(Dudlcy Seers)在新德里举行的国际发展协会第 11 届世界大会上发表了一篇演讲,标志着这一时期发展观的转变。西尔斯在《发展的意义》这一演讲稿中指出:"把发展与经济发展以及经济发展与经济增长相混淆是我们十分轻率的表现……对于一个国家的发展来说,应该提出的问题是:贫困发生了什么变化? 失业发生了什么变化? 不平等发生了什么变化? 如果这三个中心问题中一个或两个恶化了,特别是三个问题都恶化了,那么,即使人均收入成倍增长,把这种结果称为是发展也是不可思议的。"①这一时期的发展理念把增加就业、改善收入分配状况和消除贫困作为发展目标,但是过于否定经济增长的积极作用,与当时的国际社会发展现状不相符合,并没有得到广大发展中国家的普遍认同,所以并未引起太大反响。

　　第三阶段,从 1972 年联合国斯德哥尔摩会议通过《人类环境宣言》以来,人们将社会发展视为追求社会要素(政治、经济、文化、人)和谐平衡的过程,注重人与自然环境的协调发展。对社会发展的理解从增长第一转变为综合协调发展。随着发展研究在理论和实践上的不断深入,人们越来越深刻地认识到真正的发展不应局限于经济增长的单一目标,而是全面的和多元化的。而发展的诸目标和诸因素之间又是相互作用、相互制约的,只有从人的发展出发才能囊括社会生活的所有方面。因此,发展的最高目标不是经济增长而是具有能动性的人的发展。以人为中心的综合发展观将发展理念向前推进了一大步,它明确将人置于发展的核心地位,以人的全面发展和社会的全面进步作为发展目标,经济增长只是实现人的发展的手段,一切经济、政治和社会制度的

---

　　①　达德利·西尔斯,"发展的意义",《国际发展评论》,1969 年 12 月,第 2～3 页,转引自郭熙保,"论发展观的演变",《学术月刊》,2001 年,第 9 期,第 48～49 页。

改变都应是为了给人的发展创造一种更好的社会环境。

法国学者弗朗索瓦·佩鲁(Francois Perroux)于 1983 年出版的《新发展观》一书对这种发展观进行了详尽的阐述。新发展观以社会学观点为基本研究方法,试图从哲理高度总结、阐释新的发展观念,集中代表了 20 世纪 80 年代以来的现代化和发展研究思潮的新特点。佩鲁在批评大部分发展理论忽视人的客观存在的同时,提出了以人为中心的社会发展模式。他认为:"这种发展观是'整体的''综合的'和'内生的'"。所谓"整体的",是指发展须有整体观,既要考虑到作为"整体的"人的各个方面,又要考虑到他们相互依存关系中出现问题的多样性;所谓"综合的",是指各个部门、地区和阶级,要在发展过程中求得协调一致;所谓"内生的",则是指充分正确地依靠和利用本国的力量和资源,包括文化价值体系来促进发展①。与单纯追求经济增长的发展观相比,明确提出发展要"以人为中心"是综合发展观最为显著的特征。美国学者基恩·格里芬甚至认为"经济发展"和"社会发展"的术语正面临过时的危险,正逐渐被"人类发展"这一术语所取代。他强调,要把人作为综合发展观的落脚点。联合国在第三个十年发展计划中也明确指出:"发展的最终目的,是在全体人民充分参与发展过程和公平分配收入的基础上,不断提高他们的福利。"要求各成员国努力改善本国人民的生活质量,同时还对发展中国家经济和社会全面发展的目标作了详尽规定②。

第四阶段,20 世纪 80 年代后期以来,发展被视为人的基本需求逐步得到满足、人的能力得到发展和人性自我实现的过程,以可持续发展观念形成和在全球取得共识为标志。过去 100 年间,

---

① 〔法〕弗郎索瓦·佩鲁著,张宁、丰子义译,1987,《新发展观》,北京:华夏出版社,第 2~3 页。

② 孙洁琬,"论联合国发展观念的更新与丰富",《政法论坛(中国政法大学学报)》,2001 年,第 4 期,第 150 页。

人类最深刻的警醒莫过于"可持续发展"思想的形成。20世纪初，以工业电气化、交通运输摩托化两大潮流为代表的第二次工业革命以及以机械化耕作、大量应用化肥、杀虫剂农药为代表的农业革命相继来临。但是大规模工业化带来了一系列的恶果，整个地球的生态环境由于开发手段的不当而日益恶化。首先是地球生命的基础——大气层受到破坏。从20世纪中叶开始，由于无节制地砍伐和刀耕火种式地开发，被喻为地球之肺的森林的面积开始以惊人的速度减少。过度机械化耕作和过量使用化肥、农药造成了土壤质量降低，生命之源——水环境遭受污染。1962年，美国海洋生物学家莱切尔·卡森（Rachel Carson）推出了一本论述杀虫剂，特别是滴滴涕对鸟类和生态环境毁灭性的危害的著作——《寂静的春天》。此书引起了巨大轰动，人们开始深刻反思掠夺式的发展模式给生态环境和社会发展带来的沉重恶果，标志着人类生态意识的觉醒和"生态学时代"的开端。1972年，罗马俱乐部组织发表了题为《增长的极限》的报告。报告根据数学模型预言：在未来一个世纪中，人口和经济需求的增长将导致地球资源耗竭、生态破坏和环境污染，除非人类自觉限制人口增长和工业发展，否则这一悲剧将无法避免。这项报告发出的警告启发了后来者。从20世纪80年代开始，最早见于卡森《寂静的春天》中的"可持续发展"一词，逐渐成为流行的概念。

　　1992年联合国环境与发展大会采纳了由挪威首相布伦特兰夫人于1987年在《我们共同的未来》中提出的可持续发展概念，"既满足当代人需要，又不损害后代人满足其需要的能力的发展"成为人们新的发展共识。这一发展观涉及经济、社会、文化、技术和自然环境的综合动态分析，从理论上明确了发展经济同保护环境资源相互联系、互为因果。人类对环境与发展的认识进入一个新阶段：环境保护与社会发展密不可分，必须从根本上转变发展模式和消费模式。依靠科技进步、节约资源与能源、减少废物排

放、实施清洁生产和文明消费,建立经济、社会、资源与环境之间
的可持续发展新模式。

第二节　社会指标运动的兴起

"统计资料的设计者的确是哲学家,尽管他们不情愿承
认这个称呼,但他们充分了解,如果采用另一组不同的概念,
就会看到事实的另一层面。"①

将统计资料的设计者比之于哲学家,其地位之特殊性与重要
性可见一斑,充分反映了 20 世纪 60、70 年代中期美国学术研究
的新风气。一批以经济学家、社会学家、统计学家为代表的美国
学者在社会研究领域掀起了一场具有深远影响的社会指标运动。
这场运动涉及到社会发展战略、国情评估、社会计划、规划、管理、
社会政策、生活水平和生活质量等方方面面的问题,其目的在于
强调:搞好社会指标的收集、分析和研究工作,建立国家社会指标
信息系统,重视社会指标在决策实践中的作用(秦麟征,1983)。

一、社会指标研究的学术渊源

美国的社会指标运动虽然始于 20 世纪 60 年代,但这并不意
味着在此之前不存在对社会指标的研究。实际上,社会指标研究
已有悠久的历史,只不过在这项运动之前,经济方面的社会指标

---

① 　de Jouvenel, B. 1967. *The Art of Conjecture*. New York:Basic Books, p.
174,转引自[美]Robert J. Rossi and Kevin J. Gilmartin 著,李明、赵文璋译,1985,《社
会指标导论——缘起、特性及分析》,台北:明德基金会生活素质出版部,代序第 1 页。

及其研究占了统治地位，非经济方面的社会指标及其研究只居从属地位而已。社会指标运动就近现代的学术渊源而言，可以追溯到 20 世纪初。尤其值得一提的是芝加哥学派在 20 世纪 30、40 年代的学术活动，其中威廉·奥格本（William Ogburn）在理论和社会变迁测量方面作出了杰出贡献。奥格本希望能建立可供社会计划与预测使用的统计数列。1929 年胡佛总统任命了一个社会趋势研究委员会，指定奥格本为召集人。成立该委员会的目的在于对美国的社会趋势作出年度报告。在奥格本主持之下，从 1929 年到 1933 年共计出版了 5 本年度报告，其中最具影响力的是出版于 1933 年的《最新美国社会趋势》（*Recent Social Trends in the United States*）。这是一本几乎涵盖了美国各个生活层面变迁趋势的完整统计报告。前言主要评述过去国家所面临的重大政策难题，其余则以 29 章的篇幅分别陈述各个范畴内统计资料所显示的变迁趋势（Rossi and Gilmartin，1985）。奥格本的研究一方面要克服单纯经济研究的局限性，另一方面则要建立起社会统计指标体系，为人们了解和观测社会变迁提供有效途径。这一思想为社会指标研究在未来的发展提供了重要的理论借鉴。

除了奥格本作出的探索性努力，在社会指标运动之前，美国众多的社会科学家已经开始效仿经济指标和经济系统模型的开发，在全面获得国家复杂的社会信息方面进行开发，如 D. 拉诺的"五十四个社会的社会变化模型"（包括传统的、转变的和现代的社会）、G. 阿尔蒙的"发展中国家政治制度投入产出模型"、D. 伊斯顿的"各种政治适用的投入产出模型"、F. 里格斯的"小变异和多变异社会的历史变化模型"、K. 德茨希的"社会通讯联络渠道的控制论模型"等等（秦麟征，1983）。此外，许多学者也在他们的著作中指出建立家庭、经济、政治和文化的综合系统模型的必要性，或强调研究社会结构的各个方向，其中包括自然资源、技术、经济体制和社会学家们通常所关注的领域。这些都为社会指标运动的兴起提供了积极的思想准备。

著名的生活质量研究学者汉斯-赫尔波特·诺尔（Heinz-Herbert Noll）则将 20 世纪 50 年代 Drenowski 在联合国撰写的社会指标体系方面的著作视为该领域早期重要的经典著作，"通过明确福利的组成要素以及建构各自的指标，推动生活水平测量的发展"（Noll，2002a）。他还提到了另外一位并不为人们熟知，但同样是现代社会指标研究的重要先驱性人物——意大利的统计学家和犯罪学家尼切福罗（Alfredo Niceforo）。尼切福罗在 1921 年出版的一部著作中，对生活状况的量化研究作出了重要尝试，目的就是为了测量和监测不同时间和空间中文明和社会进步的水平及程度。因为其对现代社会指标和生活质量研究的关注，被诺尔视为综合福利和生活质量测量方法的创始人（Noll，2002a）。

二、社会指标运动的社会背景

"社会指标运动"的说法是美国社会学家奥蒂斯·达德利·邓肯（Otis Dudley Duncan）在 1969 年提出来的。它是指 20 世纪 60 年代中期在世界范围内形成的一种社会指标的研究热潮。社会指标运动发轫于美国，美国宇航局和美国文理科学院（American Academy of Arts and Sciences）的一项旨在预测空间竞赛社会影响的计划推动了社会指标运动的发展。这个计划的目的在于研究太空探测方案对美国社会不良影响的性质和范围。1966 年由雷蒙德·鲍尔（Raymond Bauer）负责的该计划研究小组发现，在研究社会指标方面既没有丰富的数据资料，也缺乏相应的概念和方法，于是采用统计数字和数列来描述社会现状并预测社会变化以试图建立一种研究社会生活的新方法（Rapley，2003）。从某种意义上说社会指标正是根据经济指标一词的名称创造出来的。在鲍尔的定义中，社会指标是"统计数值，一系列的统计量，以及其他形式的证据，能够使我们判断正处于何种阶段、价值和目标实现的情况如何"（Bauer，1966，cited in Rapley，2003）。

同任何理论概念一样，"社会指标"一词问世之初就存在着诸多不同的解释。创始人鲍尔将社会指标视为具有普遍社会意义的社会状况指数，用于衡量社会的发展程度。联合国教科文组织认为，社会指标是"通过定量分析评价社会经济生活状况的变化"（吴寒光，1990）。奥尔森（M. Olson）在1969年的《社会报告纲要》中也进行了相应的探讨，认为"社会指标一词可以被解释为一种直接服务于标准利益的统计，它有助于对社会主要方面的状况做出简明、综合、均衡的判断，在任何情况下都是对福利的直接测量"（秦斌祥等，1988）。美国拉塞尔·塞奇（Russell Sage）基金会的两位社会学家谢尔登（Eleanor Sheldon）和穆尔（Wilbert Moore）为社会指标作了另一种解释，认为社会指标可提供如下两方面的指示数据，即社会整体某些部分的当前状况和根据某些规范准则衡量的不论是前进或后退的过去与未来趋势（杨贵庆，2000）。他们实际上把社会指标看成是一种允许作出长期比较的时间序列，使人们可以抓住长期趋势和不寻常的大幅度的波动率。这种观点强调了社会指标的时间序列性、过程性等特点和监控社会发展变化的能力。经合组织把社会指标体系定义为监测某一根本的社会问题因时改变的情况及其水平的直接和有效的统计计量制度（陈震宇，2005）。美国卫生、教育和福利部的专家们则把社会指标定义为对受规范约束的直接利害关系所作的一种统计，它便于人们对社会主要方面的状况作出简明的、综合的、平衡的判断。这种看法突出了社会指标的重要性，把社会指标和有"直接利害关系"的社会决策紧密联系在一起（秦麟征，1983）。其后的定义大致上没有离开上述几种基本观点的范围，只有美国

1977年出版的《未来：情报资料指南》一书，把社会指标定义为"除了经济指标之外的其他指标"，把社会指标与经济指标绝然分开（秦麟征，1983）。在各种有关社会指标的定义中，诺尔认为有两种定义应该引起特别关注（Noll，2002a）：其一来自澳大利亚统计局："社会指标是对社会福利的测量，提供了对当前社会状况的看法，并对一段时期内社会关注的不同领域的趋势进行监测"；其二，源自一份联合国文件："社会指标可以被定义为一系列统计数字，反映了重要的社会状况，使人们对这些状况及其演变的评价过程变得更加容易。人们可以利用社会指标发现需要采取行动的社会问题，确定行动和开支的目标和优先考虑对象，同时评价计划和政策的有效性。"

　　社会指标运动的兴起与当时特定的社会背景有着密不可分的联系。20世纪40年代中期第二次世界大战结束后，全世界政治局势经历了一个相对缓和的时期，大多数国家都致力于恢复战争遗留下的创伤，科学技术迅猛发展，国民经济稳定增长，居民生活水平显著提高。然而科学技术和经济实力的迅速增长，引发了各种复杂的社会问题和环境问题，例如贫富差距拉大、社会秩序混乱、公众安全受损、资源浪费、环境污染和生态破坏等等。伴随着社会发展理念的转变，人类的生活目标也不再局限于物质生活，对健康、教育、休闲等生活质量问题给予了更多重视，更加追求人类自身的发展和完善。上述变化很自然地体现在了宏观核算领域。人们开始认识到，用以国民（内）生产总值指标为核心的国民经济指标体系来反映和权衡整个社会的基本情况和生活质量存在着明显局限。从社会角度看，GDP将好的、坏的产出一视同仁地算在经济指标之中，把造成社会无序和发展倒退的"支出"（例如犯罪、家庭解体等成本）均视为社会财富，不能反映由社会贫富悬殊所产生的分配不公平等发展"瓶颈"，即不计总量增长过程中由于人际之间不公平所造成的破坏性后果；从环境角度看，

GDP 认为自然资源是自由财富，不考虑自然资源的逐渐稀缺性，也不去考虑如何解决资源的质量下降和耗竭性资源的枯竭等问题；从经济角度看，它只记录看得见的、可以价格化的劳务，却将其他对社会非常有贡献的劳务摒除在外，部分或完全忽略家务劳动、志愿者的贡献等非市场经济行为，也未真实反映社会发展的全貌（杨多贵等，2002）。

对 GDP 的反思性研究越发使人们意识到经济领域只是社会领域中的重要组成部分，经济指标虽然能够反映经济的发展状况，但却无法衡量一个国家或社会的综合发展情况。因此对于一个社会来说，除了需要研究经济方面的信息之外，还需要"政治、社会、文化和生物物理"等方面的信息，而且"质量方面的信息，完全可以和数量方面的信息具有同等的重要性"①。社会指标运动的兴起与"强烈的社会需要感和人们对目的、合理性在指导人类事务方面所起的作用所持的那种固有的乐观主义"密切相关②。强烈的社会需要来自技术的快速发展，因为技术的高速发展使社会发生深刻的、日益加剧的变化。技术的发明意味着社会需要付出一定的代价，并接受它所造成的社会影响和后果。因此，权衡技术发展的利弊，就成了一种迫切的社会需要（秦麟征，1983）。在这种背景下，美国的空间研究对社会指标的发展起到了积极推动作用。这项极其庞大的技术计划，引发了人们的诸多思考。例如，巨大的资金投入是否有价值，空间计划对社会的科技、政治、经济、文化、教育、军事等各个领域的影响如何等等。上述所有问题的回答如果仅凭专家学者的定性分析显然

①　Bauer, R. A. (Ed.). 1966. *Social Indicators*. MIT Press, p. 154，转引自秦麟征，"关于美国的社会指标运动"，《国外社会科学》，1983 年，第 2 期，第 30 页。

②　Andrews, F. M., and S. B. Withey. 1978. *Social Indicators of Well-being*：*American Perceptions of Life Quality*. Plenum Press, p. 2，转引自秦麟征，"关于美国的社会指标运动"，《国外社会科学》，1983 年，第 2 期，第 30 页。

不尽如人意，因此迫切需要寻找到能够衡量影响和评价利弊的技术性手段。正是基于这样的研究初衷，以鲍尔为代表的研究人员试图建立一种全新的社会指标体系，以此来评估空间计划的社会影响。此举最终促成了《社会指标》（*Social Indicators*）一书于1966年的出版。在这部被誉为该领域"头一个，也许是最重要的一个创新性出版物"的著作中，鲍尔等人探讨了各种观测与预测社会变迁的方法。其中彼得曼（Albert Biderman）撰写的"社会指标及其目标"与格罗斯（Bertram Gross）撰写的"社会体系会计帐"两章被公认为是社会指标文献中的经典之作。鲍尔本人也由于在社会指标发展初期的开拓性贡献，被人们誉为"社会指标运动之父"。

三、社会指标运动的全球发展

社会指标运动首先在美国得到了突飞猛进的发展。国家科技、自动化与经济发展委员会（The National Commission on Technology, Automation & Economic Progress）在1966年出版了《科技与美国经济》（*Technology and the American Economy*）一书，支持政府在全国范围内开展社会指标研究。该委员会成立于1964年，宗旨就是研究当前及未来科技的变迁对经济和社会的影响，并提出能改变这些影响或减轻不良后果的方法。该委员会同时指出应发展一套社会会计账体系"使我们能认清社会经济发展的意义，使我们能在记录社会、经济变迁的效益之外，同时记录其成本"（Rossi and Gilmartin，1985）。由于这是首次由美国官方的政府小组所认可的社会指标计划，所以意义深远。

拉塞尔·塞奇基金会在社会指标运动的早期阶段发挥了积极作用，极大地推动了社会指标学的理论发展（Rossi and

Gilmartin, 1985)。基金会于 1965 年设立了一个专案，在谢尔登和穆尔指导下观测社会变迁。这个专案的第一本重要文献就是由二人编辑的《社会变迁指标：概念与测量》(*Indicators of Social Change：Concepts and Measurements*)。该书被誉为是自《最新美国社会趋势》一书出版以来，涵盖美国社会主要层面最完整的文献。基金会赞助的另一本对社会指标运动产生重大影响的书籍是由坎贝尔(Angus Campbell)和康弗斯(Philip Converse)主编的《社会变迁对人类的意义》(*The Human Meaning of Social Change*)，该书通常被视为是前者的重要补充文献。

　　1966 年鲍尔发表《社会指标》不久后，社会指标研究很快传播到欧洲和其他国家，并推动了国际组织的研究工作。众多国家与国际组织开始接纳社会指标以及社会报告的概念，越来越多的国家出版或正在制定有关全国性社会与经济状况及趋势的报告，以期能探询社会发展的整体状况。尽管各个国家和国际组织对"社会指标运动"的兴趣并不完全一致，正如美国学者所指出的那样，"社会指标运动一开始就有着多种目标，但对哪种目标应予优先的问题却未取得一致意见"，不过从各种各样的"指标""报告""问题目录"等所包含的内容看，都是围绕一个共同的中心，即人类自身的生存条件、生活质量和发展环境(王立彦、李心愉，1994)。

　　经济合作与发展组织从 1970 年起也为建立社会指标开展了全面、系统的工作。该组织的人力和社会事务委员会建立了一个社会指标研究小组，并制定出一份成员国一致同意的描述个人生活质量的社会关注领域一览表，并在这一基础上对指标进行分类，统一定义，加工修改，于 1976 年发表了社会指标报告《社会生活质量的计量》。经合组织早期的工作主要以发达国家的社会发展情况为依据。

　　联合国所属专门机构，如世界卫生组织、联合国粮农组织、国际劳工组织、联合国教科文组织等在其职责范围内和感兴趣的领域促进了社会指标的改进和推广工作。联合国社会发展研究所和教科文组织还着重进行了社会指标的方法论和应用的研究。联合国统计局则一直致力于社会人口与经济的统计工作研究，并将其应用到社会问题统计和社会指标制定中。1975 年发表以计量经济学家英国剑桥大学理查德·斯通（Richard Stone）为首的专家组起草的《社会与人口统计体系》的工作报告，目的就是要充分利用各种社会指标，研发一套丰富的社会和人口统计体系。此后又几经修改与完善，发表了一系列的工作报告。例如 1979 年发表的《社会统计综合研究的技术报告》对该体系的使用情况进行了总结和说明，并提出了进一步的工作设想。在广泛应用的基础上，1977 年联合国统计局发表了第一本与社会人口统计体系的发展相协调一致的《社会统计提要》，其中的主要统计项目描述了世界主要国家和地区的社会现状与社会变化情况。

　　与此同时，世界上很多国家的统计局发表了反映本国人民生活状况和福利水平的社会统计提要。其中最早由英国统计局出版的《社会趋势》反映出社会科学家对综合研究社会指标和社会人口统计的关注。美国商务部人口普查局从 1973 年起每隔三年编印一本反映美国社会现状和发展趋势的社会指标集，资料内容十分丰富，充分反映了美国社会生活各方面的情况。

第三节　社会指标与生活质量研究的契合

　　20 世纪 60、70 年代社会指标研究在全球范围内的推广，并非是孤立的社会现象，而是与当时的社会、政治氛围密切相关。社会指标研究飞速发展的时期，恰恰也是人们首次开始怀疑是否应该将经济增长视为社会进步的主要目标的时候。经济增长的社会代价、公共贫困等新出现的社会问题伴随着反全球化运动的兴起,引起了人们的广泛关注。社会指标运动作为美国整个社会指标研究事业发展的重要里程碑,经历了三个不同的发展阶段(秦麟征,1983)。第一,理论研究阶段:从 20 世纪 60 年代中期到 60 年代末。这个阶段的特点是:为加强社会指标的研究广造舆论;呼吁建立科学的社会指标体系,要求在政府设立类似经济顾问理事会的社会顾问理事会,倡议筹建或扩大社会指标的研究设施;同时加强了对社会指标的概念和性质、理想的社会指标体系和研究设施、反馈系统的重要性等方面的理论研究。第二,应用研究阶段:从 20 世纪 60 年代末期至 70 年代初。在这段时期,社会指标研究着重在社会变化指标、社会指标的应用及其评价、社会指标与社会政策的关系等方面。应用研究和方法论研究有了较大的进展。第三,生活质量指标研究阶段:始于20 世纪 70 年代,至今仍在继续。在这期间,出版了许多富裕、幸福、生活水平、家庭状况等方面的生活质量指标为中心的论著,同时出现了这样一种主张:要切实可行地进行社会指标研究,就必须研究生活质量指标,并以个人的幸福作为研究的出发点或中心点。

20 世纪 70 年代中期以后,社会指标运动开始进入低潮,但是生活质量的研究传统却得以传承并发展起来,成为社会学研究的一个重要组成部分。虽然早在社会指标运动之前,生活质量研究就已经获得初步发展,但多以经济学家对传统社会发展观和 GDP 指标的批判反思为主。20 世纪 50 年代美国经济学家加尔布雷斯(J. K. Calbraith)在其所著《丰裕社会》(*Affluent Society*)一书中基于对现实社会矛盾的思考,阐释了生活质量的概念。他意识到尽管经济发展使美国达到了很高的物质生活水准,但是与此同时美国人民却生活在荆棘丛生的种种社会矛盾之中,因此必须以新观点来看待生活水平的高低。加尔布雷斯指出,目前的问题不是"失业",而是不善于利用"闲暇"来从事创造性的精神劳动;目前的危机不是经济危机,而是"人"在道德上和精神上的危机;目前的收入分配不是不均,而是在收入趋向平均的情况下,一些人乱花乱用,解决这些问题就必须提高生活质量(傅殷才,1983)。加尔布雷斯在1967年和1973年又分别发表了《新工业国》(The New Industrial State)和《经济学和公共目标》(Economics and the Public Purpose)两本著作。他指出,经济增长已经不再是社会的迫切需要,国民生产总值已经日益失去衡量社会发展程度的价值,现在所应追求的是和谐、悠闲和有保障的生活。美国著名经济学家萨缪尔森(Paul A. Samuelson)所著《经济学》曾风靡西方经济学界,在20世纪70年代的修订版中专门列出一章论述生活质量问题,并引用一位年轻激进派的话说"不要向我提国民生产总值(GDP)这一概念,对我而言,GDP的含义就是国民总污染"[①]。他认为,现代经济学绝不能把数量视若神明而忽视生活的质量,并且建议用NEW来补充GDP。NEW是指经济净福利,即扣除了消极后果之后能给人民带来真正福利的经济产值,是经过调整之后的GDP,即扣除了污染的费用、现代城市生活负值效应价值、闲暇时间丧失价值等等之后的GDP。他认为,如果政府和个人真正想要改善生活质量,就应当牺牲一些GDP,来取得更多的NEW。耶鲁大学经济学家威廉·诺得豪斯(William. M. Naodhaus)和詹姆斯·托宾(James Tobin)也持相同观点。他们认为,曾经以经济增长作为经济学理论研究基石的传统观点将受到挑战与谴责(冯立天、戴星翼,1996)。

及至社会指标运动获得蓬勃发展,如何正确评估人类社会的发展状况、科学引导人与自然和谐相处成为迫切的现实与理论课题。人们开始逐渐反思"更多是否意味着更好……'生活质量'概

---

① 〔美〕萨缪尔森著,1979,《经济学(上册)》,北京:商务印书馆,转引自冯立天、戴星翼主编,1996,《中国人口生活质量再研究》,北京:高等教育出版社,第2页。

念的产生代替了那些越来越受到质疑的物质繁荣的概念，成为了一种全新的、多维度的、更加复杂的社会发展目标"（Noll，2002a）。而要实现对生活质量这一新的社会发展目标的科学测量，必然需要方法论上的有力支持。社会指标运动适时地提供了必要的理论与工具上的保障。从最初经济学家基于对 GDP 指标的批判与修正而关注生活质量，到社会学家从多方位开展生活质量研究，并最终促成了一个新兴社会学研究领域的形成，生活质量研究前进的步伐与社会指标运动的发展息息相关。

自 1966 年《社会指标》一书出版后，一批以社会指标为方法研究生活质量的文章和书籍应运而生。比较引人注目的有美国总统行政办公室发行的《1973 年社会指标》，引起了社会的极大关注，它向读者提供了关于美国生活质量的广泛背景知识，有助于社会公共政策的制定与实施。早期的美国生活质量指标体系有两个显著特点（秦斌祥等，1988）：第一，在研究者看来，生活质量内容广泛，无所不包。除衣食住行等消费活动之外，它还包括工作、休闲以及政治活动等范畴。《1973 年社会指标》就包括卫生、公共安全、教育、就业、收入、住房、娱乐、人口等 8 个方面；第二，研究主要停留在用客观指标对生活质量进行描述分析的阶段。

与此发展阶段类似，欧洲斯堪的纳维亚半岛国家的生活质量研究也采用了客观指标体系的测量方法，认为生活质量与人们所需要的客观资源息息相关。这些客观资源主要有收入、资产、教育、知识技能以及社会关系网络等等。虽然这种生活质量研究方法并不否认主观指标具有一定的存在价值，但是他们往往认为个体的主观评价建立在个体的期望水平基础之上，是因人而异的，并不能作为指导社会政策制定的具有普遍性的标准，所以不加以细致研究（周长城等，2001）。

当然不可否认客观指标是生活质量指标体系中必不可少的

一部分,但是在美国的随后研究中人们逐渐对客观指标体系能否对生活质量进行完美无缺的测量产生越来越多的质疑。人们意识到,客观指标反映的只是拥有某种客观物质资源的数量状况,至于它们会对生活产生多大影响,还得从主观指标的评价中获得答案。正是基于这种认识逐渐形成了生活质量研究中的所谓美国模式,即根据个体自行评估的需求满足程度来衡量人们的生活质量。社会发展的最终目标并不是生活质量的客观方面,而是人们的主观满意度(subjective well-being)和幸福。持这种观点的主要理由是,由于各地的经济发展水平和社会文化特征具有多样性,而且不同个体的受教育程度、性别、年龄、生活经历以及社会地位有所不同,使得人们对生活质量的衡量和评估不一样,所以用某些物质条件上的差异作为定义生活质量的标准是片面且不合理的(周长城等,2001)。20 世纪 60 年代中期坎特尔(Hadley Cantril)的"自我定级量表(Self-Anchoring Striving Scale)"以及 70 年代安德鲁斯(Andrew)和威瑟(Withey)的 D-T 量表成为该阶段的代表性研究。两种研究方法有着异曲同工之妙,都采用了生活质量阶梯图的形式。前者依次分为 10 个等级,最上和最下分别表示生活的最好和最差境界,要求回答者在阶梯图上标明自己目前生活状况所处的位置,以及过去和今后所处的和期望所处的位置。后者分为 7 个等级,从极糟到快乐,要求回答者在量表上标出对某一个生活领域幸福感的主观评价。这种自我评价方式为生活质量测量开辟了新的道路,至今仍然可以在很多研究中看到它们的广泛应用。

　　将主客观生活质量指标体系割裂开来各自为政进行研究并没有持续多久。毕竟正如辩证唯物主义所表明的那样,任何事物的发展都是辩证统一的整体,单纯割裂某一个方面,仅就另一个方面进行研究必然导致认识问题的片面性和局限性。那些仅仅对幸福程度的测量和主观满意度的评价,或者单纯强调生活质量

　　客观物资条件的定义，都会因为认识论上的偏差而导致研究结论遗漏某些生活质量的重要方面。正如迪纳（Diener）和徐恩国（Eunkook Suh）所言，"不管在概念上和方法上社会客观指标和主观幸福指标有多大不同，我们需要各方面理论的综合作用才能对此现象有一个全面的认知"（Diener and Suh，1997）。越来越多的研究者也开始尝试将主客观指标体系结合起来进行综合研究，以期获得对生活质量更加全面的认知。

第二章　生活质量研究的基本范畴

　　进入 20 世纪 80、90 年代以来,"生活质量"作为一个新兴的社会科学研究领域,仿佛一夜之间在中国成为了家喻户晓的新鲜名词。不仅频繁见诸于平面媒体和电视新闻,冠以生活质量研究之名的各类抽样调查更是如雨后春笋般遍及全国各地,大有忽如一夜春风来,千树万树梨花开的态势。然而在这看似红红火火的表面背后隐藏的却是深层研究的缺失。到底何为生活质量? 生活质量的内涵与外延是什么? 生活质量研究背后折射的价值理念又是如何? ……当你越发深入地介入这个研究领域时,这样一系列貌似简单却直指要害的问题就会时时浮现在你的脑海,而这恰恰是生活质量研究的根基所在。

第一节　生活质量的概念解析

一、生活质量的概念溯源

　　但凡讨论"生活质量"问题,无不将"生活质量"与莫里斯(M. D. Morris)联系起来,这是因为 1975 年在莫里斯指导下的、总部设在美国华盛顿的海外发展委员会提出了一个直接冠以"生活质量"之名的"物质生活质量指数"(The Physical Quality of Life Index),简称 PQLI,又译为"实物生活质量指数""生活的物质质

量指数""生活指数的物质质量"等。因为在中国生活质量研究的
早期阶段,物质生活质量指数经常被人们征引并加以讨论,很多
学者在研究生活质量问题的时候,也常常以该指数作为研究起
点,以至于不少学者将海外发展委员会的研究当作生活质量的开
创性研究来对待。这其实存在某种误解(朱国宏,1992)。制定
PQLI旨在为美国对穷国提供发展援助计划进行有效性的评估,
它也可以作为贫国调整社会发展战略的依据。莫里斯在1979年
所著《衡量世界穷国的状况——物质生活质量指数》(*Measuring
the Condition of the World's Poor：The Physical Quality of
Life Index*)一书中对PQLI作了比较客观详尽的描述。PQLI指
数是由识字率、婴儿死亡率及一岁预期寿命三个指标,通过指数
计算综合出来的。虽然海外发展委员会将其研究成果以生活质
量命名,但并不意味着它的研究直接以生活质量为对象。PQLI
的研究对象是指数而非生活质量,生活质量只不过是它所研究的
衡量社会发展和社会进步的参数的名称而已(朱国宏,1992)。物
质生活质量指数一经发表就引起了广泛关注。这与该指数的综
合性特征有着密不可分的关系。虽然在该指数之前,无论是联合
国的有关组织,还是其他一些具有影响力的国际组织都曾开展过
类似的研究活动,但因为先前形成的研究成果往往由一系列变量
数据构成,具有结构复杂、数据资料难以获得等缺陷;而PQLI的
简明、综合性特征恰好可以弥补上述缺陷,因而受到普遍欢迎,并
被广泛应用于衡量一个国家或地区的社会经济发展状况,特别是
发展中国家的发展程度。

物质生活质量指数虽然影响深远,但以其作为生活质量研究
的起点却并不恰当。有学者考据了国内当时已有的文献资料,指
出在莫里斯之前,生活质量概念就已被提出,并认为美国经济学
家加尔布雷斯在1958年所著的《丰裕社会》中首创了生活质量的
概念(秦斌祥、朱传一,1988)。但是由于20世纪50、60年代,生

活质量研究还不甚成熟,生活质量概念往往和生活水平、生活标准、福利水平等概念一起被混同使用。因此有国内学者认为真正将生活质量作为研究对象,并将这一概念纳入其理论框架的可能首推美国经济学家罗斯托(Walt Whitman Rostow)(朱国宏,1992)。他在 1971 年发表的《政治和成长阶段》(*Politics and the Stage of Growth*)一书中深入地探讨了生活质量问题并形成了自己的理论体系。自此之后的国内研究因拘泥于资料的限制,大多认同了上述研究结论。在论及生活质量的研究起源时,莫不提及加尔布雷斯的《丰裕社会》一书(马洪、孙尚清,1989;朱国宏,1992;冯立天,1992;冯立天、戴星翼,1996;周长城等,2001,2003a)。但是笔者根据大量外文资料的考察却发现,生活质量概念的起源有着不同的版本。英国福利经济学家庇古(A. C. Pigou)才是首先使用生活质量这一术语的社会科学家。庇古在1920 年的一本关于经济学与福利研究的著作《福利经济学》(*The Economics of Welfare*)中,明确使用了生活质量的概念以描述福利的非经济方面(non-economic aspects of welfare)(Jacob M. van Laar, 2005)。庇古在著作中讨论了政府对更低社会阶层的福利供给以及对其生活状况和国家财政的影响,他写道:"首先,非经济福利易于被获取收入的方式所修正。因为工作环境会对生活质量产生影响。"(Pigou, 1929, cited in Glatzer et al. , 2004)自此之后,生活质量的概念消失了将近 20 多年,直到第二次世界大战后才再次被人们提及。

　　几个重要的历史契机促成了生活质量研究的再次发展,其一是世界卫生组织关于健康定义的扩展。世界卫生组织(World Health Organization,简称 WHO)是联合国属下的专门卫生机构,创立于 1948 年 4 月 7 日,其使命是使全人类达到最佳健康水平。世界卫生组织对健康的定义颠覆了以往的传统观点:健康不再仅仅是疾病或羸弱的消除,而是体格、精神与社会的完全健康状态,即躯体上、心理上和社会适应上的一种完满状况。这种对健康认知的彻底改变,一方面促成了近代生物医学模式向现代生物-心理-社会医学模式的转变,另一方面引发了人们对于人类健康状况是否具有测量可行性的讨论。这一讨论的延伸发展便是生活质量研究的一个重要分支领域——与健康相关的生活质量(HRQOL)研究的兴起。甚至该领域的某些学者据此认为生活质量研究最早是在临床肿瘤研究中提出来的。20 世纪 40 年代卡劳夫斯基(Karnofsky)等首先提出了肿瘤病人的行为状态评分,这虽然算不上真正的生活质量评定,但它为今后临床医学生活质量研究开了一条先河(石智勇、李春亚,2000)。20 世纪 70 年代,生活质量这一概念被医学界普遍接受,1975 年生活质量作为关键词被收入到医学文献中。其二西方社会存在的不平等现象变得更加尖锐,由此引起了社会的普遍关注,也推动了 20 世纪 60 年代各项社会运动和政策变革的开始。60 年代中期《美国总统国家计划委员会报告》(*Report of the President's Commission on National Goals in the United States*)实际上已经使用了生活质量这一术语,这便是席卷世界的社会指标运动的开端时期。社会指标运动的目标就是提供社会发展的定期报告,以评估社会政策的进展情况,它在间接上为生活质量的量化研究提供了方法论上的支持。两者的历史契合积极推动了生活质量研究在全球范围内的开展。

二、不同层面的概念建构

一位哲学家曾经说过:"形而上学的问题,就是类别的问题。"可以对每一个科学领域,以至每一个知识科学都做出类似的陈述,因为定义是先于实际的讨论、调查或有关行动的。所以,要求观察者这一方对定义做出统一的意见。然而,在没有

"客观的"标准和形成定义要依赖于人类激情的领域中，要想取得这种统一的意见，是颇为困难的。（沃林斯基，1999）

生活质量研究情况更是如此。没有疾病（absence of illness）、健康状况（health status）、主观幸福感（subjective well-being）、功能状况（functional status）、快乐（happiness）、生活满意度（life satisfaction）、积极影响（positive affect）、自我实现（self-actualization）、美好生活（good life）……所有这些术语都频繁出现在各类生活质量的定义当中，一方面成为解释生活质量的关键词，另一方面这些本不相同的术语却仿佛成为生活质量的代名词，以至于生活质量几乎成为社会科学领域内用法最不确定的概念之一。拉普安特（LaPointe）就曾经表达过这样的见解："在新千年的第一个世纪里，我认为在语言和思想研究的领域中存在着一个重要议题，这是一个棘手的、紧要的、容易被人忽略但又十分关键的概念，即生活质量的定义和测量。"（LaPointe，2001，cited in Rapley，2003）

生活质量研究内容庞杂，因此缺乏一个统一公认的定义和标准的测量方法，也就不足为奇。"生活"本身就是一个内涵与外延十分宽泛的范畴，就其质量的讨论而言，自然不确定成分颇多。另一个值得考虑的因素是生活质量的分析层次大体而言存在个体与群体的区别（虽然很多时候很难将两者截然区分），不同分析层次侧重各有不同，因此概念建构也各有差异。生活质量概念的"现代形式"是作为个体的一种特点以及国家繁荣的一个指标而存在的（Rapley，2003）。

（一）个体层面的生活质量建构

康明斯（Cummins）将生活质量"现代形式"的产生归功于1964年约翰逊总统的一次演讲。约翰逊总统在演讲中说道：社会进步"不能通过我们银行存款余额的多少来衡量，而只能以人民的生活质量来评价"（Cummins，1997b，cited in Rapley，2003）。与此相似的是，诺尔也认为美国前总统约翰逊在 1964 年就曾经说过："评价一个美好社会并不是看它有多少财富，而是在于其品质——不是商品的数量，而是人们的生活质量。"（Noll，1996）生活质量成为"美好社会"成功与否的重要衡量标准。

然而，如何解释个体层面的"美好社会"长久以来存在很多争议。布洛克（Brock，1993）就"美好生活"理论，区分了三种不同的生活质量研究方法——享乐主义理论、偏好满足理论和理想理论。享乐主义理论（Hedonist Theory）坚持认为，终极的美好就是拥有某些可以意识到的经历——幸福、愉快、满足——伴随着对欲望的追求。该理论强调个体的主观经历，认为美好生活是由许多愉快经历组成的，它包括了性生活的愉悦、实现某种财富目标的快乐饕餮大餐的味觉享受等等。特别值得注意的是享乐主义理论强调的仅仅是涉及上述各种愉悦体验的经历，因此一个人可能即使没有真正实现某种目标，依然可以在奋斗的过程中体会到快乐的感觉，主观的精神体验才是理论的核心。偏好满足理论（Preference Satisfaction Theory）与米克劳斯（Alex C. Michalos）的多重差异理论密切相关，认为美好生活就在于欲望和偏好的满足之中，美好被理解为人们能够得到他们渴望和偏爱的东西，将最少的未能得到满足的需要等同于更多的幸福。假设一个人对获得博士学位具有强烈渴望，那么如果他真的实现了这一愿望，生活对他而言就会变得更加美好，反之如果愿望落空，生活就会变得很糟糕。就此而言偏好满足理论与享乐主义理论是截然不同的。如果继续沿用前面的例子，享乐主义理论会认为获得博士学位的经历才是重要的，结果倒是其次。偏好满足理论则认为如果我的偏好可以得到实际的满足，那么生活就会变得越来越好，但是如果只是拥有精神上的体验，还远远不够。理想理论（Ideal Theory）则认为至少有些美好生活既不是可意识到的享受，也不是偏好的满足,而在于对某些具体标准理想的满足中,即美好生活存在于某些客观美好事物的实现之中。例如,美好生活包括了个人的自由,它意味着社会成员拥有更多的选择权力,追求美好事物的时候受到较少的限制,因此获得自由的能力就成为人们能够过上美好生活的必要条件。

　　为了能够形成一个综合性的概念解释,人们作出了很多尝试。埃瑞克·阿拉德(Erik Allardt)在 1976 年和 1981 年对生活质量的分析被欧盟学者视为定义生活质量的开端。阿拉德对主客观生活状况进行了区分,并特别考虑了 4 个不同的维度——生活水平、生活质量、满意度和幸福。生活水平指的是食物、健康、就业、收入等所谓的物质需求;生活质量指的是非物质生活状况,主要根据人际关系的质量、社会和文化整合、环境质量来定义;满意度是对生活状况水平的主观感知;幸福是对生活质量的主观感知(European Union, 1999)。安德鲁斯和萨拉伊(Andrews and Szalai)则提出了不同的分析方式。他们认为生活质量是上述提及的所有要素的集合,包括物质的、非物质的、客观的和主观的要素,因为不同维度之间存在着很强的相互作用关系(European Union,1999)。

　　尽管目前人们对生活质量应该包括哪些内容仍然没有形成一致意见,但至少已经就其多维度的特性达成共识,认为生活质量并非仅仅包括物质福利。例如劳顿(Lawton)指出生活质量是一个多维概念,并强调生活质量在结构上应包括评估、个人标准、社会规范、人与环境、时空等 5 个方面,而在内容上应包括行为能力、感知、环境、心理 4 个方面[1]。卡内曼(Kahneman)等提出了生

---

[1] Lawton, M. P. 1991. "A Multidimensional View of Quality of Life in Frail Elders." pp. 3 - 27 in *The Concept and Measurement of Quality of Life in the Frail Elderly*, edited by James Birren, James Lubben, Janice Rowe, and Donna Deutchman. San Diego, CA: Academic Press. 转引自曾毅、顾大男,"老年人生活质量研究的国际动态",《中国人口科学》,2002 年,第 5 期,第 60 页。

活质量应包括 5 个层次的内容：外部条件（如收入、邻里、住房等）、福利的主观评价（如自陈满意不满意）、一贯的情绪状态（乐观/悲观）、行为的生化和神经基质[①]。

在多样化的生活质量定义中，世界卫生组织生活质量研究组（WHOQOL Group）的界定比较具有代表性："生活质量被定义为个体对他们生活于其中的文化和价值体系背景中的生活状况的感知，这种状况与他们的目标、期望、标准和关注密切相关。生活质量是一个十分宽泛的概念，以一种复杂的方式将个体的生理健康、心理状态、独立水平、社会关系、个人信仰和他们与环境显著特征的关系融入其中。"（WHOQOL Group，1995）该定义强调生活质量的主观性，包括了生活的积极和消极方面，也将其视为一个多维度的概念。世界卫生组织生活质量研究组定义的成功之处就在于将文化、社会环境、价值体系等背景因素考虑到生活质量的概念建构中，使得人们关注到生活质量对于不同个体具有不同的概念内涵，不能简单地和健康状况、生活满意度、精神状态或幸福等术语划等号。

除了多维度的特性外，很多学者还从生活质量的客观范畴与主观范畴的角度界定生活质量。查普夫（Zapf）特别表明在客观生活状况和主观生活质量之间存在相互联系。如果把客观生活状况简化为两个方面，即好与坏，再与主观生活质量合并就可以形成一个 2×2 的矩阵。一个人生活在良好的客观条件中，却认为自己的可感生活质量很差，这种情况是可能存在的，被查普夫称为不协调；相反如果一个人认为尽管客观生活状况很糟糕，但主观生活质量良好，那么就称之为顺应；当客观状况与主观感觉

---

① Kahneman, D., E. Diener, and N. Schwarz (Eds.). 1999. *Well-being：The foundations of hedonic psychology*. New York：Russell Sage Foundation. 转引自曾毅、顾大男，"老年人生活质量研究的国际动态"，《中国人口科学》，2002 年，第 5 期，第 60 页。

都很好的时候，就会感到幸福，反之则产生剥夺感（Zapf，1984，cited in European Union，1999）。

泰勒和博格丹（Taylor and Bogdan）认为生活质量是反映个人对生活的整体满足感，是对生活体验的一种丰足的感觉；史家乐（Schalock）认为生活质量包含了个人幸福的感觉，有机会去发展自己的潜能，而且在家庭、社区、就业及健康等方面都可以积极参与；布朗和贝耶（Brown and Bayer）则提出生活质量是个人对其环境的掌握及操控程度。这些定义说明个人主观的经验是界定生活质量的主要元素（黄敬岁，1999）。客观条件则是构成生活质量的另一元素。史家乐（Schalock，1996）就生活质量的内容提出了8个维度的整合概念框架：情感心理状况、人际关系、物质福利、个人发展、身体状况、自我决定、社会包容、权利。这8个维度是影响个人生活质量的重要客观条件，个人对这些维度的需求比重及满足程度因人而异，体现了不同的主观体验。该定义强调生活质量的本质是由客观条件及个人主观体验所组成的。

拉普里（Mark Rapley）在《生活质量》（*Quality of Life: a Critical Introduction*）一书中对康明斯的生活质量定义予以了高度评价，认为在个体层面，康明斯的定义最具影响力。"生活质量同时兼有客观性和主观性，以7个领域为核心：物质福利、健康、生产率、亲密、安全、社区和感情幸福。客观领域包含对客观福利的文化意义上的相关测量。主观领域包括各领域的满意度，并由满意度对个体的重要性加权而得。"（Cummins，1997a，cited in Rapley，2003）该定义关注到主客观两个领域，并且在衡量生活满意度时引入了加权的思想。

随着人类发展理念的不断变革，在过去的20多年中，个体层面的生活质量研究面临着诸多挑战，不仅有来自概念操作化的困扰，更包括深层研究理念的更新。人们逐渐意识到过去单纯依靠科技和医学技术的进步就能提高生活质量的观念是十分片面的，生活质量是由个人、家庭、社区和社会福利与价值信仰、感知因素和环境状况等多元因素共同作用的结果。这就使得人本化的视角,尤其是病人和服务使用者的视角,在近十年左右通过各种开放式主观调查的发展,被充分应用到生活质量研究中(Glatzer et al.,2004)。把个人置于判断生活质量的核心地位,关注对象从一般人群,逐渐扩展到社会生活中的边缘群体和特殊群体,比如智力障碍者这类以往被人们所忽视的群体。个人生活质量评估量表(Schedule for Evaluation of Individual Quality of Life,SEIQoF)就是一个典型例子。它是由被调查者来判断生活的哪些方面对整体生活质量是最重要的,这和其他由研究者确定生活质量重要方面的调查不同,充分体现了被调查者的主观能动性和他们对自己生活质量状况的关注程度。正是基于上述变化,史家乐认为在当前的研究中,生活质量成为了一个敏感的概念,它给予我们一种来自个体的视角,强调个人和个体环境的导向意义;作为一个统一的主题,为生活质量建构的概念化、测量和应用提供了一个分析框架;同时也是一种社会建构,成为增强个人幸福、协调计划、社区和社会变迁的一个重要原则(Schalock,2004)。

(二)群体层面的生活质量建构

在 20 世纪前半叶,各个国家主要是以物质生活水平的高低来衡量生活质量。人们往往认为一个国家的物质生活水平越高,公民的生活质量就越高……生活质量通常是通过与 GNP 相关的测量来获得,后来才逐渐改成以人均实际 GDP 来测量……但是在 20 世纪 60 年代,研究氛围发生了一些变化……提倡以多元化的指标来研究生活质量,体现在所谓的"社会指标"运动中。(Veenhoven,1996,cited in Rapley,2003)

及至 20 世纪 80 年代末期至 90 年代初期,生活质量的理念广泛渗透到社会生活的方方面面,成为最具影响力的研究领域之一。社会公正、社会平等、自由、社会保障、社会整合等宏观价值理念开始成为群体层面生活质量研究的核心思想。

澳大利亚统计局(Australian Bureau of Statistics,ABS)深刻意识到生活质量测量对监测政府的社会政策效果具有至关重要的作用。ABS 认为:"人类活动的主要动力是对令人满意的健康状况、更好的生存条件、不断提高的生活质量的向往。个体为了自身、家庭及他们所处的社区达到目的而不懈努力。他们已经意识到,提高个人的生活质量是人类活动的主要推动力"(ABS,2001)。在澳大利亚统计局的研究中,福利是可以与生活质量相互替换的同义词。当需要界定生活质量或福利的意义时,首先需要确定概念的边界。以测量福利为例,这是一项十分浩大的工程。"从生到死,生活使个体根植于一个充满活力的文化之中,它包括自然环境(光、热、空气、土地、水、矿藏、植物、动物)、人工环境(物体、建筑、道路、机械、设施、技术)、社会设置(家庭、社会网络、协会、制度、经济)以及人类意识(知识、信仰、理解、技能、传统)。福利取决于与文化相互作用的所有要素,可以被视为一种健康的状态或者生活各个方面的充裕状况。因此福利测量包括对整个生活的描绘,并且考虑到每一个生活事件或者对个体生活质量或社会凝聚具有潜在影响的社会情景;在个体层面,包括生活的生理、情感、心理和精神方面;在更广义的层面上,每一个个体周围的物质和自然环境,通过相互依赖,成为福利均衡的组成部分。"(ABS,2001)鉴于该定义涉及到多样性的范畴,如何选择具有代表性的领域本身就体现了某种价值判断。例如哪些生活领域对福利更重要,哪些社会议题最具紧迫性等等。对这些问题的考量都必须先做出一系列价值判断,从而决定实际测量的指标范畴。但是澳大利亚统计局也清楚地意识到,不可能存在一种使所有致力于帮助改善人民生活质量的党派都满意的单一的福利测量方法(Rapley, 2003)。恰恰相反,需要给不同的研究者、政策制订者提供一系列的测量方法,以使他们可以从中选择感兴趣的主题。

随着生活质量研究在全球范围内的展开,开展跨地区的生活质量比较成为摆在人们面前的一个崭新课题。如何建构起一个科学的综合指标体系所面临的首要问题,就是对生活质量概念框架的明确定位。欧洲以其独特的地缘优势成为分而不离的跨地区研究首选之地,一脉相承的文化传统同时又各具特色的发展差异为比较研究提供了良好的社会基础。正是这样得天独厚的地区优势,使得欧洲的跨地区生活质量比较研究达到了较高的发展水平。以 Berger-Schmitt 和诺尔开发的 ZUMA 生活质量模式为例,ZUMA 生活质量模式是一项高度复杂的包括生活质量概念化与测量的研究创新①。它的概念框架以生活质量、社会凝聚和可持续性 3 个概念为基础。研究的最终目的就是要"使用具有深厚理论和方法论根基的指标来测量和分析欧洲公民福利的变化,而这些指标均源自一个综合性的概念框架"(Glatzer et al., 2004)。Berger-Schmitt 和诺尔将几个十分重要、但是以前未曾有联系的研究传统整合在一起,其中包括美国的"主观幸福感"生活质量研究传统、欧盟的社会目标和福利政策、社会科学对于可持续性、社会排斥、社会资本和社会融合的理论化研究,从而使生活质量包含了客观生活状况和主观幸福感,成为一种"观察和测量的综合性视角"。ZUMA 模式随后被应用到欧洲报告计划(EuReporting project)中,该项目由哈贝奇(Habich)、查普夫和诺尔等人发起,在致力于创建科学的社会指标以系统监测生活状况和生活质量

---

① ZUMA 是德国问卷调查方法论和分析中心(The Centre for Survey Research and Methodology)的简称。

方面具有重要的影响①。在建构欧洲社会指标体系的过程中,欧洲报告计划沿袭了 ZUMA 的研究方法,强调对生活领域的测量,因此建构了一个覆盖 13 个生活领域的综合指标体系,例如住房、交通、健康、环境、公共安全和犯罪等,此外还增加了总体生活状况的测量(Berger-Schmitt & Noll,2000)。ZUMA 生活质量测量方法的两个目标就是减少差距和不平等(包括减少社会排斥)、增强联系和社会关系(包括增加社会资本),因此成为一种涵盖社会资本、社会融合和社会凝聚在内的综合性的生活质量模型(Glatzer et al.,2004)。

综合上述所有研究不难发现,生活质量是一个非常复杂的、多维度的、抽象化的概念,如同其他许多社会科学概念一样,针对不同个人和群体会有不同的诠释,因此一直以来都缺乏一个被普遍接受的定义。社会科学概念本身所具有的共同特性表明,生活质量所能代表的不仅仅是一种描述性的范畴,同时又具有很强的伦理与文化内涵。许多研究采用了大量的指标测量,在诸如健康、住房、工作、休闲和犯罪等领域对生活质量进行剖析,但是在最终分析中它们所揭示的却是并不能将生活质量研究完全客观化,因为指标的选择、指标的代表性及其解释本身早已暗示了某种价值判断的存在(European Union,1999)。正因如此,不同的意识形态、文化背景和认知态度都会影响我们对生活质量的定义和测量。这种透过意识形态的架构进行的阐述与分析不可避免地会导致概念界定的困难。任何试图建构一种兼具唯一性和精确性的定义的努力,在长期的研究实践中都被证明是徒劳无益的。

---

① 欧洲报告计划是一项在欧洲范围内开展的研究计划,长期致力于创建一个以科学为基础的欧洲社会报告和福利测量体系。

第二节　生活质量的研究领域

一、应用领域的扩张性

进入到 20 世纪 90 年代以来,生活质量一下子成为时髦名词。然而,虽然大家都在讨论"生活质量",但在众人笔下,生活质量竟成了"千面观音":一会儿以"生活水平"的同义语出现,一会儿以"人口质量"的共同体出现,一会儿又以"发展"的类形物出现(朱国宏,1992)。概念的非确定性发展为生活质量的应用提供了无限的空间。

(一)日常生活与生活质量的概念渗透

上至官方话语的政治目标,下至平民百姓的日常生活,生活质量频频出现在报纸、杂志、电视、广播和互联网上。一方面它仿佛成了人们心中不言自明的概念,另一方面在特定语言、语境中它所体现的价值内涵却各不相同。以下几个典型案例充分体现了在日常生活中与生活质量相关的主题的多样性。

1. 案例一

"品位办公——追求高质量生活的人绝对不会放过一次完美展现自己的机会,除了精美的着装,办公用具也是体现身份和品位的象征,缺一不可!"

万宝龙教皇朱利斯二世赞助墨水笔

今年推出的这款赞助人系列能够使你感受到大主教的崇高精神及此款书写工具的真正价值;华贵典雅的金色镂空笔帽设计是罗马教皇金冠头饰的缩影,而它精巧的笔嘴则雕刻着教皇至高无上的盾徽。

Cartier 袖扣夹　　3150 元

皮质粗犷而制作细腻的鳄鱼皮袖扣夹大气而精美,在你的社交场合中给你的形象加分。

Cartier 钥匙扣　1980 元

这款以精钢、粗针脚缝线的褐色鳄鱼皮制成的钥匙扣充满男性粗犷气度,让你的小饰品也无限精致。

Cartier 烟灰缸　3000 元

金光闪烁的精品烟灰缸,印有细腻的虎豹毛皮斑纹,精细的瓷器表面流露出雍容华贵的野性美。

Cartier 打火机　4700 元

精致的双 C 图案打火机,简单的外形给你尊贵的身份象征。

Cartier PASHA DE CARTIER 42 毫米 K 金腕表

18K 黄金表壳,旋入式表冠帽镶嵌一枚磨光蓝宝石,银色的白瓷表盘中间刻有方形的波状雕纹,表带搭配可调节式折叠表扣,营造出尊贵显荣、光彩明亮的新风格。

这样一系列令人感到有些炫目的广告推崇的高质量生活,很显然与我们通常所理解的普通人的生活质量存在天壤之别。它自然也不会被投放在平民化的一般媒体中,而是出现在一本高档社区直投的《目标杂志》上。万宝龙教皇朱利斯二世赞助墨水笔、Cartier 42 毫米 K 金腕表、价值 4700 元的打火机和 3000 元烟灰缸……奢华用品背后所体现的是远远超出其使用价值的"尊贵的身份象征"。成功人士的生活质量蜕变成一种对奢侈消费品的积极诉求,以及由此带来的个人感官享受。在这个案例中,炫耀性消费成为高质量生活的重要体现。

2. 案例二

"直面舒适小康人居　坐享都市品质生活":坐拥老城区

成熟生活配套,尽享大杭州网络都市繁华,感受"芳草园"翰墨文风浸濡,营造高性价比传世水岸名宅。

打造舒适水岸人居

华城·格之林花园位于临平老城区中的文教重区,距山依水偎的城市绿肺——临平公园仅 200 米之遥。放眼望去,绿意满目、山风送爽,其乐融融,早已占尽"天时地利"。然而,华城·格之林花园自身则更是一道难得的景致,为了体现"社区,以人为本"这一精髓,将社区独特的舒适细节演绎得淋漓尽致。……不仅如此,社区内部的 8000 平方米中心水景绿化广场的建成还将内水与外河相承接、天然与人工同激荡,满足了您追求健康生活的需求,让您的品质生活从根本上达到质的飞跃。

印证都市繁华生活

居住的情感本质,在于生活;生活的内涵精髓,在于享受。华城·格之林花园,完善的配套与尊贵的生活一脉相承,尊宠您的品味与思想,是风景,是时尚,是体贴,是关爱,是健康,是安全,是便捷,更是生活……

居住需要品质,生活需要氛围

华城·格之林花园地处临平老城区,长久的历史积淀和城市发展已使这里的人居氛围变得十分浓厚。银行、酒楼、餐厅、超市、大型商场、医疗中心、学校、休闲广场等生活必需设施的完备,让生活尽显轻松便利。

周末午后的温暖时光,shopping、美发、熏香 spa 或品位 java 都可以是您的选择。

华城·格之林花园,让都市新贵们更加陶醉,让时尚生活更加前卫。

吸纳园区满墨书香

孩子的降临带来的是一种喜悦;孩子的成长带来的是一

种欣慰;孩子的未来带来的是一种期望;孟母三迁,为的就是给孩子一个好的学习环境。在这里,您的孩子将会沉浸在文风四溢的书香之地。华城·格之林花园优质的教育资源,紧紧环绕在本案周围,从新星幼儿园、育才小学、临平一中、余杭高级中学,杭二中树兰实验中学,到浙江大学东方学院等知名学府,让家与名校门当户对。更匠心独具的是,在小区绿化广场沿河两岸更专设了晨读区,朗朗读书声,处处墨香情,为成就孩子的未来铺就阳光大道。

这是一则比较典型的以提高"生活质量"为卖点的房地产广告。无论是"打造舒适水岸人居……满足了您追求健康生活的需求,让您的品质生活从根本上达到质的飞跃",还是"周末午后的温暖时光,shopping、美发、熏香 spa 或品位 java 都可以是您的选择……"广告的字里行间无不渗透出浓浓的城市精英主义的味道。购买该处房产,不仅可以依托于地铁工程的竣工获得便利的交通出行环境,"长久的历史积淀和城市发展已使这里的人居氛围变得十分浓厚……让生活尽显轻松便利",而且毗邻城市稀缺的优质环境和教育资源,为生活和发展提供了良好的空间氛围,因此可以"让都市新贵们更加陶醉,让时尚生活更加前卫"。正如众多同类型广告所传达的信息导向一样,风景、时尚、健康、安全、便捷、环保……都充分体现了房产的目标定位群体——城市精英一族的生活质量内涵,代表了与某些特权、稀缺资源相关的生活模式。

3. 案例三

2018 年 6 月 7 日《快吧健身网》上发布了一篇题为《生活质量在健康、善待生命增加那抹生命的亮色》的随笔。

过去听说过这么一句话:年轻时,用健康换钞票;年老

时，用钞票买健康。早年，自己的身体虽然说不上像运动员
般的健壮英武，却也是顺风顺水，不知道打针吃药的滋味是
什么，工作常常是通宵达旦，全然不知道疲劳，浑身有用不完
的精力。但这就犹如口袋里的钱，再多也会有花完的那天一
样，精力再旺盛，也会有衰败的时候。……每当我看到广场
上、公园里、马路边，那些在清晨里、余晖下、细雨中，那些翩
翩起舞的人们，笑喝西北风，喜饮雪花瓣，一脸的阳光绚丽；
跳着、唱着、摇着、摆着，跳出了情趣、跳出了欢愉、跳出了健
康，心里总是掠过一片舒心、一片欢乐。于是又在心里默默
地下那个不知下了多少次的决心：明天，我也要像他们那样
去锻炼、去生活。是啊，真应该好好像他们那样去生活，与
其拿钱去买健康，不如用健康去换钱。曾经在一本书中看
到这样一句话：人活着就是为了看生命的一抹亮色。觉得
很有道理。生命的质量首先在于生活的质量。对人类、社
会做出贡献，热爱生命、善待身体。生活质量高，生命才有
价值，而不善待身体，不善待生命，那抹生命的亮色也会黯
然失色。

　　生活质量当然并不仅仅是精英的特权，一般民众同样拥有追
求高质量生活的权利。这则随笔为生活质量赋予了更多鲜活的
生命色彩和平民本色。"对人类、社会做出贡献，热爱生命、善待
身体"，在这个案例中生活质量的价值理念除了独善其身，更多地
表达出强烈的社会责任感。个体不但要积极完善自身的生理和
心理素质，还应该发挥出作为社会人存在的角色功能，才能充分
体现自我的社会价值，获得更高的生活质量。这一理念与世界卫
生组织对健康的定义——健康不再仅仅是疾病或羸弱的消除，而
是体格、精神与社会的完全健康状态，即躯体上、心理上和社会适
应上的一种完满状况——有着相似之处。

4. 案例四

《广东省残疾人事业发展"十三五"规划》,资料来源:中国残疾人联合会网站,2018 年 4 月 9 日,部分择选。

　　主要目标。到 2018 年,残疾人权益保障制度基本健全,残疾人小康进程与全省小康进程相适应。到 2020 年,残疾人社会保障体系、基本公共服务体系更加完善,残疾人事业与全省经济社会稳步协调发展,广大残疾人步入更高水平的小康生活。

　　——残疾人生活水平与生活质量显著提高,住房、养老、医疗、康复等基本需求得到满足,贫困残疾人实现脱贫,生活殷实、幸福、更有尊严。

　　——残疾人事业发展体制机制进一步完善,相关法律法规和政策不断健全,残疾人合法权益得到进一步保障,理解、尊重、关心、帮助残疾人的社会氛围更加浓厚。

　　——残疾人基本公共服务基础条件明显改善,建立以家庭为基础、社区为依托、机构为支撑的托养服务模式。

　　——政府工作效能进一步提升,社会扶残助残活力充分激发,残疾人主体作用发挥更加明显,创业创新成果丰硕。

　　——残疾人自身素质和能力不断增强,受教育和就业水平继续提高,精神文化生活更加丰富活跃,社会参与更加广泛深入。

　　……

　　推进残疾人社区康复工作。完善社区康复服务种类、项目,将残疾人医疗康复工作推进情况逐步纳入城乡基层医疗卫生机构考核范围;规范综合医疗机构和中医医疗机构、社区卫生服务机构的康复专业科室设置,制定社区卫生服务机构康复服务规范,明确康复服务内容,理顺康复医疗价格机制,完善双向转诊制度,构建分层级、分阶段的康复医疗服务体系;建设社区精神残疾人康复机构,开展自我照料、家居生活、人际交往、职业技能等方面的康复服务。

早在1994年,联合国教科文组织、世界卫生组织、国际劳工组织就曾联合发表了一份关于社区康复的意见书,对社区康复作了如下解释:"社区康复是属于社区发展范畴内的一项战略性计划,其目的是促进所有残疾人得到康复服务,以实现机会均等、充分参与社会生活的目标。社区康复的实施,要依靠残疾人及其亲友、所在社区以及卫生、教育、劳动就业和社会保障等相关部门的共同努力。"(张鸣生等,2005)社区康复需要综合协调地运用医学的、教育的、职业的、社会的和其他一切可能的措施,调整周围的环境和社会条件,使伤病者和残疾人最大限度地改善已经丧失或削弱的躯体功能、心理功能及社会功能,促使其重返社会和提高生活质量,完成应担负的社会职能。近年来,康复医学的理论不断深化发展,特别指出将提高生活质量作为一项重要的方针列入康复工作的议事日程。随着医疗技术水平的提高,人们的平均寿命在不断延长,健康目标产生了新的主题——提高生活质量。康复医学其主旨就是使患者最大限度地恢复至正常的或者理性的生活状态,从而可以有尊严的、高质量的回归社会生活。

康复医疗所体现的生活质量理念,意义十分深远。生活质量的话语主体由精英群体、一般群众向特定的疾病人群的转变充分反映了现代社会的人本化特征。传统发展理念的升华使得人们将社会发展的关注点集中到人的全面自由的发展。而人本身的概念建构也在不断充实完善,既有为社会贡献个人价值的、作为健康个体存在的人,同时也有在传统社会易于遭人厌弃的、社会功能缺失的疾病人群。对处于弱势地位的疾病人群的关爱和辅助,充分体现了社会的进步,是对人类尊严的一种捍卫。在此意义上,像生活质量这样的"理念"已经不仅仅是有价值的专业术语,客观地说,它扮演的角色不是描述既存的现实,而是在积极地塑造社会世界以及人们的社会地位(Rapley,2003)。最大限度地促使疾病人群恢复正常的生活能力、家庭职能、工作效能、社交技能等,努力改善其社会地位、经济条件及健康状况,尽量争取在物质生活质量、社会功能质量及身心健康质量上都能逐步提高,是在康复医疗过程中折射出来的生活质量的核心内容。

5. 案例五

2017 年 11 月 17 日,国际欧亚科学院院士、中国科学院中国现代化研究中心主任何传启在半月谈网发表了一篇题为《一词读懂未来 30 年发展主题:生活质量》的文章。

> "中国特色社会主义进入新时代,我国社会主要矛盾已经转化为人民日益增长的美好生活需要和不平衡不充分的发展之间的矛盾。"(2017 年)10 月 18 日,习近平总书记在十九大报告中宣告这一关系全局的历史性变化,立刻引起热议。
>
> 境外一些媒体敏锐地意识到,"主要矛盾"的变化,暗示今后多年甚至几十年中国经济发展重心将发生变化,"从经济粗放增长转变为提升生活质量和改善财富分配"。
>
> "人民对美好生活的向往",是中国共产党永远的奋斗目标。中国共产党带领中国人民迎来了从站起来、富起来到强起来的伟大飞跃,并乘势而上开启全面建设社会主义现代化国家新征程。到本世纪中叶,"全体人民共同富裕基本实现,我国人民将享有更加幸福安康的生活"。
>
> 可以预计,未来 30 年,"提高生活质量"将是中国人的普遍追求,"向生活质量进军"将成为全国各地的一个发展主题,中国人的生活质量将逐步达到发达国家水平。届时,清洁的空气、安全的饮水、放心的食品、舒适的住房、便捷的交

通、良好的教育、精彩的文化和休闲、优质的商品和服务、健康和满意的生活等，让我们能"享有幸福安康的生活"。

生活质量是一种追求

……

目前，生活质量是一个高度综合的概念，大致有三层涵义。首先，生活质量是一种生活状态，是用好坏（包括健康、幸福和满意）来衡量的生活状态；它以生活水平为基础，反映个人和社会生活的健康、舒适、幸福和满意的程度。其次，生活质量是一种生活评价，包括对物质生活和非物质生活的满意度和幸福度的评价，反映人们对生活各个方面的综合满意度。其三，生活质量是一种生活追求，是对更好、更美、更安全、更健康、更满意和更幸福的生活的不懈追求。

生活质量是一个多维度的抽象概念，可以从 6 个不同视角进行分析。一是"物质生活质量"，涉及收入、就业、住房、教育、健康、基础设施和公共服务等。二是"非物质生活质量"，涉及休闲、娱乐、文化、社会关系、政治参与、公共安全和环境质量等。三是"客观生活质量"，指现实生活各个方面的水平和质量，重点是物质生活方面。四是"主观生活质量"，指对生活各个方面以及综合的满意度，重点是非物质生活方面。五是"不同层次的生活质量"，如个人、家庭、地区、行业、国家和世界的生活质量。六是"不同领域的生活质量"，如经济、社会、政治、文化、环境和健康方面的生活质量等。

……

向生活质量进军，很好地体现了"以人为本、为民服务、绿色发展"的时代潮流。全国人民生活质量达到世界先进水平之日，就是中国全面实现现代化之时，就是中华民族伟大复兴之时。

　　生活质量的理念被前所未有地提升到国家发展战略的层面。如果说在改革开放之初,中国社会面临的主要矛盾是人民群众日益增长的物质文化需求同落后的社会生产力之间的矛盾,那么随着中国近四十年的飞速发展,综合国力的显著增强,经济发展惟速度优先的理念开始逐渐转向追求效率和公平的兼顾。经济增长固然重要,但是也应充分重视现阶段社会发展面临的诸多困境,例如财富分配的合理化、环境污染的整治、消灭极端贫困人口等问题。"人民美好生活需要日益广泛,不仅对物质文化生活提出了更高要求,而且在民主、法治、公平、正义、安全、环境等方面的要求也日益增长。……多谋民生之利、多解民生之忧,在发展中补齐民生短板、促进社会公平正义,在幼有所育、学有所教、劳有所得、病有所医、老有所养、住有所居、弱有所扶上不断取得新进展,深入开展脱贫攻坚。"习近平在十九大报告中提出的治国新理念折射出对更加美好的国民生活质量的积极诉求。

　　生活质量价值理念的广泛当然远不止上述提及的几个例子,谨以此做抛砖引玉之用。日常生活中的生活质量包含了丰富的内容,就像七彩斑斓的万花筒,时时变化出不同的色彩。而把握变幻的关键恰恰掌握在自己的手中。对于每一个人来说,生活质量都具有不同的内涵,可以是舒适享受、奢侈体验,可以是社会责任、自由平等、人类尊严……因此如果我们想更加深入地探究生活质量到底意味着什么,只有从观察者的角度出发,设身处地的思考才有可能触摸到问题的实质。当然,这必然是一个十分复杂的过程。

(二)专业领域与生活质量的学术研究

　　从 20 世纪 20 年代庇古开生活质量研究之先河始,越来越多的专家学者倾注了对这一问题的研究热情。生活质量的主题广泛渗透到各个不同的学科领域:从健康和疾病、社会政策、休闲娱乐到残疾人服务、住房、城市规划发展等等,生活质量将社会学、经济学、政治学、医学、精神病学、心理学等不同学科紧密联系在一起,也在发展过程中逐渐打破了学科之间各自为政的研究局限,促进了彼此的交流与融合。

　　20 世纪 50、60 年代被很多学者视为美国生活质量研究的蓬勃发展时期,大量的科学研究工作在全美展开,取得了丰硕的研究成果。其中具有代表性的有 1957 年古瑞(Gurin)、威若夫(Veroff)、费尔德(Feld)等人首次进行的生活质量调查,他们联合几所院校进行的全国抽样调查,内容与精神疾病有关,主要研究美国民众的精神健康和幸福感(林南等,1987)。20 世纪 60 年代以后,研究内容转向更为宽广的领域,既有情感、心理健康的研究,也包括对认知层次满意程度的研究,并且对后者的研究逐渐占据上风。1961 年布拉德本(Bradburn)主持了全美的精神健康状况监测,发现良好的适应状态与两个独立状态(正向与负向情感)有关[①]。1965 年坎特尔推出"自我定级量表",要求人们按照自己的评价标准对自己现在、过去以及预期未来的生活满意程度作出等级评价,这样就使人的主观心理评价这种模糊概念可以用精确数字显示出来。其后坎特尔等人又发明了 Cs-Cd 模式,即把人们对生活质量的感觉分为完全满意(completely satisfied)到完全不满意(completely dissatisfied)许多等级,用以测量满意度的不同程度。1965 年塞奇基金会设立了一个专案用于观测社会变迁,并由此促成了《社会变迁指标：概念与测量》一书的出版。该书的重点在于说明测量大规模的结构变迁时所应注意的理论和实际要素(Rossi and Gilmartin, 1985)。全书共计 13 章,由多位作者撰写,可分为 4 大类内容：(1)人口统计的基础——指出全体人口趋势以及国境内人口的组成和分布的改变；(2)社会主要结

　　[①]　Bradburn, N. M. 1969. *The Structure of Psychological Well-Being.* Chicago：Aldine. 转引自方积乾等,"与健康有关的生存质量的研究概况",《中国康复医学杂志》,2000 年,第 15 卷,第 1 期,第 40 页。

构的组成因素;(3)社会分配的特性——观察社会产出在美国人口中的分布情形;(4)社会整体的特性——考虑不均等、机会及社会福利的整体变迁情形。

自 1966 年鲍尔发表《社会指标》论文集之后,在生活质量指标研究领域大致形成了两大流派。一派以研究客观社会指标为主,主要运用一些社会及其环境的客观条件指标来反映生活质量和社会发展水平,如人口数量、出生率、死亡率、收入与消费水平、受教育程度、就业率、卫生设施和应用程度等。另一派则关注主观生活质量指标,强调个体对社会及其环境的主观感受,例如对家庭、工作、环境等的满意度。

20 世纪 70 年代以前的生活质量主观指标大多基于个体层次,被用来测量个体体验到的生活满意度。到 70 年代中期,有些学者指出需要从个体和集体角度进行相关测量。1976 年芝加哥大学调查研究中心的坎贝尔和康弗斯指出,任何特定方面(如工作)都涉及个体知觉情境和参照标准的联系,由于个体的特点不同,知觉形成的结果和参照标准的选择也各有差异,从而决定了他对这一方面的不同评估(陈惠雄等,2005)。80 年代以后,不少社会学研究者尝试建构多项目总体满意感量表。例如,1987 年戴(Day)完全从满意度的角度对美国生活中的 14 个领域进行主观测量,即:对生活总的看法、家庭生活、社会生活、与工作有关的生活领域、个人健康、娱乐、精神生活、自我、健康、物品与服务的购买以及消费、物质拥有、联邦政府的工作表现、当地政府的工作表现[①]。

与社会学领域研究并驾齐驱的是 20 世纪 70 年代末期医学

---

① Day, R. L. 1987. "Relationships between Life Satisfaction and Consumer Satisfaction." in *Marketing and the Quality of Life Interface*, edited by A. Coskun Samli. New York: Quorum Books. 转引自周长城等著,2003,《全面小康:生活质量与测量——国际视野下的生活质量指标》,北京:社会科学文献出版社,第 78 页。

领域广泛开展的生活质量或称生存质量研究。早在 40 年代末，卡劳夫斯基就提出了著名的 KPS 量表。KPS 量表即卡劳夫斯基的行为表现量表（Karnofsky Performance Status，KPS），是医学领域中使用较早的测定量表，由医务人员根据病情变化对癌症病人的身体功能状况进行测评。由于当时临床治疗以传染病较多，危害也较大，对其他疾病病人的生存质量并未引起足够重视。随着疾病谱的改变，威胁人类生存的主要疾病已不再是传染病，而是难以治愈的癌症和心脑血管等慢性病。对这些疾病很难用治愈率来评价治疗效果，生存率的作用也十分有限，因此迫切需要综合的评价指标。此外，随着健康观的社会认知和医学模式的改变，人们越发意识到健康已不再是简单的没有疾病或虚弱状态，而是身体上、精神上和社会活动的完好状态。因此传统的仅关注生命的保存与局部躯体功能改善的一些方法和评价指标体系面临严重挑战。一则未能表达健康的全部内涵；二则未能体现具有生物、心理和社会属性的人的整体性和全面性；三则未能反映现代人更看重活得好而不是活得久的积极心态（方积乾等，2000）。有鉴于此，医学工作者开始进行生活质量测评的探讨，并提出了与健康相关的生活质量（health-related quality of life）的概念。1984 年和 1985 年，美国国家卫生统计中心设立两个"生活质量与完好状态研究室"，目的就在于发展与健康相关的生活质量的测量工具，并对其应用提出方针策略。目前，生活质量理念在医学领域的应用已经相当广泛，形成了相对成熟的评价体系。

　　随着各项研究的深入展开以及国际学术影响的日益广泛，1994 年 2 月，世界卫生组织生活质量研究组在比利时组织召开了"国际生活质量协会"成立大会，并概括了生活质量领域的 6 个主要研究方向。1995 年在比利时布鲁塞尔自由大学的帕特托教授等人倡导下成立了国际生活质量研究协会（International Society for Quality of Life Studies），简称为 ISQOLS，并出版《生活质量》

会刊(*Quality of Life*)[①]。许多国家都开展了生活质量相关的研究,同年在加拿大的蒙特利尔举行了第一次学术交流大会。针对目前学术界对生活质量研究尚未形成统一明确认识的现实情况,ISQOLS 对生活质量研究进行了宏观意义上的界定。它将生活质量研究定义为在管理(政策)、行为、社会、医学或者环境科学领域内,侧重于某一个社会系统(例如,消费部门、一个组织、一个社区、一个企业、一个国家,一种环境,整个世界,等等)的生活质量的研究。大多数生活质量研究的核心是生活质量指标。生活质量指标既可以是全球性的,也可以与特定的领域相关。例如许多生活质量研究集中于特定的生活领域,采用某一领域内特殊的指标,例如个人健康、工作、婚姻、邻里关系的满意度。任何一项生活质量研究的焦点都在于某一个社会系统或者其中的一个主要组成部分的整体福利状况。这一定义排除了许多社会系统的微观研究。一个典型的例子就是,仅仅从事某种特定情况(或者特定产品/服务)的消费者满意度调查就不能认为是生活质量研究。相反,广义上的消费者满意度研究(包括各种情景、产品/服务)就可以视为生活质量研究。与宏观生活方面相联系的某些微观生活研究也可以视为生活质量研究的范畴。

　　国际生活质量研究协会是一个非赢利性的学术组织。其宗旨就是为了鼓励、推动生活质量研究的学术科研创作和教学,从而为来自学术部门或者公共、私人机构的,从事管理(政策)、行为、社会、医学、环境科学等领域研究的学者和教师提供交流联络的机会。具体而言,协会的主要目标包括:(1)提供一个专业组织,以帮助所有对生活质量研究感兴趣的学者和专业研究人员能够互相协调、共同努力,促进生活质量研究在不同学科中的发展;

----

　　① 以下关于国际生活质量研究协会和相关学术刊物的介绍已先期发表,详见张蕾,"国际生活质量研究协会简介",《国外社会科学》,2005 年,第 3 期,第 66～68 页。

(2)在学术领域确立领导地位(或者建立某种指导方针),从而对特定产品、计划、服务、组织、生活质量研究协会和有选择的群体(如人口部门、社区、国家)进行客观、科学的评估;(3)鼓励在管理(政策)、行为、社会、医学和环境科学领域进行生活质量的跨学科研究;(4)在不同的学科诸如营销、管理、经济学、社会学、心理学、传播学、政治科学、住房、教育、公共管理、医疗保健、环境科学以及其他涉及到生活质量研究的学科之间建立起更加密切的联系;(5)鼓励从事生活质量研究的学者之间进行更加密切的合作,为各种不同分析层次上的差异群体和出色的生活质量干预策略与政策提供更加切实可行的测量方法;(6)促进从事生活质量研究的不同组织之间的紧密联系;(7)在促进生活质量提高,推动社会变迁中扮演重要角色。为了实现上述各项目标,协会还积极鼓励与其他专业协会建立起稳定的合作关系,共同促进生活质量研究在全球各领域的展开。

作为从事生活质量研究的专门机构,ISQOLS拥有一系列学术品质优良的杂志和出版物。它们为传播生活质量研究领域最新的科研成果、提供学术交流的平台,发挥了举足轻重的作用。《社会指标网络新闻》(*Social Indicators Network News*,*SINET*)是ISQOLS的官方时事通讯,由美国杜克大学每季度出版。它涵盖了生活质量研究的一系列主题,这些主题对研究社会指标的学者具有特殊意义。出现在*SINET*上的文章以摘要的形式总结了世界各地最近出版的重要著作。该出版物同时还报道生活质量和社会指标研究学者特别感兴趣的一些新闻内容。

《社会指标研究》(*Social Indicators Research*,*SIR*)是生活质量研究领域最富盛名的权威杂志。由荷兰Kluwer学术刊物每年出版9期。*SIR*的研究兴趣集中在对各种生活领域、情景、环境、群体和社区中的生活质量进行概念化和测量。

《商业道德》(*Journal of Business Ethics*,*JOBE*)同样由荷

兰 Kluwer 学术刊物每年出版 9 期。*JOBE* 从广义的方法论和学科的视角发表了许多与商业相关的道德议题的原创文章。该杂志从广义上将"商业"这一术语理解为包括所有与商品和服务交换相关的系统，而"道德"则被定义为一切旨在获得美好生活的人类行为。可以从道德的视角分析各个不同的社会系统，例如生产、消费、市场、广告、劳动力关系、公共关系以及组织行为的系统。所有对商业道德感兴趣的人士，甚至包括商业组织、大学、政府机构和消费群体都可以参与到杂志的学术对话中。该杂志同样欢迎思辩的哲学以及经验调查报告。为了尽可能地推动各种利益群体之间的对话，论文相对而言不受专业术语的约束，呈现出一种自由的风格。书评是该杂志的固定栏目。

《幸福研究杂志》(*Journal of Happiness Studies*, *JHS*) 是一本致力于研究主观幸福感的杂志。主要从事对生活的认知评价(例如，生活满意度)和生活的情感享受(例如，快乐)的研究。该杂志对生活领域(像工作满意度)和生活方面(像生命的感知意义)的研究都颇有建树。《幸福研究杂志》为学者们展示了幸福研究的两个传统：(1)对美好生活的纯理论思考；(2)主观幸福感的经验调查。该杂志对 α 科学(特别是哲学)，β 科学(特别是与健康有关的生活质量研究)，以及 γ 科学(不仅包括心理学、社会学还包括经济学)的出色研究成果都持兼容并蓄的态度。

《宏观市场杂志》(*Journal of Macromarketing*, *JMM*)，从 1997 年秋天起就出版了一期刊物研究市场中的生活质量。市场中的生活质量研究侧重于对产品、服务的市场或者计划市场进行分析，以设计特别计划来提高下列人群或者群体的生活质量：一般消费者或者特殊消费群体(例如，老年人)，一般家庭或者特殊类型的家庭(例如，单亲家庭)，一般社区或者特殊类型的社区(例如，农村社区)，广义的地区/国家或者特殊类型的地区/国家(例如，发展中国家)。

《社会-心理干预：平等与生活质量杂志》(Social-Psychological Intervention：Journal on Equality and Quality of Life，SPI)，这本以西班牙语出版的杂志发表了一系列与社会需求和社会问题相关的研究，包括边缘化、失调、异化、排斥、污名化、偏见等。该杂志同样对任何一种研究范式的学术成果都持开放的态度，比如，生活质量、幸福感、福利、社会参与、初级预防、促进平等、社区发展、分配公平、社会权利、社会整合以及相关的主题都曾经出现在该杂志上。

《社会指标研究丛书》(Social Indicators Research Book Series)，这套丛书由 Kluwer 学术刊物出版发行，旨在为那些篇幅太长不适宜在《社会指标研究》上发表的单篇论文或者论文集提供一个公共交流的平台。该丛书像杂志一样，从广义的角度，进行了对生活质量的统计评价。包括健康、犯罪、住房、教育、家庭生活、休闲活动、交通、流动、经济、工作、宗教和环境议题等实质领域的研究都曾出现在这套丛书中。该丛书曾经出版过《2001 年生活质量研究进展》《欧洲福利生产》《生活质量论文集》《生活质量理论与研究的进展》《父亲和母亲：工作与家庭平衡的困境》等论著。

二、研究层次的差异性

对于大多数初涉生活质量研究的人来说，头脑中总难免会产生这样的疑问：生活质量到底意味着什么？这与本章最初所探讨的"生活质量的概念建构"其实是一脉相承的问题。生活质量一方面在不同情景中仿佛是不言自明的概念，无论是广告商还是地产商都在竭尽全力地向目标群体传达着他们所谓的生活质量理念，这种意义的传达通常是由一方按照自己的主观意定强加于对方的，而另一方面是否真实表达了对象群体的生活质量理念则不得而知，加之更广泛的一般民众对于生活质量本身就尚未达成一致的认同，于是便造成这样一种情形:似乎人人都在谈论"生活质量",却各抒己见、各不相同,到底生活质量意味着什么没人能说得清,也没人愿意深究。出现这种状况的原因有很多,概念的非确定性导致应用领域的扩张是从概念本身出发进行的解释,另一个不容忽视的原因在于定义概念的主体——人的差异性的存在。因为生活质量对于不同的人来说即使在相同的时间也并非意味着相同的事情。

早在 1975 年,英国社会科学研究委员会(Social Science Research Council)就发起了一项对生活质量态度的调查。访谈通常是从如下话题开始的:"人们在生活中经常会谈到生活质量……对不同人而言,生活质量意味着不同的事情。它对你意味着什么呢? 当你听到生活质量这个词的时候会想到什么事情呢?"23%的被调查者回答幸福的婚姻(happy marriage),19%的被调查者认为与满意(contentment)有关,还有 10%的被调查者认为是社会关系(social relations),例如良好的邻里关系(Robertson,1985,cited in Seed and Lloyd,1997)。1977 年英国开展了另一项生活质量对老年人的意义的调查。结果表明老年人常常把令人满意的生活定义为一种主要与人际关系而不是物质资源相关的生活。几乎大多数生活质量的定义都是根据收入、生活标准、拥有消费品来界定,但是人文主义的意义要远超过物质主义的界定(Robertson,1985,cited in Seed and Lloyd,1997)。

每个人都可以按照自己的需要给生活质量定义一个标签,因此以"生活质量"名义存在的价值内涵越来越丰富也就不足为奇。无论是日常生活还是学术研究,生活质量都包含了无限的变化,这对于初涉生活质量研究的人来说会带来一定障碍和困惑。但是当考虑到主体差异性的存在时,问题似乎变得迎刃而解。我们不仅可以知道生活质量对我们意味着什么,更可以探究生活质量对他人意味着什么。由自我向他我转变的过程,便将研究视野拓展到作为社会存在的主体——人。生活质量在西方国家的发展演变，本身经历了从作为总体人群相对福利的社会科学指标（国家层面的测量）到作为个体主观感受的一个测量维度（个体状况的指标）的发展过程（Rapley，2003）。在此过程中，接受测量的主体——人，无论是群体层面的总人群，还是个体层面的单独社会成员，才是生活质量研究的真正逻辑起点。

对人的关注自始至终贯穿于生活质量研究，尤其是主观生活质量研究的全过程。生活质量研究必须关注人的感受、思维和情绪。只有把人视为独立存在的、具有强烈主观意识、能够对自我以及周围社会环境进行有效判断的社会成员，才使得生活质量研究具有存在的可能。如果忽视或轻视这一点，则否认了人类自主权的重要性。因为从某种程度上讲，主观生活质量就是研究社会成员如何看待和评价自己的生活状态。各种相应的主观指标也是基于个体层面的，被用来测量个人体验到的生活满意度，也就是说，主观指标代表的是一种以主观的内省和个人经验为基础的概念（周长城等，2001）。这样一种福柯式的研究方式其实就是关于自我的思考方式和判断方式，以及自我依据某种理念采取行动的方式，前所未有地将自我的理念置于研究的核心地位，并以此为逻辑起点，将研究渗透到其他相关领域。

在客观生活质量的研究中，以人作为研究的逻辑起点同样具有重要的分析价值。客观物质世界纷繁复杂，形形色色、打上人类深刻烙印的物质形式构成了人类生存最密切的外部环境。那些以某种近乎自然状态存在的山川、河流、空气、植被等也无法完全摆脱人类的影响，成为更广泛意义上人类生活质量的组成部分。虽然社会发展的思维理念早已从人类中心主义的偏执中脱离出来，但不可否认的是在生活质量的研究领域中，所有客观存在的外部形式，只有被人类感知、评判、选择，才能体现其存在的价值。例如，本节提到的房地产广告——华城·格之林花园的文案中，小区"距山依水偎的城市绿肺——临平公园仅 200 米之遥。

放眼望去,绿意满目、山风送爽,其乐融融,早已占尽天时地利……",本是客观存在的外部环境,只有被人类认可作为高品质生活的组成部分才具有研究的价值。从广义的角度,把人作为客观生活质量研究的逻辑起点也具有一定的合理性。

　　逻辑起点的合理性一旦确定,紧随而来的便是研究层次如何划分的问题。人是一个抽象而宽泛的概念,它有许多具体不同的表现形式:作为独立个体的人,作为家庭成员的人,作为工作单位一份子的人,作为社区居民的人,作为国家公民的人……都可以成为我们研究生活质量的分析单位。怎样才能把这些既相互独立,同时又从属于一个大的范畴之内的"人"联系起来,构成一个完整的研究框架呢? 如下图所示:

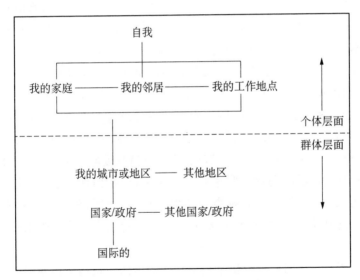

图 2.1　生活质量研究框架图①

　　①　本框架图以席德和劳埃德的研究(Seed, P. , and G. Lloyd. 1997. *Quality of Life*. London:Jessica Kingsley Publishers. p. 13.)为基础,结合个人的研究思路综合而成。

　　这样一个完整而系统的研究框架实现了从自我向他我的转变过程，以人作为分析研究的逻辑起点，通过一系列身份和社会关系的拓展，将不同领域、不同地域、不同层面的社会成员紧密联系在一起。整合的过程充分体现了亲缘、业缘、地缘三大社会关系的交错融合，同时实现了空间由点（一个家庭）到面（其他家庭、工作单位、城市、地区……）的外延。

　　在研究层次上，以自我为中心最密切的家庭、邻里、工作环境研究可以视为个体层面生活质量研究的范畴，城市、地区、国家等相对宏观的研究可以视为群体层面的研究范畴。个体层面的生活质量包括各种主客观要素。人们的客观生活质量要求基本需求得以满足，并且拥有必要的实现公民社会要求的物质资源；而主观生活质量则依赖于对如下内容拥有自主权以便做出有效选择：（1）"享受"——增进主观幸福感，包括快乐、满意度、生活的目的和个人成长；（2）在完善论（eudaimonic）、涉人行为（other-regarding）以及亚里士多德意义上的广泛而真实欲望中实现"繁荣"（flourish）；（3）参与到全部的公民社会活动中（Phillips，2006）。群体层面的生活质量则要求一种总体的环境可持续性，既包括各种物质资源，也包括生活于其中的社区和社会所拥有的如下社会资源：公民整合、共同合作与坚持高度职业道德、各个社会层面的广泛的弱网络联系和纽带关系；包括信任、互惠和涉人行为在内的广泛的整合标准与价值；至少与公平、公正和某种程度上的社会正义和平等主义相关的社会标准与价值（Phillips，2006）。

　　当然很多时候在分析某一个具体的生活质量指标体系时，并不能截然判断其一定归属为个体层面或者群体层面的研究，毕竟两种层面研究的逻辑起点均为社会存在的主体——人。在从相同的起点推向不同研究层面时，研究过程必然会经过某些相似的阶段，涵盖某些相同的内容，所以你中有我、我中有你的情况常常出现。其次进行研究层次划分的主要目的是便于分析和归纳不同层次生活质量指标体系的共同特性,最终寻找规律性的内容,而非为了给其贴上类别的标签,所以存在相互包容的情况也实属可能。

在20世纪70年代已有学者采用了类似的分析方法,在个体和群体生活状况之间做出了区分。个体/群体方法主要是根据个人状况或者急需品与公共结构或者利益之间的差别来分析生活水平。这一分析视角与物质/非物质分析视角整合可以形成一个新的分析框架,从而将很多定位于生活质量的研究内容纳入该框架中。例如努瓦拉泰(Nuvolati)在1993年的研究将生活质量划分为5个维度(European Union,1999),大致如表2.1所示。努瓦拉泰认为相对于物质方面的划分来说,在非物质方面,群体层面和个体层面这两个维度很难做出区分,因为就私人与公共问题之间作出明确的区别是相当困难的一件事情。而第五维度是一个相对特殊而独立的维度,它包括了环境方面的变量,如气候、风景、建筑风格等等。

表 2.1　个体-集体/物质-非物质的分析框架①

	群体层面	个体层面
物质方面	第一维度: 主要包括与公共或基础服务的可利用性和可获得性相关的问题,如医院病床数、学校、运输服务等;	第二维度: 　涉及所有与个人或家庭经济状况相关的问题,如就业、住房、收入等等。

———————

① 表2.1是笔者根据努瓦拉泰的研究结论做出的归纳总结,详见 European Union, Committee of the Regions. 1999. *Evaluating the Quality of Life in European Regions and Cities*: *Theoretical Conceptualization*, *Classical and Innovative Indicators*. Brussels: European Union, Committee of the Regions; Luxembourg: Office for Official Publications of the European Communities. p. 15。

	群体层面	个体层面
非物质方面	第三维度： 包括我们所拥有的公共服务，如电影院、剧院、运动娱乐场所的设置；	第四维度： 私人和家庭背景或微观-社区层面人们之间关系的数量和质量。
第五维度：环境方面变量，如气候、风景、建筑风格等等。		

戴维·菲利普（David Phillips）在 2006 年出版的《生活质量：概念、政策和实践》（*Quality of Life：Concept，Policy and Practice*）一书中就与健康相关的生活质量研究提出了一种社会生态学的视角。社会生态学是一种辩证自然主义哲学，要求我们认识自然（"第一自然"）与社会（"第二自然"）是大自然内在统一的辩证发展过程。人具有自然和社会双重属性，这是人类区别于其他生物的重要所在。人类社会发展到今天，人的社会属性更多地体现在人的生活中，而自然属性已离人类越来越远，有的也只是一些在社会伦理道德下的本能行为。社会生态学研究的是作为社会主体的人与周围环境及各种事物之间的关系。其根本价值目标是寻求经济制度、政治制度和精神文化的生态化，建设一个生态社会（王正平，2004）。

戴维·菲利普巧妙地将社会生态学的视角融入与健康相关的生活质量研究，将从属于人类的健康问题置于自然与社会的和谐发展之中，形成了一个涵义完整的分析框架。如图 2.2 所示，这样一个以个体为中心，通过研究内容向家庭、亲属网络；社区、国家、社会；地球村、联合国等的拓展，实现了分析内容从个体层面逐渐向群体层面的过渡。环环相容的分析模式充分体现了人与家庭、社会乃至自然的相互包容、相互影响、密不可分的发展规律。虽然形式有所不同，但与本研究的思路在主旨上有异曲同工之处。

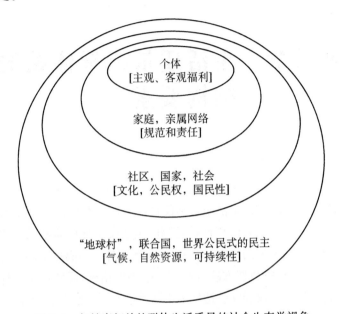

图 2.2　与健康相关的群体生活质量的社会生态学视角

资料来源：Phillips，D. 2006. *Quality of life：Concept，Policy and Practice*. London；New York：Routledge. p. 57.

第三章　生活质量指标体系的结构要素

生活质量的评估需要借助一定的社会指标,并构成具有实践意义的指标体系。由于生活质量不仅要对生活总体做出评估,而且对生活的不同侧面也要做出评估,因此,生活质量指标体系的建立有赖于社会生活系统的研究与开发,把生活的各个层面按不同的性质和特点展开,根据数理方法选择有代表性的指标,形成一个总体框架。这种框架不仅能完整地反映生活质量不同层面上的依存关系,同时还要对生活质量的变化机制做出较精确的描述(陈义平,1999)。这种既是现实的抽象,又是社会生活的仿真的生活质量指标体系在测量维度、测量方法与指标操作化方面均具有广阔的研究与探讨空间。

第一节　指标体系的测量维度

对于每个人来说,生活就仿佛一棵枝繁叶茂的大树,每一片姿态各异、斑驳不一的树叶如同纷繁复杂的社会事件构成了生活的诸多细节,即使层层叠叠,貌似毫无章法的散落,也总有客观存在的规律可以细细查询。那些树枝存在的地方,便是树叶依附的生命轨迹。但是究竟有多少树枝的存在,人们只能从粗壮成型的枝干中大略地进行估计,这就好比涂鸦的孩子在描画心目中的大树时总会省略掉各种细枝末节,只留下粗粗的树干和象征性的枝条,以及点缀其间的绿叶一样。我们所要研究的生活质量指标体系的测量维度恰恰就像这些树木的枝条,它们各自将无数的绿叶串连起来,构成彼此相对独立的空间,即使永远无法明确数目到底是多少,但总能找到那几枝最具典型性、构成生活主干的枝条。

一、经验研究

通观中外学者各个不同历史时期建构的生活质量指标体系,很容易发现一个似乎有些矛盾的现象:学者们从未就生活质量到底包含哪些维度达成一致,但是某些特定的维度却常常出现在各种不同的研究中。尽管并没有就这些维度存在的合理性进行过讨论,人们却仿佛达成了某种约定俗成的默契,会根据不同的研究需要,从中选取自己感兴趣的维度,并且补充一些其他研究较少涉及的维度,以进行探索性研究,形成自己独特的研究领域。早在 20 世纪 70年代就有学者对生活质量测量中频繁出现的领域进行过研究。例如,在 1978 年弗拉纳根(Flanagan)归纳了 5 个生活质量的常见维度(Seed,1992,cited in Seed and Lloyd,1997),包括:

- 物质富裕及身体健康
- 与其他人的关系
- 社会、团体及公民活动
- 个人发展与实践
- 闲暇活动

这一归纳总结至今仍有很强的学术参考价值。时隔近 30 年,香港大学的学者钟庭耀等人在《香港大学民意研究计划——保栢健康指标意见调查 2006》的生活质量研究部分依然采用了弗拉纳根提出的 5 个维度进行测量,并进行了具体的分析阐述(钟庭耀等,2006),如下所示:

- 物质富裕及身体健康:物质的富裕、生活经济的稳定;健康包括身体强健、有活力;

- 与其他人的关系：与家人的关系，包括父母、兄弟姐妹或其他亲戚的关系；抚养/照顾小朋友；与配偶（丈夫/太太）或者对被访者来说一些重要的人的关系；与好朋友的关系；
- 社会、团体及公民活动的参与：帮助/鼓励其他人，做义工，给予他人意见；参与组织社团、社区机构及公共事物，如投票、集会；
- 个人发展及实践：对学习的满足感，包括上学、增长知识和理解力、自我增值；自我认识，了解自己的优点和缺点，明白生命价值及意义；工作的满足感，包括在外工作或留在家中工作；发挥创意，有创意地表达自己；
- 闲暇活动的参与：阅读、听音乐、观赏休闲娱乐节目；参与动态休闲活动。

以上研究很显然偏重对个体层面的生活质量进行分析测量。1978 年克雷文斯和黑尔斯（Cravens and Hills）的研究侧重点则有所不同，将更多宏观层面的维度进行了总结性归纳，并从生活质量的客观测量和主观测量两个角度进行了常用维度的讨论。与前人研究相比，该研究归纳的维度更加丰富、更加具有层次感，考虑到群体层面与个体层面的结合，因此对于大型的生活质量调查具有很强的借鉴意义。

表 3.1   克雷文斯和黑尔斯的生活质量测量示意性领域

生活质量的客观测量	生活质量的主观测量
经济（财富、失业率等） 政治（犯罪率、福利支出等） 环境（污染、气候等） 健康和教育（医疗照顾、教育等） 社会（流动、生活状况等）	认知经验（判断、信仰、评价） 经验的情感方面（感情） 行为维度（与认知/情感的互动关系）

资料来源：Cravens, D., and G. E. Hills. 1978. "Measurement Issues in Studying Marketing and Quality of Life." p. 53 in *Marketing and the Quality of Life*, edited by F. D. Reynolds and H. C. Barksdale. Chicago: American Marketing Association. quoted from Sirgy, M. J. 2001. *Handbook of Quality-of-Life Research*. Dordecht, Netherlands: Kluwer Academic Publishers. p. 85.

欧盟 1999 年的研究从实践的角度,将不同生活质量研究中出现频率较高的、涉及人们感兴趣的、具有代表性的维度进行了合并总结(European Union,1999)。这些维度被视为研究生活质量最为重要的领域,构成了一个相对经典的关注热点。

- 人口
- 收入与财富
- 住房
- 服务的可利用性
- 犯罪和社会病态
- 就业和劳动力状况
- 环境(交通、污染、气候)
- 个人关系
- 参与

二、重要维度

与 20 世纪 70 年代的研究相比,后续的生活质量研究增加了更多具有时代特征的研究领域。除了一如既往对群体层面敏感问题的关注,越来越多地呈现出对"人"这个概念本身的重视。以住房、服务为代表的关乎社会平等、和谐发展和个人潜质提高的维度被更多的学者纳入到生活质量的研究框架中,成为新的分析焦点。大体而言,生活质量研究领域最为重要的分析维度有如下几个:

(一)经济发展

追求生活质量提高是人类的共同目标,而生活质量的提高和实现程度总是同一定社会的经济发展水平密切相连的。经济发展状况是提高生活质量的根本性物质条件。社会生产力的发展水平不仅决定着物质财富的状况,也直接制约着生活质量发展所处的历史阶段。人的全面发展包括三个层次的内容：一是满足人的基本需要；二是人的素质的提高；三是人的潜力和能力的发挥（刁永祚，2003）。生存需要是最基本的需要，人类必须首先满足生存需要，才能追求更高层次的需要。只有在物质资料十分丰富的条件下，人类才能真正追求全面的发展。同时生活质量也直接体现社会经济的发展水平，是检验生产发展和社会进步程度的重要标志。在人类社会发展进程中，一定的经济发展水平总是对应着相应的社会模式。随着经济发展水平的提高，人类的生活方式也得到明显改变。把个人的全面发展作为经济发展的最高目标，追求生活质量的提高，是社会经济发展与人作为主体发展的历史过程。没有生产力的发展和经济的增长就没有人的解放与发展。另外关注生活质量又是对单纯经济增长的一个逐渐扬弃的过程。生活质量观点的提出动摇了那种仅以国民生产总值的增长和技术进步来衡量社会发展的传统观念。GDP并不是万能，高科技也不一定能增加人类的幸福。发展并不是最大限度的经济增长，而是满足人的物质和精神的需要，尤其在于生活质量的提高。经济发展逐渐成为衡量生活质量的一个重要维度，而非生活质量的全部。

（二）消费结构

消费是生活质量的关键内涵，生活质量的高低可以通过各种消费活动来体现。消费活动是人类社会活动的重要组成部分。生产、分配、交换、消费构成了社会再生产的全过程。消费既是终点又是起点，既是目的又是动力，只有生产的产品被消费才能产生下一轮生产的需要和生产本身。消费活动也是人类社会生活的重要组成部分，不论社会成员的个人消费、家庭消费，还是社会公共消费，都是社会生活的组成内容。无论是吃穿住用行，还是婚丧嫁娶娱乐喜庆等消费行为，在本质上与生产行为、政治行为、宗教行为一样，都是一种社会行为。消费结构有助于衡量人们生活质量的高低。消费需求的满足具有从低到高的层次性,人们总是先满足低层次的生存需求如食物、衣着,然后依次满足较高层次的享受和发展的需要。但消费资源一定时,一种消费所占的比重过大,必将挤占其他项目的消费。如果在消费结构中,低层次消费所占比重过大,说明高层次的消费未能得到较好的满足,总体生活质量还有待提高。

(三) 教育资源

从生活质量成为社会发展和社会进步的重要标志开始,教育也随之进入生活质量的研究视野。如 1979 年莫里斯构建的"物质生活质量指数"就以识字率、婴儿死亡率和一岁时平均预期寿命 3 个方面作为核心指标,并成为迄今为止国际上流行最为广泛、影响最为深远的研究成果之一。进入 20 世纪 90 年代,联合国开发计划署在《人类发展报告》中推出了由 3 个核心指标——预期寿命指数、教育成就指数、生活水平指数——构成的人类发展指数,用以衡量各国人类发展的平均水平。国家强盛和民族振兴靠人才,人才培养靠教育。人类已经进入一个前所未有的、将由学习决定生活质量的新世纪,必须充分意识到教育在提高生活质量中的地位与作用。随着整个社会的日益信息化,个体的生存与发展越来越取决于自身的学习能力,教育实质上变成了个体生活的一部分,并成为提高生活质量的重要手段和必要途径。生活质量研究中的教育维度至少应该关注两个方面的内容。一是不断改善教育设施和条件,营造良好的教育环境;二是充分考虑教育主体的主观感受。

(四) 医疗健康

人人享有卫生保健、全民族健康素质不断提高是生活质量改善的重要标志,是经济和社会可持续发展的重要保障。医疗卫生与人类自身的生存发展和生活质量休戚相关。人类的健康发展不仅是社会生产力发展的首要条件,也是社会发展所追求的最终目标之一。随着一个国家经济发展、科技进步以及生活水平的提高，公众对改善卫生服务和提高生活质量将有更多更高的要求。人们对医疗卫生服务的需求日益增长，使得医疗卫生行业在社会生活中的重要性随之提高。医疗卫生建设是反映一个国家国民健康状况的重要指标。医疗资源反映了国家或地区为公众提供医疗卫生保障的程度，相当于"投入"部分；而公众的健康状况相当于"产出"部分，反映了人们切实享受到的效益，即健康水平的提高和改善。如何合理分配与有效利用稀缺的卫生资源，关系到一个国家或地区居民的健康水平和资源利用效率，也是当今世界各国共同关心的战略问题，更直接关系到个人的生活质量。

（五）社会保障

社会保障是生活质量稳定提高的重要保证。社会保障是维持社会稳定、实现社会公正的重要机制，是经济发展和社会有序运行的重要前提。社会保障对调节收入分配、促进社会公平、扩大国内需求、拉动经济增长具有重要作用。建立和完善社会保障体系是国家长治久安、人民生活幸福、经济持续增长的重要基础。社会团结安定、经济快速发展、综合国力增强，又为社会保障制度的改革和发展创造了良好的条件。健全的社会保障制度也是所有社会成员生活质量提高的保证。同时生活质量的提高也是社会保障的基础，经济发展、生活水平提高，为社会保障提供了必要的物质准备。社会保障不仅保障了社会成员的基本生活，从而起到稳定作用，它还是国民收入再分配的一种手段，有利于实现社会公正。市场机制追求效率，社会保障则更加注重公平。通过社会保障有效地实施再分配，才能使低收入群体分享社会发展的成果，构建共同的社会利益基础；才有利于化解社会矛盾，实现社会和谐，提高全体社会成员的生活质量。

（六）公共安全

公共安全问题始终与人类社会共存。人类生存、科技发展、时代进步、国家安全、社会安定、人民安居乐业都离不开公共安全。它涉及到社会一切领域,是社会公众及各行各业生存和发展的前提条件。人类社会之初,人们面临的最主要的安全问题是饥饿、疾病、野兽的侵袭和自然灾害。随着社会生产力的提高,由这些纯粹自然性破坏因素造成的安全问题越来越少,公共领域的安全问题则越来越多。同时,安全问题也不再简单围绕衣食住行的狭窄领域发生,而是向不同领域渗透,如工业安全、化学危险品安全、火灾安全、爆炸安全、矿山安全、食品卫生安全、交通安全、建筑安全以及核安全等。社会越发展,安全问题的外延越扩大,社会化倾向越明显。许多传统的技术性安全问题由于渗透了复杂的社会原因,向着非传统性异化,越来越多地演化为社会问题。在表现形式上,公共安全问题纷繁复杂,小到社会中的犯罪问题,大到民族性冲突、宗教性冲突、地区性冲突和国家间冲突等等,这些都成为威胁社会成员生活质量的重要因素。

(七) 生态环境

呼吸清新的空气,饮用洁净的自来水,享受宁静、和谐的生态环境是每一个人享受高品质生活的必然要求。关注和提高人们的生活质量,要保护生态环境,满足人们的生态环境需求。人类社会愈进步,对生态环境需求的质量要求也愈高。人类全面的生态环境需求是与可持续发展相互联系的有机整体。保护生态环境、发展循环经济,目标是为了实现生态与经济、社会与环境、人与自然的和谐互补、协调发展。人类活动同环境之间不断发生相互作用,人类从环境系统中获取生存繁衍和发展所必需的资源与能量,通过生产、消费等环节又向环境排放废弃物,从而改变资源存量与环境质量;而资源和各环境要素结构即环境状态的变化又反过来作用于人类系统。如此循环往复,构成了人类与环境之间的压力-状态-反应关系。一个国家或地区的生态环境一旦遭到破坏,不仅影响该国或地区经济社会的发展,而且直接影响到人们的生活质量，甚至还会给全人类的基本生存条件带来直接威胁。

（八）住房状况

随着社会的进步和生活质量的不断提高，人类对住房的需求已不仅仅止于居者"有"其屋，而是更多地追求居者"优"其屋。改善居住质量已成为公众提升生活质量的最大诉求之一。人们的住房状况从一个侧面反映了一个国家或地区的经济社会发展水平，因为住房的数量、质量与经济发展状况、人们的消费水平、生活质量密切相关。根据社会经济发展水平不同，相应的住房条件可描述为生存型、文明型、舒适型、享受型。经济发展水平极低，住房条件就只能达到生存标准，甚至达不到生存标准，故而存在严重的住房短缺。随着经济发展水平的提高，人们的食物消费比重下降，住房及关联的消费支出增加，住房条件不断向文明标准、舒适标准发展，最后达到享受型标准。住房建设需要有一定的经济基础作支撑，住房标准的提高反映了社会的文明进步和公众生活质量的提高。

（九）休闲娱乐

闲暇（休闲娱乐）是人们日常生活的重要组成部分。闲暇时间的增多是社会进步的标志，是具有重要意义的社会现象，其本质是反映一个人的生存状况、生命质量、精神态度，是对人驾驭自己生命能力的检验（马惠娣，2004）。现代社会发展的重要特征之一就是闲暇在人们生活中占有越来越重要的地位。由于科学技术的迅速发展，人们用于生产活动和家务劳动的时间在逐渐减少，从而得以拥有更为充足的闲暇时间和更为丰富的闲暇活动。闲暇很早就已经成为社会学研究的范畴，19世纪末法国社会主义活动家保尔·拉法格（Paul Lafargue）和美国社会学家凡勃伦（Thorstein B. Veblen）成为该领域的先驱代表。但是明确将闲暇问题纳入生活质量的研究还是近一二十年的事情，充分体现了非经济因素在生活质量研究中影响力的扩大。作为日常生活的一个不可或缺的组成部分，闲暇生活的状况直接影响人们的生活质量。从某种意义上说，闲暇是人们生活质量的终端显示器。对闲暇生活质量的研究逐渐成为生活质量研究的一个重要方面。闲暇生活质量研究的特色在于：它不仅将闲暇作为一个时间和活动范畴，而且把居民对闲暇生活的主观感受也纳入了研究范围（风笑天、赵延东，1997）。

第二节　指标体系的测量方法

20世纪60、70年代曾经盛极一时的社会指标运动对生活质量研究产生的深远影响至今仍清晰可见。社会指标运动不仅为生活质量研究提供了理论上的思想准备，更为其量化研究予以了方法论上的有力支持，二者的有机契合促成了生活质量指标体系建构的不断发展与完善。作为官方的社会指标运动的开始，20世纪60年代晚期美国出版了一系列社会指标研究著作，其中包括美国健康教育福利署的两部重要著作《向社会报告迈进》（*Toward a Social Reporting*）和《向社会报告迈进：下一步》（*Toward a Social Reporting：Next Steps*），以及《社会指标》《社会变迁指标》（*Indicators of Social Change*）、《社会变迁对人类的意义》等一系列具有深远影响的研究成果。费里斯（Ferriss）通过对美国各项研究项目的回顾，分析了社会指标体系的多种用途（Ferriss，1988）：

　　作为统计时序，社会指标体系用以监察社会系统，有助于鉴定社会变迁，并为介入改变社会变迁的进程提供指引。把时间序列延伸到未来，尽管它还是一项有待发展完善的艺术，但毕竟可以使规划更加切入实际。通过生态指标，政府可以更加公平地重新分配用于资源地理分配的资金。通过与那些改变变迁速度和方向的计划性活动相结合，社会指标可以在社会变革中发挥重要作用。社会指标运动促进了社会测量、社会报告和社会核算体系的改善，也推动了生活质量的测量。

　　然而生活质量是否可测，即生活质量测量的合理性却是个颇有争议的问题。我们到底能否用数字来说明生活质量，也许对于一些人来说并不是问题，就如迪尔凯姆和吉登斯在上个世纪所提及的，有许多"社会事实"隐藏于每个个体角色之后。行为主义因此提出如果事物存在，那么就可以被测量（Morrison，2005）。不过对于其他人来说，虽然对生活质量的测量是积极的社会科学化的一个组成部分，但是质量概念最显著的特征——是一种质量，一个抽象的概念，是不可琢磨、无形的，不易受数量的度量方法影响的，因此即便在我们生活中的数学处理与比例研究好像从没停止过，但对于质量研究和指标测量的渴望是很难通过即使包括了人类生活每一个方面在内的广大的数据库来消除的（Morrison，2005）。争议虽然存在，但似乎后者的声音越来越微弱，数字的诱惑无处不在，在数以万计已经出版的各类研究报告中，数字度量的方法被广泛应用于各个层面的生活质量研究，人们似乎已经习惯于从复杂的统计分析和大量的数据结论中探究生活质量的内涵。但是当我们进入统计学的世界时，数字的问题就会随之出现。比如，经常见到在一些重要的杂志中使用了错误的统计数字：运用参数检验的时候使用了非参数的数据；统计检验的假设为惯性的否定；图表的数值范围和刻度可以使事物看起来比它们实际更好或更坏；关系度量（measure of association）被替换成因果关系（measure of causality）计算；简单的线性因果关系计算错误地使用了非线性和多因多向性的变数；数据没有被公正地加总;数值的分散度缺少了一个平均值等等(Morrison,2005)。虽然数字的吸引力是不可抵挡的,它们具有简单、直接、不容置疑、绝对和决定性等特性,但是我们更应该以审慎理智的科学态度来看待生活质量的测量,尽可能以还原事实本来面貌的、严谨的方法开展研究。

测量生活质量是生活质量指标体系建构的主要目的之一。对于许多从事生活质量研究的学者来说,选择测量客观生活质量还是主观生活质量,亦或两者的结合,是建构具体指标体系时摆在他们面前的关键问题。在过去的 40 年时间里,生活质量研究逐渐形成了这两条既相互矛盾又相互影响的发展脉络。

一、客观生活质量测量

客观生活质量研究把重点放在影响人们生活的物质条件方面,即从影响人们物质生活和精神生活的客观条件方面看生活质量(罗萍、姜星莉,2002)。客观生活质量测量这条脉络始于鲍尔在 1966 年发表的具有里程碑意义的《社会指标》一书。在这部被誉为该领域"头一个,也许是最重要的一个创新性出版物"的著作中,鲍尔等人探讨了各种观测与预测社会变迁的方法。自此之后,社会科学与统计学的结合发展极大地推动了生活质量的量化研究。由于在相当长的一段时间里,国外的"生活质量"概念是和"生活水平""生活标准""福利水平"等概念一起广泛使用并加以研究的,而且多数研究并不直接以"生活质量"为对象,并没有对生活质量概念加以严格的界定,以至于常常混同于"生活水平""生活标准""福利水平"等概念(吴姚东,2000)。加之,有很多学者比较赞同把生活质量看作是一个抽象的概念,视作生活等级的代名词,并区分个人的内在能力和有利于这些能力发挥的外部因素,而生活等级从根本上讲取决于社会和经济发展的程度。这样就逐渐形成了生活质量研究中的一个偏重客观生活质量测量的发展脉络。

客观生活质量测量需要正确的指标体系的选择，它也是相应的社会政策的基础。在宏观层面上，学者和民众已经形成了比较一致的观点，即批判以单纯的人均 GDP 作为评估的唯一标准，而将更为广泛的涵盖收入和财富分配的指标以及人们在许多不同生活领域的实际状况指标融入客观生活质量测量。由于与社会发展的全新理念息息相关，并且努力寻求经济因素与其他社会因素的制衡，客观生活质量研究倍受经济计划官员和经济学家的青睐，而且已被证明在农村和都市以及国家层次的研究中具有十分重要的意义。这一领域早期的研究者使用跨文化的客观指标测量生活质量，依据的是基本生活必需品如食品、衣物以及他们认为的对所有文化背景的人而言都必须的物品（周长城等，2003a）。

斯堪的纳维亚半岛的生活水平研究通常被许多学者视为客观生活质量测量的典型代表。该模式建立在福利被定义为"个人对资源的支配"的基础之上，侧重"美好生活"的概念，将社会的完好状态作为一项福利内容，注重客观生活条件的测量。具体而言，认为人们的生活水平是由人们所需要的客观资源决定的。这些客观资源主要有收入、资产、教育和知识技能，以及社会关系网络等等。对客观需求的满足即是社会福利的主旨。换言之，社会福利就是个人拥有对资源的支配权，能够控制资源并且有意识地将其直接用于提高生活水平。很显然，客观生活水平指标是衡量社会福利的关键所在。此外个人生活所处的外部环境也被视为生活质量或社会福利必不可少的组成部分，因为它们决定了个体的活动领域和资源的效用（周长城等，2001）。这种以资源为中心的福利观主要关注人们满足需求的能力，相应的概念框架下的各种指标也围绕着客观生活条件来选择，将社会视为一个整体。虽然斯堪的纳维亚模式并不否认主观个人评价存在的积极意义，但是更倾向于认为个体的主观评价容易受到期望水平等复杂因素的影响,往往因人而异,所以如果以此作为制定社会政策的依据不具有普遍性意义,也就失去了生活质量评估社会政策的效力。

除了斯堪的纳维亚半岛的生活水平研究外,很多发展中国家在建构生活质量指标体系的过程中都十分重视客观指标的选取与测量。这一方面可能与它们尚欠发达的经济水平有关。对于很多发展中国家来说,由于国家经济基础较为薄弱,社会发展落后,很多居民的生活还处于温饱阶段或为生计而艰辛地奔波。当生存成为第一要义、物质需求没有得到充分满足的时候,居民心中最为关注的自然首选客观物质条件,而国家在制定社会发展战略时,中心目标也是为国民生活提供充足的物质基础,使人们的生活水平不断提高。另一方面社会统计也会受到社会发展程度的制约,发展中国家的统计工作不可能超越社会发展阶段,统计指标以关系国计民生的物质指标为主,多涉及体现国民生活不同领域的客观指标。生活质量指标体系的建构建立在社会统计发展的基础上,因此也必然受到相关的制约和局限,所以很多发展中国家在生活质量研究的初级阶段都偏重于进行客观指标的测量。但是客观指标也有其局限性,突出问题便是物质条件与生活质量的矛盾统一。在很多情况下,充裕的物质资源是高品质生活的必要条件,即人们倾向于认为当物质生活的需求得到充分满足时,生活质量会得到一定的提高。但是前者并不是后者的充分条件,二者背离的情况也常常出现。收入高并不一定生活质量高,富裕并不一定幸福。即使生活在同样物质条件中的人也可能存在很大的主观感受差别。尤其在发达国家这种矛盾情况更为突出,生活标准在提高,但人们的幸福感、满足感和快乐感并不一定同时提高。经济发展并不必然给全体社会成员带来生活质量的改善,这种矛盾的出现恰恰为主观生活质量研究提供了探讨的空间。到底什么是衡量生活质量的关键因素?除了客观指标之外,主观指标能否有效反映人们生活的真实状态？

二、主观生活质量测量

渴望幸福，感受快乐，是每个人的生活诉求。不断提高社会成员的生活质量，是社会发展的根本目的。如何评价生活质量和幸福程度，社会学、经济学乃至政治学都将其列为一个重要的研究课题。过去很长一段时间，衡量生活质量基本上都采用客观指标，然而科学技术日新月异的发展和经济蓬勃高速的增长并未给人们增添更多的快乐和幸福，自杀人数和忧郁症患者成倍增加就是例证。有鉴于此，社会学家与经济学家逐步将生活质量的研究范围扩展。在全世界范围内，越来越多的研究者和实践工作者把主观生活质量作为一个情感状态指数整合到自己的研究体系中。他们大多认同这样一种观点，即人类经历的终极目标是"幸福"，因此对社会之善（social good）的最终测量必须是在该国内的社会成员已经达到的程度（Rapley，2003）。生活质量是由个体对其生活的评价，这一过程包括情感反应、不同领域的满意度和满意度的总体感受（Diener，Suh，Lucas and Smith，1999，cited in Gullone and Cummins，2002）。它反映了对包含许多种生活领域的情感评价，或者说把生活视为一个整体的单一格式塔完形反应（Cummins and Cahill，2000，cited in Gullone and Cummins，2002）。个体根据他们的期望、价值观和先前经历给予环境不同评价，而主观生活质量研究对这些差异附以不同的重要性，因此比客观指标和外在指标更能准确反映个体对生活的全面感知。

主观生活质量研究与西方学者对幸福体验的主观性本质认识的不断深化密切相关。其最初的考察对象主要是人们的精神活动、心理活动等主观内容，指标体系的建构具有明显的精神健康的取向。进入 20 世纪 60 年代以后，受综合发展观的影响，生活质量研究也逐步向更广泛、更深入的领域扩展,主观层面的内容在生活质量指标体系中的地位开始受到重视。在社会指标运动中测量个体的主观幸福感和生活满意度的研究开始出现。其中坎贝尔和康弗斯在 1972 年的著作《社会变迁对人类的意义》,1976 年坎贝尔、康弗斯和罗杰斯(Rodgers)的《美国生活质量:认知、评价与满意度》(*The Quality of American Life:Perceptions, Evaluations and Satisfactions*),以及安德鲁斯和威瑟在同年发表的《幸福的社会指标:美国人的生活质量认知》(*Social Indicators of Well-Being:Americans' Perception of Life Quality*)被兰德和拉普里等学者视为主观生活质量研究的起点。主观幸福感(subjective wellbeing)、生活满意度(life satisfaction)和快乐(happiness)等逐渐成为主观生活质量测量中具有重要影响力的指标。各种不同的社会科学研究技术,如深度访谈、重点群体讨论、临床研究、抽样调查等也被充分应用到该领域的研究过程中,拓展了数据采集的空间和形式。

美国模式的生活质量研究在主观生活质量研究领域具有较强的代表性。它与斯堪的纳维亚模式的资源观相对立,认为生活质量研究或者幸福的测量主要通过评价居民个体层面的主观指标来获得,在群体中对个体心理状态(价值观、态度、信仰和期望)的详细测量对于理解社会变迁和生活质量是至关重要的。社会发展的主要目标不是生活质量的客观特征,而是以"满意度"和"幸福感"来衡量的人们的主观福利。诺尔指出美国模式"在功利主义哲学和精神健康研究的传统中……这种方法最终将幸福定义为主观幸福感。而使用的最重要的主观幸福感指标实际上就是对满意度和幸福的测量"(Rapley, 2003)。这种侧重依靠个人评价来反映社会福利水平高低的美国模式在西方社会得到了更多的认同。当然很多斯堪的纳维亚模式的研究者会极力否认这一观点,他们认为作为一种社会福利指数,测量社会成员的低期望/高适应性是没有结果的。拉普里也曾经指出：在任何具体政策和特定的个体幸福表达之间缺少一种理论的联系——以及任何具有说服力的、可以使联系发生作用的机制(Rapley，2003)。

主观生活质量测量除了宏观层面引起的争议外,就主观指标本身也常常招致许多质疑。这主要是因为主观指标表达的是一个主观的、内省的、以个人体验为基础的概念,因此有观点认为,个人的态度、观念是经常变化的,而且其变化与实际状况并没有关联,会引致主观评价的不稳定性;其二由于参照标准各不相同,人与人之间的主观评价也难以相互比较;其三人们对某一领域进行评价的过程是相当复杂的,难以解释,更难以简单地量化;其四实证研究表明,主观评价与客观事实相脱节,二者的关联度有下降的趋势(王凯、周长城,2004)。此外,在收集个人对生活满意度与幸福感的报告以对生活质量加以测算时,也会出现正确性与可靠性的问题：一是对于同一个问题不同个体会有不同的理解,因此给出的答复与最初的测算目的相比可能会有出入;二是即使个体正确地理解了被问及的问题,在回答的过程中也可能会由于回答问题的方式以及个体顺应社会期望而使答复出现系统性的扭曲(王凯、周长城,2004)。

尽管主观生活质量测量存在一些具有争议的问题,但不可否认的是它在生活质量研究中具有不可或缺的重要作用。尤其在客观生活质量测量无法触及社会现象本质以及需要考量社会事件或社会发展趋势对社会成员的内心冲击时,主观指标理所当然地成为研究的首选。坎贝尔就曾在研究中发现一个有趣的现象,即生活质量与个人生理需求的相关度为 0.13,与收入相关度为 0.12,与健康相关度为 0.10,与智力相关度为 0.17(周长城、蔡静诚,2004)。生活质量与客观物质资源的低度相关很可能是由于人们对生活有极大的适应性,即使发生了重大生活事件,也只会带来短暂影响,此外还与个人的性格倾向密切相关。而主观生活质量测量恰恰可以在这两个因素上发挥解释作用。此外从宏观层面上说，生活质量的个体评价不仅对于理解国家的生活质量至关重要（"美国"模式的观点），而且被认为具有某种道义上的必要性。主观测量抓住了那些对个人来说非常重要的体验和经历。它主要关注回答者自身对幸福与生活满意度的评价，而不是政策决策者或研究者认为是重要的东西，这使得公共政策制定者更容易了解民众的意图，有利于为社会政策提供信息基础和导向，增强政策制定的社会意义。

值得注意的是，主观生活质量测量中的两个关键词"幸福感"和"满意度"在很多研究中虽然被视为同义词，可以相互替换，但在美国的生活质量研究传统中却存在细微差别。幸福感是对感性层面的描述，而"满意度"一般代表了主观福利的认知层面。将幸福感和生活满意度作为研究的重要领域，实质上体现了发展观进入"以人为中心"阶段之后，向着"以人为本"的更高层次的提升。

（一）主观幸福感（Subjective Well-being，SWB）

什么是幸福？如何才能得到幸福？恐怕是古往今来困扰人类已久的难题。早在古希腊罗马时期，无数的西方先哲就曾对幸福问题发表过独到精辟的见解。从梭伦的"谁拥有最多的东西"，"才能给他加上幸福的头衔"；伯利克里的"最后的幸福不是如诗人所说，是谋利，而是得到同胞的尊敬"；到亚里士多德认为"最公正的事情""健康"，都可"视为幸福"；伊壁鸠鲁的"肉体的健康和灵魂的平静乃是幸福生活的目的"等等。幸福虽然被赋予了明显的、朴素的自然主义特征，但是却实实在在地同人们的现实生活、物质利益紧密地联系起来，被归纳为某一种或几种能够使人得到快乐的行为方式（冯俊科，1997）。其中伊壁鸠鲁（Epicurus）的研究较有代表性。他认为"快乐是幸福生活的开始和目的。因为我们认为幸福生活是我们天生的最高的善，我们的一切取舍都从快乐出发；我们的最终目的乃是得到快乐。……当我们说快乐是终极目标时，并不是指放荡者的快乐或肉体之乐，……我们认为快乐就是身体的无痛苦和灵魂的不受干扰"（苗力田，1989）。20 世纪新弗洛伊德主义的代表人物之一弗洛姆（Erich Fromm）认为，快乐和幸福没有质的区别，只是快乐与某一个别行为有关，而幸福可以称为是某种持续和一体化的快乐经历（邢占军，2005）。到了近现代，随着物质财富的极大丰富和人类主体精神的回归，生活质量和人类个体存在的社会价值引起了人们前所未有的关注，学者们采用更理性的视角和更科学的方法再次掀起了幸福问题的研究热潮。

将主观幸福感作为生活质量的重要指标，在一定程度上得益于哲学家、心理学家的推动。从心理学的角度看，幸福感是人类个体需要得到满足以及理想得以实现时产生的一种情绪状态，是由需要（包括动机、兴趣、欲望）、认知、情感等心理因素与外部诱因相互作用形成的一种复杂的、多层次的心理状态。而生活质量意义上的幸福感，如兰德指出的应该显示出"特征性"和"状态性"两种特点。根据兰德的观点，西方学者已经达成了共识，认为主观幸福表明了对情况和事件的反应——适应环境的一种状态——与此同时，也是区别于其他社会成员，有助于在不同时间和情况下保持稳定性和一致性的一种持久的心理状况，或者一种特征，在某种程度上反映了特定社会成员如何看待他们周围的世界（Rapley，2003）。主观幸福感研究主要分析人们根据自己的价值标准和主观偏好对于自身生活状态所做出的满意程度评价，力图找到一种能够用以评价特定社会主观生活质量的指标体系。因此研究者们比较关注从总体生活满意度、具体领域满意度（例如工作、休闲、家庭、收入等等）、正向情感和负向情感等方面对社会民众进行大规模抽样调查，以获得社会群体的认知体验。总而言之，主观幸福感既是对生活的客观条件和所处状态的一种事实判断,又是对于生活的主观意义和满足程度的一种价值判断,它表现为在生活满意度基础上产生的一种积极心理体验(沈杰,2006)。

当代主观幸福感的研究发展经历了三个阶段(Diener, Suh, Lucas, & Smith, 1999 转引自邢占军,2005)。第一阶段大致从20 世纪 50 年代中期到 80 年代初期。在这一阶段,研究者们着眼于测量不同群体的主观幸福感状况,并根据测量结果描述了不同群体主观幸福感的平均水平。研究者们所关注的群体包括在校学生、老年市民、修女、精神病人、囚犯等。这类研究以描述性为主,所采用的量表也比较简单,主要是单项目测验,而且大多没有进行必要的信度和效度检验。研究主要是探索性的,研究者们往往根据研究结果提出有关主观幸福感的一些假设。第二阶段从20 世纪 80 年代中期到 90 年代,研究者们深入地考察了几种主观幸福感的理论模型。在揭示主观幸福感的作用机制及其影响因素等方面,出现了人格理论、适应理论、动态平衡理论、目标理论、流程理论、社会比较理论、评价理论等理论模型。近年来,国外对主观幸福感的研究开始进入第三阶段,研究者们开始运用主观幸福感的测量理论来整合各种方法,出现了一些严格设计的追踪研究和大规模的跨文化调查研究,主观幸福感测量的方法更加丰富,实验研究的方法更多地被用于主观幸福感研究领域。

就研究结论而言,西方研究者已经注意到这样一种趋势:在大部分时间里人们给予他们的主观生活质量以相当高的评价。这些学者反映,当来自所有年龄群体、种族群体、社会-经济群体的大规模西方人口样本被要求对其生活满意度进行评价时,他们的回答始终高于中立的水平(Gullone and Cummins, 2002)。除了主观生活质量分数较高外,如下研究还表明这些分值具有相当高的稳定性(Gullone and Cummins, 2002)。马格纳斯(Magnus)等人在 1993 年的研究发现,时隔 4 年之后自陈主观幸福感分数仍然保持在 0.60 的相关度水平上。考斯塔(Costa)和迈可维(McCrae)1988 年的研究发现，即使当测量来自于不同的渠道时(例如，配偶或自己)，主观生活质量依然保持了高水平的稳定性。桑德威克(Sandvik)等人发现一旦分数由于不可信测量(unreliability of measures)被修正之后，由家庭成员报告的个体的主观生活质量与由朋友评价的个体主观生活质量相关度达到了 0.70。迪纳和拉尔森(Larsen)在 1984 年的研究发现，个体的工作幸福感水平与在娱乐场所的愉快情感平均水平有 0.70 的相关度。这些研究都表明，主观生活质量的分数在某种程度上具有相当高的稳定性，产生急剧波动的可能性较小。海蒂(Headey)等人的研究也支持了上述结论，认为人们似乎对自己的主观幸福感保持一种固定不变的水平。他们在一项纵向研究中发现，尽管消极的生活事件倾向于降低人们的主观幸福感，但是这种影响通常是短暂的，人们很快会将之恢复到先前的水平(Headey and Wearing，1989)。

为了进一步分析主观生活质量的分数如何保持相对稳定，以及为什么在经历变化之后，又能恢复到某种预定的水平，康明斯和他的同事们提出了一种所谓的自我平衡过程(a process of homeostasis)①。康明斯认为表面的稳定很可能包括某种自我平衡控制机制，以至于主观生活质量感知虽然会根据环境变化升高或降低，但是通过某些能够意识到的以及某些意识不到的自我平衡控制机制，能够恢复到一种预定的水平(Cummins，2000)。人类可能存在很多种认知机制来维持自我的平衡状态，目的就是使人们避免在长时期内感觉过分积极或过分消极，避免诸如狂躁和

---

① homeostasis 是由希腊文 homoios(类同之意)和 stasis(稳定之意)两词组成。1929 年美国生理学家 W. B. 坎农曾采用 homeostasis 一词表述内环境恒定现象及其中的调节过程。该词的常见中文翻译还有稳态、自稳调节等。

沮丧等过激情绪。这也就是人们为什么有能力自觉地在复杂多变的环境中依然保持正常的心态和稳定的主观幸福感水平的原因。康明斯据此认为,生活质量是一种固定存在的、自我平衡控制的大脑状态;主观幸福是一种意向的大脑系统,在一个很小的正向范围之内,保持每一个社会成员的幸福感。而这种大脑系统在测量无论是何种生活质量、满意度或幸福感时,都在近似 75% 的最大范围内保持一种常量(Rapley,2003)。

(二)生活满意度(Life Satisfaction)

在主观生活质量测量中,相对于主观幸福感而言,坎贝尔等人更强调满意度的概念,这主要是因为他们认为满意度表明的是个人对生活不同领域的认知和判断,幸福感则反映的是相对较短时期的兴奋和快乐的心情[1]。相对于情感层面上的幸福、快乐而言,认知层面上的满意度可以作为政策制定者更可靠、更现实的目标。当然以上只是一家之言,在很多学者的研究中其实并未将两者截然分开。而且就主观幸福感的测量而言,最常用的方法就是使用包括快乐或生活满意度为测量问题的自陈问卷。

有学者对国外现有的生活质量概念进行分类总结,提出了 4 种模式(王凯、周长城,2004):(1)生活质量指的是个体生活条件的质量,生活条件很可能影响个人满意度;(2)生活质量是指个体对其生活条件的满意度;(3)生活质量是生活条件和个人满意度的综合;(4)生活质量包括生活条件和个人满意度,同时在评价生活质量时,依据个人价值观赋予客观条件与主观感受以不同的权重。第一种模式认为生活质量的界定应独立于生活满意度,生活质量是对个体所拥有的生活条件的客观衡量,对这些条件的评价

---

① Campbell, A., P. E. Converse, and W. L. Rodgers. 1976. *The Quality of American Life: Perceptions, Evaluations, and Satisfactions*. New York: Russell Sage Foundation. 转引自王凯、周长城,"生活质量研究的新发展:主观指标的构建与运用",《国外社会科学》,2004 年,第 4 期,第 38 页。

就是个体的满意度。生活条件可能对个体满意度有重要影响，但无论是两者之间的潜在关系，还是个体主观评价本身都不可能形成对生活质量的测量。这种相对绝对化的定义已经在实践研究中逐渐被大多数学者摒弃。毕竟生活质量作为一种复杂的概念建构，对其进行测量是多方因素的综合反馈。因此大多数学者更倾向于将生活满意度融合进生活质量的测量中，认为个体的生活质量水平可以由个体对各个生活领域的满意度来反映，如健康、工作、休闲、教育、个人创造能力的发挥、生活状况、家庭、友谊、生活水平、邻里关系、城市或城镇的居住环境、国家形势等。同时承认满意度不仅是个人内在的认知与体验，而且还受到外部和客观条件的影响，于是形成了所谓的第二、三、四种模式。姑且不论这种分类模式是否涵盖全面、具有典型意义，它至少将生活满意度作为关键词整合进生活质量研究的分析框架。

当然，满意度指标在测量生活质量中的有效性问题仍然存在争议，比如埃德格顿（Edgerton）曾对生活条件或生活事件与主观满意度之间的可能的独立性加以评论，认为对满意度和幸福感的报告更多地取决于个人内在的性情而不是外部条件，重要的生活事件可能导致对生活幸福感的暂时改变，但是评价生活幸福与否的标准也会及时地降低，因此幸福感与满意度的水平在纵向比较中是相对稳定的，对生活质量的主观评价与生活条件之间并不存在线性相关关系[1]。尽管如此，生活满意度仍被大多数从事主观生活质量测量的学者视为最接近生活质量本质的指标。

---

[1] Edgerton, R. B. 1990. "Quality of Life from a Longitudinal Research Perspective." pp. 149 - 160 in *Quality of Life: Perspectives and Issues*, edited by R. Schalock and M. J. Bogale. Washington, DC: American Association on Mental Retardation. 转引自王凯、周长城，"生活质量研究的新发展：主观指标的构建与运用"，《国外社会科学》，2004 年，第 4 期，第 39 页。

生活满意度是指个体基于自身设定的标准对其生活质量做出的主观评价，可分为总体生活满意度和具体领域的生活满意度。前者是对个人生活质量的总体认知评价；后者是对构成全部生活的各个不同领域的具体评价，如家庭满意度、工作满意度、健康满意度等等。一般而言，总体生活满意度比具体领域的生活满意度更为抽象和稳定。尽管情感可以影响生活满意度的评价，生活满意度还是与那些暂时性的情感状态存在区别。情感指的是对于发生在人们生活中的具体事件，如生气、喜悦、焦虑等的具体的直接的反应；而生活满意度评价很典型的是指更加一般化的、持久的经历评价，包括一个人的总体生活或生活的主要方面。尽管频繁的积极情感、不频繁的消极情感和生活满意度倾向于相互关联，但是主观幸福感因素、情感和生活满意度还是与之存在差异，并且显示出不同的决定因素（Huebner，2004）。

目前，对生活满意度的研究主要来自三个领域：生活质量的研究、心理健康的研究和老年学的研究，对其测量大多数沿着两条路径进行（陈世平、乐国安，2001）。一是根据米克劳斯（Michalos）的多重差异理论，认为一个人对自己生活的满意度取决于他在心理上对几个不同差距的信息的总结。这些差距是个人认为自己目前所具有的与他的期望之间的差距，主要取决于：（1）有关他人具有的；（2）过去拥有过的；（3）现在希望得到的；（4）预期将来得到的；（5）值得得到的；（6）认为自己需要的6个因素。通过测量这些差距来获得个人生活满意度的信息。这一方法多用于测量某一具体生活领域的满意度。二是根据社会心理影响的观点，认为个人生活满意度与诸多社会心理因素有直接关联，例如压力、抑郁、他人支持、内控（相信个人可以掌握自己的命运）、外控（意识到的被别人所控制和意识到的被机遇所控制等）、角色成就等。通过找出那些对生活满意度产生重要影响的因素，就可以从这些因素的测量来评定生活满意度的高低。

生活满意度测量已经形成了很多种不同的生活满意度模型。这些模型可以在三种主要的概念框架中被归纳，包括单维模型（分为总体或一般生活满意度）和多维模型（Huebner，2004）。两种单维模型的共同之处在于它们都假定：一种单一的、总体分数可以代表不同的生活满意度水平。二者的分歧在于合并的模式。一般满意度模型（general model）认为总分数应该由不同生活领域的满意度评价相加（加权或不加权）组成，例如家庭满意度、邻里满意度等等。根据该模式的测量要求研究者将构成综合生活满意度的关键领域都包括在内。与之相对照的是，总体满意度模型（global model）则假定通过那些不考虑背景因素的项目（例如，我拥有美好的生活 VS 我的家庭生活幸福）可以最佳地评价生活满意度。根据该方法，回答者可以自由地根据他们自己的、独一无二的标准而不是研究者强加的标准来做出回答（Huebner，2004）。

多维模型则降低了总体或一般满意度评价的重要性，更加强调包括关键生活领域在内的生活满意度判断的来源情况（Huebner，2004）。其理论假设是个体的生活满意度是由对其有重要意义的特定生活领域决定的。较为著名的多维模型是哈勃（Huebner）提出的等级生活满意度模型（Hierarchical Life Satisfaction Model）和康明斯提出的加权生活满意度模型（Weighted Life Satisfaction Model）[①]。在等级生活满意度模型中，哈勃将生活满意度分为两个等级，第一等级是一般生活满意度，第二等级是各具体生活领域的特殊满意度。例如，哈勃认为

---

① 关于等级生活满意度模型和加权生活满意度模型的介绍参见：田丽丽、刘旺、Rich Gilman，"国外青少年生活满意度研究概况"，《中国心理卫生杂志》，2003 年，第 17 卷，第 12 期，第 814 页。

对青少年有重要意义的生活领域主要包括家庭、学校、朋友、居住环境、自我5个方面，因此在测量时分别考察个体在这5个领域的特殊满意度，然后将各领域的得分简单相加来得到一般生活满意度。与等级模型略有不同，加权模型认为不同的生活领域在个体的一般生活满意度中占有不同的地位，因此在利用特殊生活满意度的得分计算一般生活满意度的时候，主张将各领域的得分与其所占权重相乘之后再求和得到一般生活满意度。总而言之，虽然多维模型在测量内容上和单维模型具有重合性，但两者的侧重点各有不同。前者首先更关注不同生活领域的满意度，然后再考虑总体层面，后者则更强调总体层面的生活满意度。

三、主客观测量的整合

主观生活质量研究的兴起和不断深化并未必然使主观幸福感和生活满意度等指标成为普遍被认可的评价生活质量的主要依据。如雷恩（Lane，1991，cited in Sirgy，2001）认为如果我们选择主观指标，并且完全相信主观指标真像其表面显示的那样，那么我们就会冒着接受穷人"无所需求"和默许剥夺公民权（acquiescence of the disenfranchised）的风险。冒险接受不真实的自评报告也会面临问题，例如，那些对自己状况不满的家庭主妇，却可能因为她们认为自己的生活本该如此，而报告自己对生活感到满意。因此，雷恩在给生活质量下定义时，侧重主观因素和客观情况的关系①。其中主观因素包括"对主观幸福和个人发展、学习、成长的意识"，统称为"大众素质"（quality of persons，缩

---

① Lane, R. E. 1994. "Quality of Life and Quality of Persons: a New Role for Government?" *Political Theory* 22: 219-252. 转引自陈震宇，"生活素质和社会指标体系"，《行政》，2005年，第18卷，总第68期，第396页。

写为 QP)，客观情况包括"给予生活中的人利用的机会"，又称为"条件素质"（quality of conditions，缩写为 QC)。"生活质量"是大众素质和条件素质的"函数"，用函数方程可以写成：

$$QOL = f(QC, QP)$$

生活质量同时取决于大众素质和主观幸福。大众素质和主观幸福是故意分开的，因为享乐的能力（属于但又不局限于主观幸福）明显不同于达到这种能力的过程（即个人或个性发展，属于大众素质）。而大众素质反过来取决于构成素质本身的因素、这些因素之间的关系以及对包括这些因素在内的特性所进行的修正或推导。构成大众素质本身的因素包括能力、信仰和知识、情感和评价以及状态。人在一生中能较好地发展出个别特性，另一些则发展得没那么好。这就揭示了在这些因素之间存在一种互为妥协的关系，以及根据个别需要而形成的优先次序。这种关系不可避免地会引伸出等值、排序、权重和兼容等活动，反过来揭示这些因素需要通过"曾思考过人类发展的问题的人（所得出）的共识"来进行一些修正。雷恩强调，只有具备"适当的大众素质"的人才能利用那些被认为是构成高条件素质的因素。大众素质和条件素质都不是静态的，而是动态的，两者的改变最终都会改变生活质量，对主观幸福亦同。

迪力巴尔（D'Iribarne）也列举了一个很形象的例子来说明使用主观指标却不了解个体的客观环境所产生的问题（D'Iribarne，1974，cited in Sirgy，2001)。例如，同样是报告感觉天气寒冷，一个人可能是因为燃料很贵没钱取暖而感到十分寒冷，另一个人却可能由于选择外出滑雪而感觉很冷，因此如果单纯考虑主观感受两者可能并无太大差别，但是如果结合客观背景进行分析，则前者的生活质量明显低于后者。

倾向于选择客观指标测量生活质量的学者，往往认为主观指标在信度与效度方面难以把握,其依据大多是多数人没有真正考虑过自己的反应而且也无法回答询问这些反应的问题;人们不可能在回答问题时暴露自己的隐私;人们对问题的回答往往存在偏见;人的理解力差异极大等等(周长城等,2003a)。这种对主观指标的认识是不全面的。虽然主观生活质量研究经常由于测量效度低,结论缺乏普适性被人们诟病,但如果辩证地加以利用,可以帮助人们更好地衡量客观指标。实际上,主观指标在社会指标调查研究中作用甚大。首先,它们能直接测量人们对自身福利状况的评价,而客观指标最多进行间接的测量;第二,主观指标能在单一维度上提供数据,因此可在统一维度上对生活的各个方面进行横向比较。这是客观指标不可能实现的,因为它们不是沿着一个统一维度进行测量;第三,主观指标可以由研究者直接设计和使用,易于修正,但是客观指标的建立依赖于大量的数据,且其测量过程也经常超出发展指标的控制;此外,主观指标也可提供那些客观指标更值得关注的线索,同时可为劣势群体和弱小群体提供表达意愿的渠道(王威、陈云,2002)。

　　将主客观测量整合起来以全面测量生活质量逐渐成为大势所趋。虽然在生活质量的研究实践中受研究经费、调查规模、学术能力、研究偏好的限制,很多学者往往偏重于客观测量或主观测量某一个方面,但是在理论层面人们已经基本就两者的整合达成共识。主观指标同样是测量生活质量不可或缺的组成部分,问题的关键在于如何在指标体系中合理地配置主观指标和客观指标。如布朗等人认为,生活质量就是在社会所提供的客观条件(供给)与个人对生活的需求的主观满足程度之间加以平衡的一个等式,即个体对在各个生活领域中不同的客观状况加以判断,根据参照标准(如渴望、期望、可能正确的感觉、参照群体、个人价值观、个人需求等等)得出最终的评价,这种评价就是对该领域的满意度，各个领域的满意度综合起来就是整体的幸福感[①]。康明斯也认为，生活质量应同时包括客观和主观的评价，并且要整合各个领域的主观评价以测量全面的生活质量，为此需要考虑个体对生活各个方面所赋予的权重，即使在客观评价中也要遵循这一原则，即依据个人价值观赋予各种生活条件以不同的权重[②]。

鉴于客观测量方法和主观测量方法各有利弊，欧盟地区委员会在发起的研究中对指标提出了3项要求，要求指标：（1）与目前的理论探讨保持一致；（2）要容易操作化，因此应该以可利用的数据为基础；（3）应该超越当前对GDP和失业率的原始测量（European Union，1999）。其中第二项为生活质量指标体系建构过程中的指标操作化提供了方向指引。

第三节　指标体系的操作化

在测量生活质量的过程中存在许多关于质量的直接指标，但是，需要认识到"质量"和"生活"都是抽象的概念，可以包括许多的解释，因此在生活质量研究的许多方面使用了质量的代理指标（proxy indicator），并不是生活质量本身，而只是生活质量的指标（Morrison，2005）。一个指标是对一种更复杂的现象或趋势的概括性测量（South Australian Business Vision 2010 Inc.，2004，cited in Morrison，2005）。

客观指标和主观指标的操作化有其各自存在的前提条件。

---

① Brown，R. I.，M. B. Bayer，and C. MacFarlane. 1989. *Rehabilitation Programmes：The Performance and Quality of Life of Adults with Developmental Handicaps*. Toronto：Lugus Publications. 转引自王凯、周长城，"生活质量研究的新发展：主观指标的构建与运用"，《国外社会科学》，2004年，第4期，第39页。

② Cummins，R. A. 1992. *Comprehensive Quality of Life Scale-Intellectual Disability* (third edition). Psychology Reserch Center. Melbourne. 转引自王凯、周长城，"生活质量研究的新发展：主观指标的构建与运用"，《国外社会科学》，2004年，第4期，第39页。

客观指标的使用源于如下假设(Noll, 1996)：人们可以使用诸如价值或目标这类的标准，通过比较真实情境来判断生活状况的优劣。然而，一个重要的前提就是，首先要就福利相关的维度达成政治上的一致认识；其次，关于好与坏的标准以及对社会的发展方向也要有相同认识。

主观指标的使用是假设幸福可以被个体感知，并且由其做出恰当的判断(Noll, 1996)。这种表述也不是无可争辩的，它已经引起了人们关于幸福测量标准的激烈讨论。担忧之一就是："人们对满意度水平进行自我评价的研究方法会在一定程度上受到期望水平的影响"，据此分析，考察人们的生活满意度被批评为是在"测量人们在多大程度上适应他们的现在情况"(Erikson, 1993)。因此有学者认为，人民的意见和偏好应该以他们的社会活动的方式体现到民主政治进程中，而不是通过问卷调查和民意测验来考察。当然以上只是学术探讨的一家之言，在实践研究中依然有许多学者采用问卷调查等方式来获得主观生活质量的数据资料，但毕竟有助于拓宽我们的分析思路。

一、客观指标的操作化

客观指标的操作化是一个相对简单、争议较少的实践过程。其测量内容大多从社会提高国民生活的充分程度的角度来选择，以反映社会事实为标准，并且独立于个人评价，因此与一般意义上的社会指标体系存在重合之处。作为一种福利测量工具，目标是衡量和观测个人和社会福利的改善或恶化程度，并且监测某一个社会在现代化过程中的变迁情况。

米克劳斯主持研究的"北美社会报告"(North American Social Report)在客观指标的操作化中具有典型代表意义。该指标体系用以测量国家层面的生活质量，以客观指标为主，辅以少量的主观指标。

研究涵盖 12 个领域共计 126 个社会指标。具体如下（Sirgy，2001）：

1. 与人口相关的具体指标包括：
   - 人口密度
   - 死亡率
   - 出生率

2. 与健康相关的具体指标包括：
   - 婴儿死亡率
   - 自杀率
   - 每名医生覆盖的人口数

3. 与犯罪相关的具体指标包括：
   - 暴力犯罪率
   - 财产犯罪率
   - 年终时的犯人
   - 用于犯罪公正的支出

4. 与政治相关的具体指标包括：
   - 选民参选率
   - 政府批准
   - 军事支出
   - 联合劳动力

5. 与科学技术相关的具体指标包括：
   - 雇佣的研发人员
   - 研发支出
   - 每项专利的费用
   - 每千名研发人员的专利数

6. 与教育相关的具体指标包括：
   - 对教育的满意度（主观）
   - 学生教师比
   - 每名学生的支出

- 各种学位中的女性百分比
7. 与娱乐相关的具体指标包括：
    - 拥有电视的家庭
    - 看电影的花费
    - 参观公园
    - 划船的比例
    - 骑自行车的比例
    - 机动雪车的比例
    - 露营的比例
8. 与自然环境和资源相关的具体指标包括：
    - 人均能耗
    - 能源生产/消耗比
    - 空气污染
9. 与交通和通讯相关的具体指标包括：
    - 拥有汽车的家庭
    - 拥有电话的家庭
    - 电话交谈
    - 第一类邮件[①]
    - 交通和通讯的个人支出
10. 与住房相关的具体指标包括：
    - 拥挤的住房
    - 住房所有权状况
    - 新型的独立家庭住宅
11. 与经济学相关的具体指标包括：
    - 人均 GNP

---

① 第一类邮件的英文名为 first class mail。美国邮件按投递速度分为若干类。第一类最快，邮资也最贵。

- 人均个人存款
- 女性收入占男性收入的百分比
- 基尼系数
- 作为 GNP 百分比的税收
- 贫困人口的百分比

12. 与道德和社会习惯相关的具体指标包括：

- 结婚率
- 离婚率
- 对个人未来的满意度（主观指标）
- 认为美国人/加拿大人的道德正在恶化的百分比

莫里森（Morrison，2005）在建构澳门地区的生活质量指标体系时，以国际上具有典型意义的指标体系为分析基础，对客观指标的操作化提出了具有建设性的意见。

1. 教育（例如：每个学生的支出；接受高等教育和就业；教育收入；成就感；淘汰率；出席率；科系提供；学校和大学的设置；社会流动性；识字率和识数率；教育的数量、质量和分配，对终身学习的定义，并包括更广泛关于什么人学习什么、在什么地方、什么时间、以及如何将学习贯穿整个生命周期的讨论）。

2. 就业（例如：已就业的：全职和兼职；失业和就业不足：全职和兼职；志愿的和非志愿的兼职；小时工；就业、失业和就业不足按年龄、教育、就业部门、工作年限、性别、种族和特殊需要划分；职业的类型和部门；根据政府开发和私人研究努力改善的就业结构，需要解释基本的问题如什么是"就业"和"失业"，当该数字随着时间波动时是什么意思）。

3. 能源（例如：支出；能源生产；动力传送和消耗；炭的强度、放射和污染；能源被消耗的数量和效益；采取什么做法可以减少能源消耗对环境的影响）。

4. 环境(例如:空气、水、海洋、河流、土壤和生物多样化的质量;废弃物:家庭的、工业的和商业的污染物;空气污染物;臭氧;城市环境;非建筑环境;资源:能源、水、物质材料、土地;消费者消费的产品和服务:水、电、煤气;工业;交通和堵塞;城市化;人口密度;移居;保护区域;生产—消费环节)。

5. 健康(例如:死亡率和预期寿命;疾病和疾病控制;严重的和慢性的疾病;卫生服务的支出和覆盖面;服务类型和资金流;疾病和死亡率;生理和心理服务;情感和心理卫生;什么构成"健康";全部人口的健康情况,根据年龄、种族和性别划分)。

6. 社会福利(社会服务和护理服务;服务开支;服务根据年龄和需要划分)。

7. 公民权利与义务(例如:个人权利和公众权利与自由;宗教和集会;隐私权;保护的权利;政治参与和投票的权利;反对压迫和非法拘留的自由;政治和经济权利;惩罚和监禁;平等机会和领悟力;居住、移居和公民权;政治党派的成员;代表权)。

8. 收入和财富(例如:通过人口统计的特征:年龄、教育、性别、家庭类型、种族、职业;根据人口划分统计财富、收入和资产水平;政府的、公众的、私人的、公司的、个人/家庭的收入;全职和兼职就业的关系;收入来源;贫富差距;税收水平;贫困;通过职业、性别和年龄来衡量每小时/每周/每月工资比率;通过职业和人口统计等预测收入水平的趋势;GDP;财富指标:财产;奢侈商品和非必需品;家庭收入的货币计算来反映生活水准的改变;家庭收入、财富与分配的趋势同过去 25 年来不景气和不均衡的工资增长的关联度)。

9. 基础设施(经济方面的:a)高速公路、航空、货物运输、公共汽车、小汽车、输送管道和管道服务、港口和航线;b)通讯、电话、收音机、电视机、计算机、邮政服务;c)公用事业:电、气、水、液体和固体的废弃物;社会方面的:健康、安全、教育、医疗卫生、初级和中级的卫生护理服务、消防和警察、保护和发展、公园和娱乐；人力资本；环境方面；物质基础设施对于经济的重要性，如何在国民经济核算中补充一个修订的资产账户以监控物质资产）。

10. 国家安全（例如：国家和地方：防止、制止、保护、自卫、保持和平；军用和民用；工业和科技；犯罪和惩罚；对攻击的防护；法律、司法服务，保护、实施和法津的架构；获得国家军事安全的途径，包括外交策略和军事策略，并受到公众的舆论和可察觉到对安全有所威胁的影响）。

11. 公众安全（例如：个人：物质泛滥、防止、保护、威胁和减少；意外、伤害和死亡：汽车、家庭的、公众的、职业的、火灾、轻武器、谋杀和自杀；自然灾害；保护和自卫；工作环境的卫生与安全；产品安全和消费者保护；疾病和疾病控制、健康；当要面对个人决定、公众行动、风险和环境中的危险可能导致伤害、甚至死亡等复杂的相互关系时，社会是如何有效处理个人和公众的安全）。

12. 文娱康体（例如：收入、支出、消费和吸纳；设施、科技产品和供应；社区；社会化；年龄和性别的因素；可支配时间和金钱及其使用；消遣的种类；旁观和参与活动；运动和身体活动；传媒；游戏；旅游；爱好和娱乐；音乐、艺术和戏剧；宗教活动；业余活动和专业活动；富娱乐性及易令人上瘾的物品（例如：酒类）；在社会中一步步地实现自我再造，可以使身体和心理都充满活力，通过休闲和消遣活动重新建立社会联系）。

13. 住房（例如：总量；类型；数量；居住空间；成本；私人的和公众的；拥挤度和过分拥挤度（每个房间有多少人）；共享房间（例如：工人的宿舍，或多过一个家庭共享房间）；住房拥有权；无家可归者；邻居；负担能力：价格（购买或租赁）；位置；服务（例如：水、电、电话）；空置率和占有率；按类别供应（例如：通过收入、性别、家庭规模和性质、种族和居住的状况、社会经济地位）；贫困；房屋政策如何可以影响更大范围的社会效益）。

14. 政府管治（政府的高效率和高效益；法律和审判权；国际

关系；政府对于性别的、种族的、年龄的平等施政）。

上述客观指标的设置内容十分详实，具有很强的借鉴意义。客观指标的操作化涉及的领域和内容十分庞杂，虽然学者们并没有就研究的所有维度和指标达成一致，但不可否认的是某些关键的领域和重要的、具有典型意义的指标还是频繁出现在不同的测量研究中。以上述 2 个不同地域的指标体系的客观指标操作化为例，均出现对健康、教育、环境、住房、经济等维度的关注，相关指标也多有类似。

二、主观指标的操作化

由于主观指标表达的是一种主观的、内省的、以个人体验为基础的概念，其操作化过程相对客观指标增加了更多的不确定因素。目前国外在建构主观指标时，主要涉及如下 5 大类生活领域：第一类是生理健康和人身安全；第二类是物质幸福，包括收入、住房、饮食、交通、生活环境、工作环境和公共安全；第三类是社会幸福，主要包括 2 个维度，一是人与人之间的关系（包括个人同其家庭的内部关系，以及同亲戚或更一般的朋友、熟人的关系），二是所参与的社会活动；第四类是个体的发展，包括个体所追求的工作、休闲、家庭生活、教育以及创造或贡献等功能性活动，以及在此过程中个体能力的发挥及其选择权或控制权的拥有；最后一类是情感幸福，包括感情或情绪、满意度或成就感、自尊、社会地位、宗教信仰等（王凯、周长城，2004）。对全面的生活质量的评价，即个人的总体幸福感就是从生理、物质、社会、情感以及个人的发展空间和有目的的活动等方面进行客观衡量和主观评价。主观指标的操作化与这些领域密切相关。

（一）主观幸福感

在已有文献研究中曾经出现过大量有关总体幸福感的测量。

该领域中最具影响力的分析源自安德鲁斯、威瑟以及坎贝尔等人的著作。康明斯曾经指出安德鲁斯和威瑟在 1976 年的研究中提出的问题"你对自己的总体生活感觉如何？"已经成为被广泛使用的生活质量指标（Cummins，1997b，cited in Rapley，2003）。维黑文（Veenhoven，1996，cited in Rapley，2003）则认为"使用最普遍的一个问题就是：总体而言，你认为自己有多么幸福？非常幸福、一般幸福、不太幸福，或根本不幸福？"这些调查研究表明，建构可靠的总结性指数来反映一个人对幸福的总体感觉是存在可能的。

1. 能表达的幸福感（Avowed happiness）

该指标的测量最初来自于古瑞、威若夫和费尔德发表于 1960 年的研究结论（Solomon，1983）。他们在全美国进行了有关生活质量的抽样调查，主要研究美国民众的精神健康和幸福感。由研究者直接询问被调查者是否感到快乐，问题如下："考虑到所有的事情，你将怎样描述自己的近况——是非常快乐、相当快乐，还是不怎么快乐？"在所罗门（Solomon）编辑、由联合国教科文组织出版的《生活质量：评价与测量问题》（*Quality of Life：Problems of Assessment and Measurement*）一书中，采用该指标测量的结果表明 37％的被调查者表示自己非常快乐，59％表示相当快乐，只有 4％的被调查者承认自己不太快乐（Solomon，1983）。所罗门发现这一研究结论与许多更大型的抽样，包括美国的几个全国研究的结论并没有太大差别，认为自己不太快乐的人群只占相当少的比例。

2. 安德鲁斯和威瑟的 D-T 量表（Andrew and Withey's Delighted-Terrible Scale）

安德鲁斯和威瑟试图开发出一种能够测量社会层面主观幸福感的工具。他们认为总体的幸福感反映了对不同生活领域的情感反应。1976 年的研究采用了 5,000 人左右的抽样样本，以获得各个生活领域的因素分析列表和总体生活幸福感的自陈评估报告。在研究中安德鲁斯和威瑟提出了一个被后来学者广泛采用的测量问题:"你对自己的总体生活感觉如何?"量表标度依次为快乐的(delighted)、高兴的(pleased)、大部分满意(mostly satisfied)、满意与不满意大致相等(equally satisfied and disatisfied)、大部分不满意(mostly disatisfied)、不快乐(unhappy)、极糟(terrible)。回答者要在量表上标出对应的主观评价。除了总体的评价之外,该量表还被用于某一生活领域幸福感的测量,经过技术处理之后就成为该领域生活质量状况的主观社会指标。如果用此量表对各个生活领域逐一测量,再汇总,也能够得出对总体生活质量的主观评价[①]。

3. 语义差异量表(Semantic Differential Scales)

语义差异量表又叫语义分化量表,最初由美国心理学家 C. E. 奥斯古德(Osgood)等人在研究中使用,20 世纪 50 年代后发展起来。在社会学、社会心理学和心理学研究中,语义差异量表被广泛应用于文化的比较研究、个体及群体间差异的比较研究,以及人们对周围环境或事物的态度、看法的研究等等。语义差异量表以形容词的正反意义为基础,标准的语义差异量表包含一系列形容词和它们的反义词,在每一个形容词和反义词之间有约 7~11 个区间,人们对观念、事物或人的感觉可以通过所选择的两个相反形容词之间的区间反映出来。语义差异量表已经成为一项在主观生活质量研究中被广泛使用的技术手段。

所罗门采用的语义差异量表包含 16 组形容词及它们的反义词,由 7 个区间构成,用以界定被调查者的生活特征(Solomon, 1983)。该量表假定具有高质量生活的人将倾向于用更好的词语来描述自己的生活。在量表中,每一项分值的设定都是反向的,

---

① Michael Carley. 1981. *Social Measurement and Social Indicators*. p. 40. 转引自秦斌祥、朱传一,"美国生活质量研究的兴起",《美国研究》,1988 年,第 2 期,第 146~147 页。

以减少可能出现的反应定势的影响[①]。如下所示：

表3.2   主观幸福感的语义差异量表测量

我的生活是：		
	1 2 3 4 5 6 7	
多样化的		一成不变的
有趣的		令人厌烦的
满意的		不满的
不孤单的		孤单的
井井有条的		杂乱无章的
值得的		无用的
快乐的		不快乐的
舒适的		不舒适的
有意义的		无意义的
理想的		无法忍受的
放松的		紧张的
有益的		令人失望的
充满乐趣的		难过的
愉快的		令人厌恶的
积极的		消极的
容易的		艰难的

资料来源：Solomon，E. S. 1983. *Quality of life：Problems of Assessment and Measurement. Socio-economic Studies；Vol.* 5. Paris：UNESCO. p.163.

---

① 反应定势亦称反应的方式或反应风格（response sets or styles），是指独立于测验内容的反应倾向，即由于每个人回答问题习惯的不同，而使得有相同能力的被试获得不同的分数。定势的产生既有心理的原因，也有生理的原因。例如处于某种特定生理状态的被试如饥饿、疲劳等，会产生某种单调消极的反应定势。心理因素的影响主要是由于态度、价值观和人格的不同。比如，有些受试者通常不愿选择太极端的值，或因顺从社会规范而不诚实作答，致使测量值有所误差。

总体而言,所罗门的调查呈现出令人满意的分布情况。在大多数的个案中受访者的选择偏向量表的正向积极一方,只有特殊的、非常少数的受访者认为生活是"孤单的""令人厌恶的"。

(二)生活满意度

1. 纽伽滕等人的生活满意度量表(Neugarten et al. Life Satisfaction Scale)

生活满意度量表包括 3 个独立的分量表。其一是他评量表,即生活满意度评定量表(Life Satisfaction Rating Scales),简称 LSR,由纽伽滕等人在 1961 年开发使用,被广泛用于老年人生活满意度的测量(Sirgy,2001)。测量包括一个复杂的访谈计划表,由受过专业训练的访谈员从 5 个方面计算一个由低到高的五分量表。包括:

- 对生活的热情
- 对命运的决定
- 对目标实现的渴望
- 自我概念的水平
- 一般的情绪特征

另两个分量表是自评量表,分别为生活满意度指数 A(Life Satisfaction Index A)和生活满意度指数 B(Life Satisfaction lndex B),简称 LSIA 和 LSIB。LSIA 从认知和情绪感受等方面测量个体的生活满意度,由与 LSR 相关程度最高的 20 项同意-不同意式条目组成。对每个条目回答"同意""不确定"或"不同意",得分范围是 0(满意度最低)到 20(满意度最高)。LSIB 则由 12 项与 LSR 高度相关的开放式、清单式条目组成,每个条目包括 2 或 3 个选项,得分范围是 0(满意度最低)到 22(满意度最高)。

2. 迪纳等人的生活满意度量表(Diener et al's Satisfaction with Life Scale,SWLS)

美国伊利诺伊大学心理学家爱德华·迪纳(Edward Diener)

多年来致力于研究人们对生活满意和不满意的根源。迪纳等人在 1985 年建构了该生活满意度量表，自此被全世界的研究人员视为权威，并广为使用。此量表运用个人对生活的综合性评价来测量生活满意度概念，舍弃了针对个别生活事件来测量生活满意度的模式，并兼具简明、适用于各年龄层的优点。最初设计的量表有 48 道题目，以伊利诺大学选修普通心理学的大学生为施测对象，资料经因子分析后，显示出正向情感、负向情感、满意程度 3 个构面。其中因为考察情感构面的题目及满意度的因子负荷值低于 0.6，所以将该部分问题选项删除，使原问卷剩下 10 道题目。但由于剩下的 10 道题目中有几题的语意高度相近，再删去 5 道题目，构成了最终的生活满意度量表。量表采用七点距李克特量表进行计分，范围从 1（非常不同意）、2（不同意）、3（有点不同意）、4（无意见）、5（有点同意）、6（同意）到 7（非常同意）。量表总分介于 5～35 分之间，得分越高，表示对总体生活满意度越高。问题如下所示（Diener et al., 1985）：

- 我的生活在许多方面接近我的理想。
- 我的生活状况很好。
- 我对自己的生活感到满意。
- 到目前为止，我已经得到了生活中我期望的重要东西。
- 如果我的生活能够重新来过，我几乎不会发生任何改变。

根据该量表进行的研究表明（李维，2005），约 75%～80% 的被试报告显示他们的生活满意度高于平均值，而且他们在 68% 的时间里处于积极的情绪状态。有关验证性的检测发现，"生活满意度量表"的测量显示了从中等到高度的时间信度。例如，连续 4 年的生活满意度追踪，其相关系数为 0.58；即使复测时生活满意度的报告被替换，这种相关仍为 0.52。此外，愉悦的情感和不悦的情感在多年以后继续保持一定程度的稳定性。这些研究结果表明，生活满意度虽然有可能发生变化，但从长时间的角度来看，仍保持一定的恒定状态。量表各项目与总数之间也保持了较高的相关性，如下所示：

表 3.3　生活满意度量表的项目相关

项　　目	项目-总数的相关
我的生活在许多方面接近我的理想。	0.75
我的生活状况很好。	0.69
我对自己的生活感到满意。	0.75
到目前为止，我已经得到了生活中我期望的重要东西。	0.67
如果我的生活能够重新来过，我几乎不会发生任何改变。	0.57

资料来源：李维，2005，《风险社会与主观幸福》，上海：上海社会科学院出版社，第 47 页。

3. 生活满意度反映测量（The Reflective Life Satisfaction，RLS）

生活满意度反映测量由伍德（Wood）等人于 1969 年首先使用，包括如下测量问题（Wood et al. ，1969）：

- 当我回首自己的生活时，我感觉相当满意。
- 我已经实现了很多自己在生活中的期望。
- 当我回想自己的生活时，我并没有得到大多数我希望得到的重要东西。（反向编码）
- 我已经比我认识的大多数人在生活中得到了更多的好运气。
- 不管人们说什么，许多普通人的生活过得更糟糕而不是更好。（反向编码）
- 我做的大多数事情是乏味的或单调的。（反向编码）
- 这些年来我的生活变得更好。

- 对我而言，我做的事情趣味性一如从前。
- 我像自己年轻时一样快乐。

对这些问题的回答都被记录在一个五点距的李克特量表里。1990 年的相关研究证明该量表可靠性系数达到了 0.65（Sirgy，2001）。

4. 生活满意度的需求等级测量（The Need Hierarchy Measure of Life Satisfaction）

西尔盖（M. Joseph Sirgy）等人基于马斯洛的需要层次理论提出了一种总体生活质量测量。题目使用了 4 种需求类型（生存需求、社会需求、自我需求、自我实现需求），问题如下（Sirgy and Samli，1995）：

- 拥有安全感。
- 给予（和接受）他人帮助的感觉。
- 发展亲密友谊的感觉。
- 处于所知之中的感觉。
- 一个人对自己的自尊（自豪）感。
- 一个人对自己的声望（名誉）的感觉。
- 经历过独立思考和行动的感觉。
- 决定自己的生命历程的感觉。
- 经历个人成长和发展的感觉。
- 经历自我实现的感觉。
- 拥有有价值成就的感觉。

受访者要根据如下 2 个七点距量表对上述 11 个问题做出逐一回答：

- "现在是多少分？最小 1 2 3 4 5 6 7 最大"。
- "应该是多少分？最小 1 2 3 4 5 6 7 最大"。

第四章　个体层面的生活质量
　　　　　指标体系

第一节　经典理论阐述

生活质量研究需要理论的指导。早在 30 多年前，社会指标和生活质量研究领域最具权威的学者卡利（Carley）就曾经指出，人们总是试图建构各种社会指标和测量体系，但对生活质量的理论研究却漠不关心（Carley，1981，cited in Sirgy，1986）。他认为社会科学家们应该从评估社会指标转变到关注生活质量理论的发展与界定上来。如果没有理论的支持，那么现存各种社会指标体系中的建构有效性等问题就会越来越多的出现。然而时至今日，问题似乎并没有太多改观。与浩如烟海的各级各类指标体系相比，生活质量的理论建构一直处于徘徊不前的状态。因此要想从纷繁的研究文献中提炼出与个体层面相关的经典理论，并非一件易事。与对群体层面生活质量研究人们已经达成诸多共识不同，个体层面的生活质量研究，尤其是主观范畴的研究很少从具体理论出发或由理论加以指导。此外，即使零星出现的理论也常常各自为政，无法形成一个有机协调的综合概念框架。由此便造成了虽然各项研究层出不穷，但是却各云其事，无法进行有效比较的现状。但是即便如此，我们依然能够发现一些对个体层面生活质量研究产生直接或间接深远影响的理论思想。

一、米克劳斯的多重差异理论

自从 1974 年发起创办《社会指标研究》杂志（*Social Indicators Research*），米克劳斯（Alex C. Michalos）已经成为社会指标和生活质量研究领域最富国际影响力的学者之一，该杂志也在其精心培育下成为业界的学术权威。米克劳斯 1965 年从芝加哥大学获得哲学博士学位，现为北英属哥伦比亚大学（University of Northern British Columbia）的政治学名誉教授、社会研究与评价协会主任，并曾当选为加拿大皇家学院人文社会科学学会（the Academy of Humanities and Social Sciences of the Royal Society of Canada）和国际生活质量研究协会的主席。他学术视野开阔，思维敏锐，著述颇丰，曾经出版 22 部著作，发表超过 90 篇期刊论文，并且是 6 本学术期刊的创刊人或者合作创刊人。

在《生活质量文集》（*Essays on the Quality of Life*）一书中，米克劳斯收录了 19 篇已经发表或尚未发表的生活质量研究论文，对自己将近 30 年的研究生涯进行了一个回顾，并且再次详细阐述了自己提出的多重差异理论（Multiple Discrepancies Theory，MDT）。鉴于在生活质量调查研究中的广泛应用，多重差异理论越来越显著地发挥出重要的学术价值。经过米克劳斯在 1985 年和 1991 年对该理论的修正与发展，它不但可以利用"社会事实"（social facts）（结构变量和社会价值与标准），而且还可以通过现实社会结构的整合过程，来解释主观幸福感的变化（Jacob and Brinkerhoff，1999）。

（一）简单差距解释理论

在介绍多重差异理论之前有必要首先回顾一下在幸福感和满意度研究中经常会涉及到的"差距解释理论"，两者在某种程度上有着一脉相承的关系。各种差距理论的一般形式均为：在两件事情之间，人们感受到差距（差异），幸福感和满意度就是由这些差距决定的，是差距的函数，或者说可以用差距来解释人们的幸福感和满意度。在过去的文献里，至少存在6种不同的差距解释理论（Michalos，1990）。

第一，"目标—实现差距理论"。该理论把幸福感和满意度当作一个人已具有的和他希望具有的差距的函数。因为有多种方式可以表达一个人所希望具有的东西，所以当谈及感受的差距时，我们把它限定为如下范畴之间的差距：现有的和希望有的，现有的和追求的，现有的和目标的，现有的和渴望的。因为极易混淆，所以米克劳斯通常把这种模式的差距理论称为"目标—实现差距理论"。

第二，"理想—现实差距理论"。该理论把幸幅感和满意度当做一个人实际具有的和他理想的差距的函数，故称之为"理想-现实差距理论"。另外，这种模式的差距也可指人实际具有的和称心如意的或更可取的之间的差距。人们也许会注意到在人希望具有的和他认为是理想的、更可取的或称心如意之间存在着差别。的确，前面这两种差距理论是有异同的。其共同之处在于：都是把相对来讲较易描述的事情（"现实的境况"）和相对来讲不易描述的事情（"更好的境况"）作比较。其不同之处在于：第一种情况中更好的境况是因人而异的，掺杂着个人的喜好和需求等；第二种情况中这个更好的境况是为大家所公认的，例如每个人都认为这是一种理想的境况。

第三，"期望—现实差距理论"。其差距是指个人的现实境况和期望境况之间的差距，故称为"期望-现实差距理论"。它与前面两种理论的主要差异在于：差距的两端相对来讲都是较易描述的。在这种理论中不存在称心如意或更好的这类问题，它只是把个人对可能性的估计与真实发生的情况作比较。

第四，"最佳体验参照理论"。其差距是指人现有的与过去最佳的之间的差距，简言之，称为"最佳体验参照理论"。

第五，"社会参照理论"。其差距是指个人现有的与其他有关的人或群体现有的之间的差距。在以前的文献里，这种理论又被称为"相对剥夺理论""社会参照理论"或"参照群体理论"。

第六，"个人—环境—拟合理论"。这是一系列理论的综合，其差距是指个人的某一主观特质和其所处环境特质之间的差距，故通常称这种理论为"个人—环境—拟合理论"或"协调理论"。为了与前四种理论区别开来，需要指明的是，在前四种理论里，目标、理想、期望或个人最佳体验都不含有个人特质这个因素。该理论与第五种理论的差异也是很明显的，因为它既有个人特质又不存在参照群体。简言之，可以把不符合前五种理论的情况归入到第六种理论中，即我们可以把第六种理论看作统计分类中的"其他"这一类。

（二）多重差异理论

多重差异理论是米克劳斯在 20 世纪 80 年代提出的一种用于生活满意度和幸福感研究的理论模型。他将差距理论的假设应用到生活总体幸福感、生活总体满意度及 15 个领域满意度的研究中，并在不同人口背景情况下成功验证了理论假设的有效性。多重差异理论与简单差距解释理论的主要区别在于，前者是对后者几种假设的综合运用。在这一点上，米克劳斯特别指出：尽管并没有哪位学者如自己一样，将如此众多的假设结合在一起，或者说是形成一种系统的多重差异理论，但是在此之前已经有一些学者提出了两个或者更多一些的差异假设联系，而自己最初正是沿袭了坎贝尔、康弗斯、罗杰斯、安德鲁斯和威瑟的研究思路（Michalos，2003）。图 4.1 即是坎贝尔等人提出的模型，其要旨是：满意度用"目标—实现差距"来解释，而"目标—实现差距"本身又由"社会参照差距""现有的与最佳体验之间的差距"和其他一些相对不重要的差距来解释(Michalos,1990)。因为这种理论的特质是运用了多重差异或差距,所以米克劳斯称之为多重差异理论。

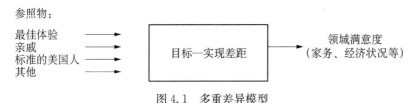

图 4.1　多重差异模型

资料来源:A. 米克劳斯,韦鲁英译,"生活质量的国际研究",《国外社会科学》,1990年,第 4 期,第 64 页。

多重差异理论的基本假设有如下 6 个(Michalos,2003):

假设 1:报告的净满意度(reported net satisfaction)是一个人所拥有的与他想要的、相关他人拥有的、过去最佳的、三年前期望的、五年后期望的、值得的和需要的之间的可感差异的函数。

假设 2:所有的可感差异,除了一个人所拥有的与想要的之间的可感差异外,都是客观现实可测量差异的函数,也都能对满意度和行为产生直接影响。

假设 3:一个人所拥有的与想要的之间的可感差异是所有其他可感差异与报告的净满意度之间的中介变量(mediating variable)。

假设 4:对净满意度的追求和保持会激发人类行为,与净满意度的可感期望水平成正比。

假设 5:所有的差异、满意度和行为都直接或间接地受到年龄、性别、教育、种族、收入、自尊和收入的影响。

假设 6:客观的可测量差异是人类行为与外界状况的函数。

假设 1 指出了 7 种不同的可感差异。这 7 种可感差异分别有着各自不同的、或源远流长或新近发展的学术起源(Michalos,

2003）。有关净满意度是一个人所拥有的与他想要的之间的可感差异或者差距的函数的理念，至少可以追溯到公元前 300 年希腊哲学家芝诺（Zeno of Citium）①的思想。而净满意度是一个人所拥有的与相关他人拥有的之间的可感差异的函数的思想也早在耶稣诞生之前，即公元前一个世纪的亚里士多德的《政治学》中就可以发现相关阐述。相比较而言，其他几种差异理论大多数是随着近现代心理学、社会学理论研究的不断发展，于上个世纪50 年代以后逐步完善起来。米克劳斯指出在假设 1 中提到的满意度是由被调查者报告的满意度，因为用于检验多重差异理论的调查，其研究过程必须依赖于被调查者的自我报告。因此尽管有时候研究常常省略报告二字，但是从严格意义上讲则不可或缺。

假设 2 则强调了本体现实主义者（ontological realist）或客观主义者（objectivist）的假设，即这是一个相对独立于个体的世界，所包容的事情或多或少的具有客观可测量属性，而这些属性也是或多或少可以进行客观比较的（Michalos，2003）。例如，根据假设 2，一个人的收入与某个相关他人的收入之间的可感差异，在某种程度上是一个现实的或者客观的可测量差异的函数；对温饱的需求与获得之间的可感差异，在某种程度上也是现实的或客观的可测量差异的函数，诸如此类等等。假设 2 还特别强调了客观可测差异对净满意度和人类行为都具有直接影响。

假设 3 相对更加直接一些，认为一个人所拥有的与想要的之间的可感差距在所有其他可感差距与净满意度之间充当了调节者的角色。这一假设已经被坎贝尔、康弗斯等人的研究所证实。综合假设 1 和假设 3 表明，可感差异对报告的净满意度具有直接

---

① 芝诺：Zeno of Citium，西提姆的芝诺，大约生于公元前 340 年至公元前 265 年之间，希腊的哲学家，斯多葛派的创始人。

和间接的(调节的)影响(Michalos,2003)。

假设4将净满意度与人类行为以一种相当传统的功利主义方式联系在一起。假设4进行的研究与功利主义讨论中的传统研究之间的主要区别就在于,前者并没有以效用、快乐、满意度或偏好作为研究的起始点(Michalos,2003)。从18世纪夏夫兹博里(Shaftesbury)的原始功利主义,到新近20世纪80年代海萨尼(Harsanyi)的复杂功利主义,无不从某种既定的、情绪满溢的(affect-laden)态度或利益,如偏好作为研究的开始,然而多重差异理论恰恰是被设计用来打破和解释这一功利主义的基础的(Michalos,2003)。

根据假设5,某些人口因素和调节因素会直接和间接影响差异。尽管这些因素并未被发现可以相对有力地预测满意度,但是它们确实拥有一定影响。一般而言,在报告的净满意度中,大概有10%的变化可以用人口统计变量来解释(Michalos,2003)。许多典型研究已经证明年龄、性别、教育、种族、收入对满意度和幸福均会产生影响。而这些变量中的一个或多个变量与总体生活满意度以及某些具体领域的满意度也有相关性。

假设6表明人类行为,尤其是个人行为,会对这个人的客观可测量差异产生直接影响,如前面所谈到的人口因素和调节因素。

综合上述分析可以发现,多重差异理论的基本假设指的是没有指明线性或非线性的函数关系。例如,公平理论家和人口-环境适应理论家就倾向于用U形关系来预测和发现报告的净满意度和自变量之间的关系(Michalos,2003)。如图4.2所示,米克劳斯进一步用图形展示了多重差异理论的基本原理。

米克劳斯将多重差异理论应用到多项调查研究中,均取得了很理想的研究结论。其中在1983年的研究表明(Michalos,1990):用12个领域满意度(健康状况满意度、家务满意度等)和7个人口统计特征(年龄、性别等)做自变量,共解释了生活总体满

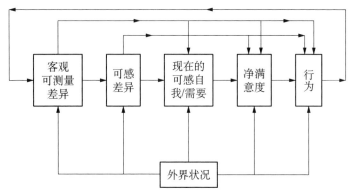

图 4.2　多重差异理论

资料来源：Alex C. Michalos，2003. *Essays on the Quality of Life*. Dordrecht；London；Boston：Kluwer Academic Publishers. p. 422.

意度变差的 53％、生活总体幸福感变差的 36％。而如果仅仅使用 3 个差距变量（"目标-实现差距""社会参照差距""现有的与最佳体验之间的差距"）就可以解释生活总体满意度变差的 45％、生活总体幸福感变差的 38％（北部社区样本）。3 个差距变量对总体满意度的解释力是其它 19 个变量的 85％，对总体幸福感来说，是 106％。因此，米克劳斯认为从简洁和相对解释效力（变量对变量）的角度来看，多重差异理论是极为有效的。

二、马斯洛的需要层次理论

亚伯拉罕·哈洛德·马斯洛（Abraham Harold Maslow，1918～1970 年）是美国著名的哲学家、社会心理学家、人格理论家、比较心理学家，人本主义心理学的主要创始人。他的主要著作有《动机论》《自我实现的人》《动机与个性》《在人的价值中的新认识》《科学的心理学》和《一种存在的方式》等。与弗洛伊德类似，马斯洛是一位对人类产生深远影响的天才心理学家。《纽约时报》曾经对其给予高度评价："马斯洛心理学是人类了解自己过程中的一块里程碑。"还有人这样评价他："正是由于马斯洛的存在,做人才被看成是一件有希望的好事情。在这个纷乱动荡的世界里,他看到了光明与前途,并把这一切与我们一起分享。"①

马斯洛的学说不仅具有重要的理论价值,而且具有重要的实用价值。他坚信人有能力创造出一个对整个人类及每个人来说是更好的世界,坚信人有能力实现自己的潜能和价值,即达到自我实现。在心理学上,他的最大贡献在于领导了著名的第三思潮运动。他提出的需要层次理论和自我实现理论已经成为人本主义心理学最重要的理论之一。时至今日,马斯洛的很多思想依然为人们所津津乐道,其中最富盛名、也最为国内学者熟知的当属需要层次理论(the Need Hierarchy Theory),又可称为需求层次理论、需求等级理论等。马斯洛在 1943 年发表的《人类动机的理论》(*A Theory of Human Motivation Psychological Review*)一书中首次提出了需要层次理论。该理论的构成依据 4 个基本假设:

- 只有未满足的需要能够影响行为,满足了的需要不能充当激励工具。人们总是在力图满足某种需求,一旦一种需求得到满足,就会被另一种需要取而代之。
- 大多数人的需要结构很复杂。人要生存,无论何时都有许多需求影响行为。
- 人的需要按重要性和层次性排成一定的次序,从基本的(如食物和住房)到复杂的(如自我实现)。一般来说,只有在较低层次的需要得到最低限度满足之后,较高层次的需要才会有足够的活力驱动行为。如此逐级上升,成为推动继续努力的内在动力。

----

① (美)马斯洛著,刘烨编译,2005,《马斯洛的智慧(马斯洛人本哲学解读)》,北京:中国电影出版社,第 1~2 页。

● 满足较高层次需要的途径多于满足较低层次需要的途径。

（一）需要层次的划分[①]

马斯洛把人的需要描述成具有 5 个层次的金字塔，具体如下图所示：较低层次到较高层次依次为生理需要、安全需要、社交需要（对归属和爱的需要）、尊重需要和自我实现需要 5 类。

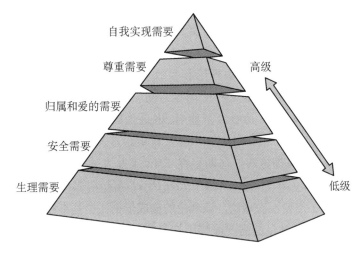

图 4.3　马斯洛的需要层次理论示意图

1. 生理需要

这是人类维持自身生存的最基本要求，也是最原始的需要，包括饥、渴、衣、住、性等方面的要求。若不满足，则有生命危险。也就是说，它是最强烈的、不可或缺的、最底层的需要。显然，这种生理需要具有自我和种族保护的意义，以饥渴为主，是人类个体为了生存而必不可少的需要。当一个人存在多种需要时，例如同时缺乏食物、安全和爱情，总是缺乏食物的饥饿需要占有最大

_____

① ［美］马斯洛著，刘烨编译，2005，《马斯洛的智慧（马斯洛人本哲学解读）》，北京：中国电影出版社，第 28～30 页。

的优势。这充分表明当一个人为生理需要所控制时,那么其他一切需要都被推到幕后。中国古代的《管子·牧民》中也早有类似的评说,"仓廪实而知礼节,衣食足而知荣辱",可见人们在转向较高层次的需要之前,总是首先尽力满足最基本的需要。在此意义上说,生理需要是推动人类行动的最强大的动力。马斯洛认为,只有这些最基本的需要满足到维持生存所必需的程度后,其他的需要才能成为新的激励因素。而到了那时,这些已相对满足的需要也就不再成为激励因素了。

2. 安全需要

安全需要是人类要求保障自身人身安全、劳动安全、职业安全、生活稳定、希望免于灾难、免遭痛苦、威胁或疾病、希望未来有保障等方面的需要。具体可以表现在:①物质上的:如操作安全、劳动保护和保健待遇等;②经济上的:如失业保障、意外事故保障、养老保障等;③心理上的:希望解除严酷监督的威胁、希望免受不公正待遇、工作有应付能力和信心。马斯洛认为,人的整个有机体是一个追求安全的机制,人的感受器官、效应器官、智能等主要是寻求安全的工具,甚至可以把科学和人生观都看成是满足安全需要的一部分。当然,一旦这种需要获得相对满足后,也就不再成为激励因素了。

3. 社交需要

社交需要也叫归属与爱的需要,是指个人渴望得到家庭、团体、朋友、同事的关怀爱护和理解,是对友情、信任、温暖、爱情的需要。社交的需要比生理和安全需要更细微、更难捉摸。它包括:①社交欲:希望和同事保持友谊与忠诚的伙伴关系,希望得到互爱等;②归属感:希望有所归属,成为团体的一员,在个人有困难时能互相帮助,希望有熟识的友人能倾吐心里话、说说意见,甚至发发牢骚;③爱的需要:爱不单是指两性间的爱,而是广义的,体现在互相信任、深深理解和相互给予上,包括给予和接受爱。社交需要与个人性格、经历、生活区域、民族、生活习惯、宗教信仰等都有关系，这种需要是难以察悟、无法度量的。当生理需要和安全需要得到满足后，社交需要就会凸现出来，进而产生激励作用。在马斯洛的需要层次中，这一层次是与前两个层次截然不同的另一层次。

4. 尊重需要

尊重需要既包括对成就或自我价值的个人感觉，也包括他人对自己的认可与尊重，可分为自尊、他尊和权力欲三类。自尊心、自信心、对独立、知识、成就、能力的需要等都可以视为尊重需要的范畴。尊重需要也可以分为：①渴望实力、成就、适应性和面向世界的自信心以及渴望独立与自由；②渴望名誉与声望。声望为来自别人的尊重、受人赏识、注意或欣赏。满足自我尊重的需要导致自信、价值与能力体验、力量及适应性增强等多方面的感觉，而阻挠这些需要将产生自卑感、虚弱感和无能感。尊重需要在工作领域表现得较为突出。有尊重需要的人往往希望别人按照他们的实际形象来接受他们，并认为他们有能力，能胜任工作。他们关心的是成就、名声、地位和晋升机会。这是由于别人认识到他们的才能而得到的。当他们得到这些时，不仅赢得了尊重，而且因对自己价值的满足而充满自信。不能满足这类需要，就会使他们感到沮丧。如果别人给予的荣誉不是根据其真才实学，而是徒有虚名，也会对他们的心理构成威胁。一般而言，尊重需要很少能够得到完全的满足，但基本上的满足就可产生推动力。

5. 自我实现需要

自我实现需要是最高等级的需要。自我实现需要的目标是自我实现，或是发挥潜能。达到自我实现境界的人，接受自己也接受他人，解决问题能力增强，自觉性提高，善于独立处事，要求不受打扰地独处。满足这种需要就要求完成与自己能力相称的工作，最充分地发挥自己的潜在能力，成为所期望的人物。这是一种创造的需要。有自我实现需要的人,似乎在竭尽所能,使自己趋于完美。自我实现意味着充分地、活跃地、忘我地、全神贯注地体验生活。人要满足这种尽量发挥自己才能的需要,应该已在某个时刻部分地满足了其它层次的需要。当然期望自我实现的人也可能过分关注这种最高层次的需要的满足,以至于自觉或不自觉地放弃满足较低层次的需要。

（二）基本理论观点①

1.5 种需要像阶梯一样从低到高,按层次逐级递升。只有低一层需要获得满足之后,高一层的需要才会产生,但次序不是完全固定的,可以变化,也有种种例外情况。例如,创造性强的人的创造驱力比任何其它需要都更为强烈。

2. 人的最迫切的需要才是激励人行动的主要原因和动力。一般来说,某一层次的需要相对满足了,就会向高一层次发展,追求更高一层次的需要就成为驱使行为的动力。相应的,获得基本满足的需要就不再是一股激励力量。具体而言,在高层次的需要充分出现之前,低层次的需要必须得到适当的满足。低层次的需要基本得到满足以后,它的激励作用就会降低,其优势地位将不再保持,高层次的需要会取而代之成为推动行为的主要原因。

3.5 种需要可以分为高低两级,一级是沿生物谱系上升方向逐渐变弱的本能或冲动,称为低级需要和生理需要;一级是随生物进化而逐渐显现的潜能或需要,称为高级需要。其中生理上的需要、安全上的需要和感情上的需要都属于低一级的需要,这些需要通过外部条件就可以满足;而尊重的需要和自我实现的需要是高级需要,它们是通过内部因素才能获得满足,而且一个人对

---

① 根据《全球品牌网:知识管理系列培训教程——人力资源管理》(电子图书)中"需求层次理论"的相关内容整理而成,http://www.globrand.com/onlinebook/managebook/hr/dir3.htm。

尊重和自我实现的需要是无止境的。这 5 种需要不可能完全满足，愈到上层，满足的百分比愈少。同一时期，一个人可能有几种需要，但每一时期总有一种需要占支配地位，对行为起决定作用。任何一种需要都不会因为更高层次需要的发展而消失。各层次的需要相互依赖和重叠，高层次的需要发展后，低层次的需要仍然存在，只是对行为影响的程度大大减小。高层次的需要比低层次的需要具有更大的价值。热情是由高层次的需要激发。人的最高需要即自我实现就是以最有效和最完整的方式表现自己的潜力，惟此才能使人得到高峰体验。人的 5 种基本需要在一般人身上往往是无意识的。对于个体来说，无意识的动机比有意识的动机更重要。对于有丰富经验的人，通过适当的技巧，可以把无意识的需要转变为有意识的需要。

4. 马斯洛和其他的行为科学家都认为，一个国家多数人的需要层次结构是同这个国家的经济发展水平、科技发展水平、文化和人民受教育的程度直接相关的。在不发达国家，生理需要和安全需要占主导的人数比例较大，而高级需要占主导的人数比例较小；在发达国家，则刚好相反。在同一国家不同时期，人们的需要层次会随着生产水平的变化而变化，戴维斯（K. Davis）曾就美国的情况做过估计。如下表所示：

表 4.1   需要种类百分比列表

需要种类	1935 年百分比	1995 年百分比
生理需要	35％	5％
安全需要	45％	15％
感情需要	10％	24％
尊重需要	7％	30％
自我实现需要	3％	26％

资料来源：http://www.globrand.com/onlinebook/managebook/hr/496.htm。

（三）理论的发展完善

1970 年马斯洛在新版书中将需要层次进行了补充,增加至如下 7 个层次[①]:

- 生理需要:指维持生存及延续种族的需要;
- 安全需要:指希求受到保护与免于遭受威胁从而获得安全的需要;
- 归属与爱的需要:指被人接纳、爱护、关注、鼓励及支持等的需要;
- 自尊需要:指获取并维护个人自尊心的一切需要;
- 知的需要:指对己对人对事物变化有所理解的需要;
- 美的需要:指对美好事物欣赏并希望周遭事物有秩序、有结构、顺自然、循真理等心理需要;
- 自我实现需要:指在精神上臻于真善美合一人生境界的需要,亦即个人所有需要或理想全部实现的需要。

7 个层次的需要分为两大类,较低的前 4 层称为基本需要,较高的后 3 层称为成长需要。基本需要有一共同性质,均系由于生理上或心理上有某些欠缺而产生,故而又称匮乏性需要。较高层次的需要是后来才发展出来的,就像生物的进化一样。需要的层次愈高,其完全存在的可能性愈低。生活在高需要层次的人意味着其物质性的事物较充分、较长寿、较少生病、睡得较好、胃口较佳。高层次的需要强度较弱,而且得来的满足是较为主观的,例如非常幸福、心情十分平稳等。当个人的环境(经济、教育等环境)较好时,较易满足高层次的需要,也愈可能接近自我实现的目标。

---

① 部分参见［美］弗兰克·戈布尔著,吕明、陈红雯译,2001,《第三次浪潮——马斯洛心理学》,上海:上海译文出版社,第 40～47 页;以及《MBA 智库百科》中"亚伯拉罕·马斯洛"的相关内容,http://wiki.mbalib.com/。

（四）对生活质量研究的深远影响

马斯洛的需要层次理论，在一定程度上反映了人类行为和心理活动的共同规律。从人的需要出发探索激励因素、研究人的行为，抓住了问题的关键，指出人的需要是由低级向高级不断发展的过程。这样一种发展趋势理念与生活质量所关注的社会个体的发展与进步存在不谋而合之处。从某种意义上说，个体层面的生活质量测量就是强调自由、资源、自主、自我实现的可能性。这种个体主义的研究视角一直以来都受到以马斯洛为代表的社会心理学家的重要影响。很多学者在从事生活满意度的研究时沿袭了马斯洛的分析思路，从个体主义立场出发，研究不同层面个体需要的满足程度，并且将个人成长和自我实现作为衡量高质量生活的重要内容。

西尔盖(M. Joseph Sirgy)认为一个全面的生活质量理论必须回答以下这些问题：(1)生活质量的目标是什么？不同的社会是否有不同的目标？(2)为达到生活质量目标要设立哪些社会机构？(3)最有利于这些社会机构的最佳社会结构是什么？他从马斯洛的需要层次概念出发，以 6 个理论命题的方式对上述问题进行了阐述(M·约瑟夫·舍杰,1987)[1]。

命题 1：生活质量的目标是有层次的，从低级的生理和安全的目标到高级的心理目标。其中，低级目标比高级目标更具优势。因此，

$$QOL_k = f(\sum X_{1ik})$$

$$当 X_{1k} = f(\sum Y_{1ik}, \sum X_{2ik})$$

$$当 X_{2k} = f(\sum Y_{2ik}, \sum X_{3ik})$$

---

[1]   西尔盖(M. Joseph Sirgy)与 M·约瑟夫·舍杰为同一人名的不同译法。

$$当\ X_{3k} = f(\sum Y_{3ik},\ \sum X_{4ik})$$

$$当\ X_{4k} = f(\sum Y_{4ik},\ \sum X_{5ik})$$

$$当\ X_{5k} = f(\sum Y_{5ik})$$

X_{1ik}＝人们(k)中个人(i)的自我实现需求(1)的满足水平

Y_{1ik}＝为人们(k)自我实现需求(1)服务的机构(j)的生产水平

X_{2ik}＝人们(k)中个人(i)的尊重需求(2)的满足水平

Y_{2ik}＝为人们(k)尊重需求(2)服务的机构(j)的生产水平

X_{3ik}＝人们(k)中个人(i)的社会需求(3)的满足水平

Y_{3ik}＝为人们(k)社会需求(3)服务的机构(j)的生产水平

X_{4ik}＝人们(k)中个人(i)的安全需求(4)的满足水平

Y_{4ik}＝为人们(k)安全需求(4)服务的机构(j)的生产水平

X_{5ik}＝人们(k)中个人(i)的生理需求(5)的满足水平

Y_{5ik}＝为人们(k)生理需求(5)服务的机构(j)的生产水平

命题2：社会机构的建立是为人类发展的需求服务的。有为人类的生理需求服务的(如供水系统、公共事业、农业)；为安全需求服务的(如卫生部门、警察局、应付紧急情况的部门、司法部门)；为社交需求服务的(如闲暇时间、娱乐设施、社会产品和社会服务)；为尊重需求服务的(如就业服务、组织内部的服务部门)；为自我实现需求服务的(如艺术、理论、美学)。命题1说明了生活质量是一个社会全体成员的需求满足，而命题2说明社会机构是为总体社会的特定需求服务的。更确切地说，命题2从发展的观点出发，根据不同层次的人类需求，对社会机构进行分类。

命题3：对那些其多数成员主要是在满足低级需求的社会来说，反映了生产和销售主导(或在较低程度上的市场主导)的生产的社会结构能为之创造中等水平的生活质量。而对那些其多数成员主要是在满足高级需求的社会来说，体现了社会市场主导的生产的社会结构能为之创造高水平的生活质量。

命题4：对那些其多数成员在致力于满足低级需求的社会来说，强调基础教育或训练的维持性社会结构会产生中等水平的生活质量。而对于那些其多数成员在致力于满足高级需求的社会来说，既强调基础教育和训练，又强调创造性教育和训练的维持性社会结构能产生高水平的生活质量。

命题5：对那些其多数成员在致力于满足低级需求的社会来说，权力集中于公共机构的(即社会主义的)政治社会结构能为之创造中等水平的生活质量。而权力在公共机构和私人机构之间平均分配的(即社会民主的)政治社会结构能为那些其多数成员在满足高级需求的社会创造高水平的生活质量。

命题6：对那些其多数成员在致力于满足低级需求的社会来说，运用知识(或在较低程度上传播知识)的适应性社会机构能为之创造中等水平的生活质量。而传播知识(或在较低程度上创造知识)的适应性社会结构则可以为那些其多数成员在致力于满足高级需求的社会创造高水平的生活质量。

西尔盖等人在后续的研究中继续发展了马斯洛的需要层次理论，以4种需求类型：生存需求、社会需求、自我需求、自我实现需求为基础测量总体生活质量，即在第三章中提到的生活满意度的需求等级测量(The Need Hierarchy Measure of Life Satisfaction)，此处不再赘述。

埃瑞克·阿拉德(Erik Allardt)根据基本需要满足的原理提出了另外一种用于生活质量研究的理论方法。阿拉德将人的基本需要分为3个层次(Allardt，1993)：物质的需要(Having)、爱的需要(Loving)和自我成就的需要(Being)。人类的需要既包括物质的需要，同时也涵盖非物质的需要。其中，"物质的需要"指的是物质的、非情感的满足，对于个体的生存和避免灾祸必不可少,通常包括经济资源、住房状况、就业、工作状况、健康和教育。"爱的需要"指的是与社会联系的需要,包括在当地社区的联系与交往、友谊、与组织或群体中成员的社会关系、与同事的关系等等,主要的主观指标是幸福感。"自我成就的需要"指的是与自然和社会和谐相处的需要,包括参与政治活动、参与享受自然的活动、决定自己的生活、热爱生命等等。

第二节　热点命题与指标关联性

一、收入与主观幸福感的命题

梵文经典《奥义书》中曾经记录了一个名叫玛翠伊的妇女和她的丈夫亚纳瓦克亚讨论财富的故事。故事大约发生在公元前 8 世纪,玛翠伊很想知道如果整个世界的财富都属于她一个人,她能否通过财富实现长生不老。"不可能,"亚纳瓦克亚回答,"你的生活会像别的富人的生活一样。但是别指望通过财富实现长生不老。"玛翠伊评论道,"那么,我要那些不能让我长生不老的财富干什么?"①

玛翠伊的诘问在印度宗教哲学中一遍又一遍地被引用,很显然在遥远的公元前 8 世纪讨论这样一个关于财富的话题具有特殊的意义。玛翠伊追寻所谓长生不老的生活,正是在她眼中幸福生活的核心所在。即便在当今社会,长生不老被更加现实的目标——健康长寿所取代,对生命的关注依然是提高生活质量、创造幸福生活的重要内容。当然,财富与幸福的故事并不总是哲学讨论的范畴,一直以来也是个体层面生活质量研究十分重视、同

---

① 〔印〕阿马蒂亚·森著,任赜、于真译,2002,《以自由看待发展》,北京:中国人民大学出版社,第 9 页。

时也是争议不断的核心命题。大体而言，有关这类命题的研究可以分为两类(Phillips, 2006)：一类是在某一个国家之内分析主观幸福感与具体每一个社会成员的收入之间的关系；另一类则是分析一国之内所有社会成员的平均主观幸福感与该国国民收入之间的关系。很显然，前者属于本章讨论的个体层面生活质量研究的范畴，后者则属于第五章群体层面研究的范畴。

财富、货币是整个人类社会生活最重要的、必不可少的组成部分。人们穷其一生、耗费无尽的精力与体力在赚取金钱、消费金钱。无论是在富裕的西方发达国家，还是在贫穷落后的发展中国家，经济发展总是能够吸引社会成员的关注热情，甚至在很多国家成为头等重要的国家政策。然而收入越多，人们就越快乐吗？答案也许并不像人们想象的那样简单。

迪纳等人的研究发现在不同国家内部，对于社会成员来说，收入与主观幸福感之间仅仅存在着微弱的联系，虽然已经通过了统计学上的显著性检验，但是相关度并不是很强(Phillips, 2006)。迪纳等人在《社会指标研究》上专门发表了一篇题为《金钱可以增加主观幸福感吗？》(*Will Money Increase Subjective Well-Being?*)的文章全面深入地探讨了这样一个命题。大量研究表明如果生活十分困顿的话，更高的收入或许可以使人们更加快乐。因此，从某种程度上说，生活在一个富裕的国家将增加人们获得幸福的机会。但是从另一方面看，对于大量金钱的强烈渴望很可能会妨碍人们获得更高水平的主观幸福感体验。而如果处于中产阶级或更高的社会阶层，并且生活在一个富裕国家，那么获得更多的收入并不大可能显著提高人们的主观幸福感(Diener and Biswas-Diener, 2002)。事实上，有些研究还发现收入增加会预测到更低的幸福感。例如，人们发现收入增长会导致更高的离婚率(Clydesdale, 1997)、更大的压力(Thoits and Hannan, 1979)、更低的总体幸福感(Diener et al., 1993)等等

(Diener and Biswas-Diener，2002）。因此学者建议人们对某些物质目标进行重新定位，从获取金钱转向享受工作的过程和对社会的贡献。人们应该充分意识到过分看重财富会对快乐产生副作用，而且收入不断增加也会带来诸如压力之类的威胁。而对于那些生活在贫困国家或者处于富裕国家社会底层的人来说，即使他们付出了艰辛努力，可能依然收入微薄，这时增加收入会对他们产生相对重要的积极影响。因此应该寄希望于通过改变公共政策和提高个人的积极主动性，使他们过上更加富裕幸福的生活。阿盖尔（Argyle）也得出了类似的结论，收入对快乐具有复杂的、通常是微弱的影响。他发现仅仅在收入量表的更低一端，收入才会对快乐有很小的正面影响（Argyle，1999，cited in Phillips，2006）。

　　总体而言，在个体层面的生活质量研究中，越来越多的证据似乎表明收入与主观幸福感之间虽然存在相关关系，但是在低收入人群中二者之间的相关关系要高于高收入人群。在对近年来相关文献研究进行整合之后，菲利普得出如下结论（Phillips，2006）：

- 在过去的50年中，发达国家国民财富的增加并没有导致主观幸福感的任何显著提高。
- 在更为贫穷的国家，主观幸福感会随着收入的增加而获得提高。
- 那些对财富和金钱有着更加强烈渴望的人往往比其他人更不快乐。
- 在一国之内，财富差异与快乐之间显示出一种正向相关关系，但是很微弱。
- 如果与同辈群体或地位相当的人相比，以相同的速度增加财富，那么人们的主观幸福感并不必然提高，但是如果财富增加的速度高于后者，那么人们就可能会感觉更幸福。

反之，如果同辈群体或地位相当的人变得更加富有而自己却止步不前，必定会降低人们的主观幸福感。

二、健康与生活质量的命题

生活质量研究范畴的拓展使得很多相关分支领域获得了充分发展，其中最典型的例子莫过于对健康问题的研究，甚至催生了一个新的专业术语——"与健康相关的生活质量"（Health-Related Quality of Life，HRQOL）。健康从一个最初医学领域探讨的专业话题，跨界到不同学科、不同领域，也逐渐实现了研究内涵与外延的拓展。

按照传统医学的定义，贝克尔（Becker）认为健康是一个有机体或有机体的部分处于安宁的状况，它的特征是机体有正常的功能，以及没有疾病（沃林斯基，1999）。这样一个所谓的健康定义其实是从消极层面，即没有疾病的角度对健康的阐释，已经不能适应现代社会的发展需要。帕森斯（Talcott Parsons）就认为在高度结构性分化的社会，健康定义不能仅以生理性机能失调为依据。在对医学模式健康定义批判的基础上，帕森斯对健康的社会学定义进行了开创性的研究。他指出健康是以个人参与复杂社会体系的本质为基础的，可以解释为已社会化的个人完成角色和任务的能力处于最适当的状态（Wolinski，1999）。这与世界卫生组织在1994年提出的定义"健康并不仅仅是没有疾病或虚弱，而是指个体在身体、精神、社会等方面处于一种完好的状态"具有很强的内在逻辑联系。

医学定义与社会学定义的有机结合积极推动了与健康相关的生活质量研究的发展。其包括一般生活质量研究中能确定对健康产生影响的所有方面，不论是生理健康还是心理健康（CDC，2000，cited in Rapley，2003）。正如生活质量概念本身所具有的层次差异一样，与健康相关的生活质量的概念化也是建立在个体和群体双重层面之上。美国疾病控制和预防中心曾指出，"对个人而言，与健康相关的生活质量涉及生理和心理健康的概念及其相互关系，包括健康风险、功能状态、社会保障和社会经济地位……在群体层面上，包括资源、条件、政策和影响公众健康认知和功能状态的实践"（Rapley，2003）。

个体层面与健康相关的生活质量研究在临床医学领域获得了突飞猛进的发展，广泛应用于调查一般及特殊疾病人群的健康状况、评定肿瘤及慢性病患者的生活质量、评价与选择临床治疗方案、评价预防性干扰及保健措施的效果等诸多方面，取得了丰富的研究成果。与纯粹社会学意义上的生活质量研究不同，临床医学领域更强调以一种整合的思维将健康融入生活质量的测量，健康通常被视为观察的视角。而社会学意义上的生活质量研究则将健康视为影响总体生活质量的一个必不可少的维度，是局部与整体的关系。这种研究理念的差异逐渐导致了两种迥然不同的研究模式和话语体系的发展。

在实践中，越来越多的研究者宣称自己使用了生活质量的测量工具来分析人口健康。例如，肯德（Kind）等人的英国人口健康研究报告就采用了欧洲生活质量量表（EuroQOL EQ - 5D），他们认为其提供了"一种全新的工具以测量与健康相关的生活质量"（EuroQOL Group，1990，cited in Rapley，2003）。在肯德等人的研究中，健康的平均得分是 82.5，"42%的被调查者至少在一个方面存在一个不太严重的问题"，但是他们认为作为抽样策略的一个后果，结果很可能低估了全部人群的与健康相关的生活质量水平（Kind et al.，1998）。此外该研究还探讨了健康与年龄、健康与性别、健康与婚姻状况、健康与社会阶层、健康与教育、健康与经济地位、甚至健康与吸烟行为的关系等等议题。

除了欧洲生活质量量表外，根据使用对象的不同，与健康相关的生活质量研究中还出现了大量普适性量表、疾病专表和领域专表。具有代表性的有：1970 年的诺丁汉健康调查表（Nottingham health profile，NHP），设计目的是评价个人对卫生保健的需求和保健的效果；1975 年的疾病影响程度量表（Sickness Impact Profile，SIP），主要是针对疾病对健康的影响程度；1976 年的线性模拟自我评价量表（Linear Analogue Self-assessment，LASA），用于乳腺癌病人的生活质量测定，其有两个特点，一是量表由病人对自己的行为、心理和健康状态等进行评分，二是量表采用线性计分法，病人根据自己对该问题的感受程度在直线上划记号；1984 年的癌症病人生活功能指标（the Functional Living Index-Cancer，FLIC）和 1990 年的癌症康复评价系统（Cancer Rehabilitation Evaluation，CARES），用于癌症病人生活质量的评价；20 世纪 90 年代的 SF－36 是美国医学结局研究组（Medical Outcomes Study，MOS）开发的一个普适性测定量表，目前已经形成不同条目、不同语言背景的多种版本，SF－12 为其简表；WHOQOL－100 是世界卫生组织召集 20 多个国家和地区的专家学者共同研制的跨国家、跨文化并适用于一般人群的普适性量表，同时还研制了更便于操作的简表 WHOQOL-BREF（陈慧敏、傅开元，2006）。

三、营销与生活质量的命题

营销与生活质量表面看似风马牛不相及的两个主题，正随着社会营销理念的提出与推广，逐渐成为一个新的交叉学科研究领域。社会营销是目前最新也被认为是较先进的一种营销理念。在这种理念中组织应该确定目标市场的需要、欲望和利益，然后再以一种能够维持或改善消费者的社会福利的方式向顾客提供更高的价值。那么生活质量研究到底在营销中扮演了怎样的角色? 早在 20 世纪 70 年代,社会学家、哲学家彼得曼(Albert D. Biderman)就曾表达过他的见解,认为我们的社会被太多物质商品以及商品营销所占据。生活质量运动恰恰是对经济社会的一个反击,抨击了作为标准理论和分析方法的传统经济学——尤其,反对把市场作为检验事物价值的标准(Biderman,1974,cited in Sirgy,2001)。

在美国被称为舆论分析第一人的丹尼尔·扬克洛维奇(Daniel Yankelovich)对于社会指标在商业中的重要性也有着深刻的认识。他列举了很多例子,在这些例子中,当人们使用社会指标和生活质量测量时,商业往往会取得更大的成功。例如(Yankelovich,1974,cited in Sirgy et al.,2006):

- 最高水平的企业政策倡导一种服务于消费者的哲学。这种政策反映了对消费者满意度的认知,消费者的满意度才是企业持续成功的唯一基础。
- 一家企业给予职工很高的薪水,然而工人们却普遍出现不满——旷工、频繁离职、做事拖拉、罢工等等。这是因为公司考评并没有考虑到工作本身的满意度,因为过去这些对职工来说并不像收入回报那样重要。
- 关注低成本住房的政府部门考察的是每个家庭每套房屋的成本和家庭成员的人数。它却无法测量那些离家出走的人、邻居的威胁、被破坏的社区生活结构、居民的生活隔离等问题。
- 健康照顾计划常常只测量那些输入变量,例如提供给每位病人服务的成本,但是却没有考虑到消费者对健康照顾服务的要求与需要。

在实践中人们逐渐形成了两种关于生活质量-营销(QOL-marketing)的观点,即传统的观点与当代的观点(Sirgy,2001)。传统观点侧重消费者福利的最大化,从提高消费者福利的角度来定义生活质量，涉及对经济物品的获取、拥有、消费、保存和配置等 5 个方面。如下图所示：

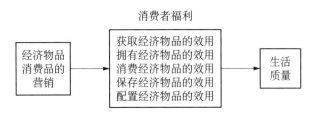

图 4.4　传统视角中营销对生活质量的贡献

资料来源：Sirgy, M. J. 2001. *Handbook of Quality-of-Life Research*. Dordecht, Netherlands: Kluwer Academic Publishers. p. 9.

当代的生活质量-营销观点已经超越了单纯关注消费者福利的局限。它把消费者福利仅仅视为与其他众多福利（例如，工作福利、家庭福利、社会福利、政治福利等等）同等重要的一个维度。换言之，当代营销理念认为，营销是一种组织的科学，它能够帮助各类组织（盈利组织、非盈利组织和政府组织）有效地向消费者推销物品、服务和计划。推销这些物品、服务和计划有助于提高消费者的福利，而并没有对其他公共领域（包括环境）产生不良影响。新的营销理念并没有局限于对物品、服务和计划的定价、分配以及宣传，它还包括对上述内容的设计和开发。任何（经济的或非经济的、民用或工业用途的）物品、服务或计划都可以在生活质量-营销概念的指引下被推销给一个或更多的目标消费群体。而设计、定价、分配和提升营销内容则有助于增强消费者在某些具体领域的福利。这其中既有传统观点中的消费者福利，还包括经济福利、工作福利、家庭福利等内容，最终目的就是提高生活质量。具体可由下图演示说明。

营销对生活质量的影响这一命题虽然在西方发达国家已经得到普遍重视，但在中国依然是一个公众所知甚少的领域。通过

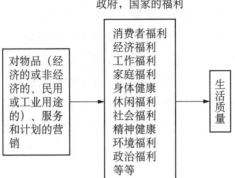

图 4.5　当代视角中营销对生活质量的贡献

资料来源：Sirgy，M. J. 2001. *Handbook of Quality-of-Life Research*. Dordecht，Netherlands：Kluwer Academic Publishers. p. 11.

社会营销理念的发展，人们越来越意识到仅仅把商品和服务推销给目标群体还远远未达到营销的最高境界，而是应该以科学的营销理念与营销手段积极引导消费者向更加合理、健康的消费方式转变，让他们自愿地接受、拒绝、改变或放弃某种行为，从而促进个人、集体或社会整体利益的提升，最终实现生活质量的提高。在这样一种理念的倡导下，商业利益不再是评价营销策略成功与否的标准，取而代之以生活质量的提高作为衡量尺度。通过消费者满意度和对整体生活质量的影响，营销研究与社会指标得以有机结合，并且实现了营销这一重要的社会力量与生活质量研究的整合。

第三节　典型生活质量指标体系的分析研究

生活质量研究在全世界范围内不同国家、不同领域的推广与发展，最直接的结果便是产生了不计其数的各类生活质量指标体

系。这些指标体系或者量表通常以 3 种方式获得发展：其一是在
每一种文化/语言中各自发展一种评定工具；其二是将在一种文
化/语言环境中发展的指标体系或量表翻译、移植到另一种文化/
语言环境中；其三通过多研究中心之间的合作来发展一种标准化
的、适合于各中心使用的生活质量指标体系或量表（Sartorius and
Kuyken，1994）。第一种生活质量指标体系由于研究对象和研究
区域的限制，往往社会影响较小；后两种生活质量指标体系相对
而言具有较强的国际影响力和学术影响力。下面将要谈到的世
界卫生组织的生活质量指标体系即是第三种类型的典型代表。

一、世界卫生组织的生活质量指标体系

对生活质量指标体系的建构由于语言文化的差异以及对生
活质量概念的理解差异而存在极大的地区和国别差异，因此使得
目前世界上绝大多数的生活质量测量工具只能在特定的文化背
景下使用，其结果很难进行相互比较。正是基于对这种困境的深
刻认识，世界卫生组织（World Health Organization，WHO）于
1991 年发起了一项由多个国家地区、不同文化背景的人员参与
的、可作跨文化比较研究的生活质量测量工具的研发计划，其结
果可作为研究、医药疗效分析、临床及卫生决策分析、拟定及评估
等的参考（姚开屏，2000）。研究之初世界卫生组织生活质量研究
组组织了 15 个不同国家和地区的专家学者开展了一连串的论证
工作。他们利用科学系统的研究方法，将两千个左右的备选题
目，经过数年的试验筛选，于 1995 年合作编制完成了具有 29 种
语言版本的生活质量研究工具——世界卫生组织生活质量问卷
（WHOQOL - 100），并在 37 个地区合作中心进行了测试。

（一）研究背景

这项具有重要理论与实践意义的研究之所以能够取得成功

首先得益于世界卫生组织对健康以及生活质量概念的深入讨论。该组织早在 1994 年就提出了"健康并不仅仅是没有疾病或虚弱，而是指个体在身体、精神、社会等方面处于一种完好的状态"的理念，并且与此一脉相承地将生活质量界定为个体对他们生活于其中的文化和价值体系背景中的生活状况的感知，这种状况与他们的目标、期望、标准和关注密切相关。作为一个十分宽泛的概念，生活质量以一种复杂的方式将个体的生理健康、心理状态、独立水平、社会关系、个人信仰和他们与环境显著特征的关系融入其中（WHOQOL group，1995）。该定义特别强调了生活质量的主观性，包括了生活的积极和消极方面，是一个多维度的概念。其成功地将文化、社会环境、价值体系等背景因素引入到生活质量的概念建构中，使得人们关注到生活质量对于不同个体具有不同的概念内涵，不能简单地和健康状况、生活满意度、精神状态或幸福等术语划等号。

（二）指标体系的构成

在这样一种概念的指引下，世界卫生组织生活质量指标体系被设计成涵盖生理、心理、独立性、社会关系、环境和精神宗教信仰 6 个维度的综合性指标体系，涉及 24 个方面，每个方面含有 4 个问题，此外还包括总体生活质量及健康状况。在具体的问卷中总计有 100 个可用于跨文化比较的一般性与健康相关的生活质量问题整合其中，每个问题均以 5 等级进行计分，分数越高表示生活质量越好。具体如下表所示：

表 4.2　世界卫生组织生活质量指标体系

Ⅰ　生理维度
1. 疼痛与不适
2. 精力与疲倦
3. 睡眠与休息
Ⅱ　心理维度
1. 积极感受

　　2. 思想、学习、记忆和注意力

　　3. 自尊

　　4. 身材与相貌

　　5. 消极感受

Ⅲ　独立性维度

　　1. 行动能力

　　2. 日常生活能力

　　3. 对药物及医疗手段的依赖性

　　4. 工作能力

Ⅳ　社会关系维度

　　1. 个人关系

　　2. 所需社会支持的满足程度

　　3. 性生活

Ⅴ　环境维度

　　1. 社会安全保障

　　2. 住房环境

　　3. 经济来源

　　4. 医疗服务与社会保障：获取途径与质量

　　5. 获取新信息、知识、技能的机会

　　6. 休闲娱乐活动的参与机会与参与程度

　　7. 环境条件(污染/噪声/交通/气候)

　　8. 交通条件

Ⅵ　精神支柱/宗教/个人信仰

　　1. 精神支柱/宗教/个人信仰

资料来源：郝元涛、方积乾，"世界卫生组织生存质量测定量表中文版介绍及其使用说明"，《现代康复》，2000年，第4卷，第8期，第1128页(具体表述稍做调整)。

　　以该指标体系为基础的世界卫生组织生活质量问卷(WHOQOL‐100)测量的主要是最近2周的生活质量状况，但是在实际工作中根据不同阶段的特殊性，考察的时间往往可以灵活掌握。例如，针对慢性疾病人群这类特定人群，生活质量的测量可以适当延长时间范围，调查4周的情况。

　　虽然世界卫生组织生活质量问卷(WHOQOL‐100)能够详

细地评估与生活质量有关的各个方面,但是有时问卷显得冗长。例如,在大型的流行病学研究中,生活质量只是众多研究者感兴趣的指标之一。此时,如果问卷比较简短、方便和准确,研究者更愿意把生活质量的测定纳入研究[1]。基于此目的,世界卫生组织生活质量研究组在 WHOQOL‐100 的基础上发展了简明版问卷,称为 WHOQOL-BREF。研究组对来自 18 个国家 20 个研究中心的数据进行分析,一致认为简明版问卷应该保留原问卷的全面性,因此从 WHOQOL‐100 问卷的每一个方面选出一个问题,另外从测量总体生活质量和健康状况的 4 个方面中筛选出 2 个问题。这样由 26 个题目所组成的简明版问卷,可解释绝大多数 WHOQOL‐100 的分数变异量,且如同长篇版问卷一样具有较好的内部一致性、良好的区分效度和结构效度,也将原来的 6 大维度简化成为 4 个主要的维度:生理健康维度(包括原先的生理及独立性维度)、心理维度(包括原先的心理及精神支柱/宗教/个人信仰维度)、社会关系维度以及环境维度。WHOQOL-BREF 问卷已开发出将近 40 种不同的语言版本,并且还在陆续增加中。

(三) 研究评价

　　世界卫生组织生活质量调查的一大特色就是充分重视实际应用中的各国文化差异。由于一个指标体系的建构不太可能由全世界的所有国家共同参与完成,因此不论是研发者的背景,还是应用该指标体系的国家或地区的文化背景,都将深深影响到问卷设计和指标建构的结果。当研究者选用从国外翻译过来的指标体系和问卷样本时,应该充分考虑到对文化差异的处理方式,并且做好相应的本土性配合。世界卫生组织的生活质量问卷在

---

　　① Berwick DM, Murphy JM, Goldman PA, et al. 1991. "Performance of a Five-item Mental Health Screening Test." *Med Care* 29: 169–176. 转引自郝元涛、方积乾、吴少敏、朱淑明,"WHO 生存质量评估简表的等价性评价",《中国心理卫生杂志》,2006 年,第 20 卷,第 2 期,第 71 页。

此方面做出了杰出典范。不仅在问卷设计之初就有来自世界不同国家的学者参与问卷的制定，更允许在问卷中加入各文化特有的本土性问题，并且强调问卷编制时各文化必须研究找出具有本土适用性的、恰当的问题表达方式和测量尺度。关于问卷的发展过程及结果、问卷于各文化下的发展及应用方式等，WHO 都出版了非常详尽的文件以供参考。

生活质量指标体系建构中指标数目的选择问题一直以来是困扰学者的难题之一。指标过多则问卷冗长，影响实际应用的效果；过少则无法反映测量内容的全面内涵。这实际上反映了两个不同的逻辑思考方向之间的博弈，即如何在有限的指标数目之下实现测量广度与测量精确性之间的有效平衡。WHOQOL 就此做出了有益的探索，分成长篇版及简明版，且二者涵盖内容相同只是题数减少。简明版是从长篇版中挑选出的具有良好效度与信度的最精华的题目，因此在保证生活质量指标体系有效性的总前提下，给研究者以很大的选择弹性。

（四）近期发展

除 1995 年发展完成 WHOQOL - 100 问卷及稍后完成 WHOQOL-BREF 问卷外，世界卫生组织生活质量的跨国合作研究仍在不断进行中。目前得知已完成或正在进行的还有 WHOQOL-HIV，WHOQOL-OLD 等①。随着艾滋病的不断蔓延，WHOQOL 的跨国研究开发了针对艾滋病病人的调查问卷，称为 WHOQOL-HIV。WHOQOL-HIV 的发展始自 1997 年，初步确定了 26 个新的（次）方面，其中有 16 个可归属于原 WHOQOL - 100 框架，一共设计了 115 个新的题目，之后配合 WHOQOL - 100 问卷，在 6 个不同文化的研究中心对九百名不

---

① 部分整理自网络资料：WHOQOL Q&A, http://home.mc.ntu.edu.tw/~cfyu/Q&A.htm#17。

同病情程度的 HIV/AIDS 患者进行测试,最后找出 12 个新的(次)方面共 33 个新的题目。这些全新的方面包括 HIV 的症状、社会融合、死亡与濒临死亡、个人精神体验、宽恕、精神关联等。

随着社会人口组成老龄化趋势的加剧,老年人的各项需求也日益受到重视。针对老年人的 WHOQOL-OLD 问卷的发展始自 2001 年。此问卷的研发获得了欧盟第五框架计划(the European Union Framework Program 5, FP5)的支持,由英国爱丁堡大学(University of Edinburgh)联合世界卫生组织来统筹计划,共有 22 个跨国研究中心参与研究。另外仍在进行的跨国合作研究还包括学习障碍者(learning disability)的生活质量研究和精神疾病患者或表达困难患者的相关研究等等。

二、欧洲生活质量量表的指标体系

欧洲生活质量量表也是一个目前被广泛使用的一般性生活质量测量量表。它具有简单实用的特点,因此常被用于考察健康状况以及与健康相关的生活质量状况。该量表与世界卫生组织生活质量问卷一样是跨国合作研究的结果。

(一)研究背景

1987 年由欧洲 5 个国家 7 个研究中心所组成的研究团体(The EuroQOL Group)鉴于当时测量生活质量的诸多量表并未能在概念上及实际应用上实现有机整合,并且很难系统比较各个量表的优缺点,因此想要建构一个具有标准化特性、可以做跨文化比较研究、测量与健康相关的生活质量的量表。这个量表同时还应该能够形成一个单一性总结指数,以反映生活质量的测量结果。由此促成了欧洲生活质量量表(EuroQOL, EQ-5D)的诞生。

(二)指标体系的构成

虽然欧洲生活质量量表宣称测量与健康相关的生活质量,但它实际却是从 5 个个体层面的维度，根据从轻到重的 3 个等级来评价一个人"今天的健康状态"（health state today），具体包括行动能力、疼痛或不适、自我照顾、焦虑或抑郁、日常活动（工作、学习、家务、家庭或休闲）5 个维度。欧洲生活质量量表除了可以计算一个总结性分数外，还可以就 5 个维度分别得到各个维度的得分。如下表所示：

表 4.3　欧洲生活质量量表的指标体系

Ⅰ　行动能力
1. 行走不存在困难
2. 行走存在一定的困难
3. 完全受限于床上
Ⅱ　疼痛/不适
1. 没有疼痛和不适
2. 中等程度的疼痛和不适
3. 极端的疼痛和不适
Ⅲ　自我照顾
1. 自我照顾没有问题
2. 在洗浴和穿衣上存在一定问题
3. 不能独立洗浴和穿衣
Ⅳ　焦虑/抑郁
1. 没有焦虑和抑郁
2. 中等程度的焦虑和抑郁
3. 极端的焦虑和抑郁
Ⅴ　日常活动（工作，学习，家务和休闲活动）
1. 在进行日常活动时没有问题
2. 在进行日常活动时存在问题
3. 完全不能参加日常活动
每个维度有 3 个水平——没问题，有一些问题/中等程度的问题、问题严重/无法完成，欧洲生活质量量表共有 243 种可能的健康状态，加上无意识和死亡总共是 245 种。

资料来源：Rapley，Mark. 2003. *Quality of Life：a Critical Introduction*. London：SAGE Publications Ltd，p. 146.

在上述 5 个维度中,各有 3 个从轻到重程度的选项(记录成
1、2、3),应答者从其中选一个符合自己的程度,因此虽然此量表
这部分号称有 15 题,但实际上应答者的答案只有 5 个,可表示为
11111、11222、22312 等。其主要健康状况的含义可见表 4.4。表
4.4 显示了以超过 3000 名英国民众为基础的各种健康状态的平
均效用比重选择(Rapley,2003)。各种健康状态按与完全健康状
态形成相应对比排序(以递减的顺序),直至死亡状态。

表 4.4　欧洲生活质量量表的健康状况评估

健康状况	描述	评估
11111	没问题。	1.000
11221	行走没有问题,自我照顾没有问题,日常活动有一些问题,有一些疼痛或不适,没有焦虑或抑郁。	0.760
22222	行走有一些问题,独立洗浴或穿衣有些问题,进行日常活动有些问题,中等程度的疼痛或不适,中等程度的焦虑或抑郁。	0.516
12321	行走没有问题,独立洗浴或穿衣有些问题,不能从事日常活动,有些疼痛或不适,没有焦虑或抑郁。	0.329
21123	行走有一些问题,自我照顾没有问题,从事日常活动没有问题,中等程度的疼痛或不适,极端的焦虑或抑郁。	0.222
23322	行走有一些问题,不能独立洗浴或穿衣,不能从事日常活动,中等程度的疼痛或不适,中等程度的焦虑或抑郁。	0.079
33332	受限于床,不能独立洗浴或穿衣,不能从事日常活动,极端疼痛或不适,中等程度的焦虑或抑郁。	-0.429

资料来源:Phillips, C., and Mrpg Thompson. 1998. *What is a QALY?* London:Hayward Medical Communications. quoted from Rapley, M. 2003. *Quality of Life:a Critical Introduction.* London:SAGE Publications Ltd, p.147.

除了上述 5 个维度外，测量还要求应答者在从 0（可以想象到的最差的健康状况）到 100（可以想象的最佳的健康状况）之间来判断自己今天的健康状况好坏与否。另外，还有一个部分是在临床研究上较少被用到的，就是要应答者就问卷中所提供的 16 种健康状态，来标示出他们认为该健康状态于 0～100 的刻度量尺上的所在位置，这部分可作为了解他们对不同健康状态的价值判断，结果亦可被用来计算大家对各种健康状态的加权值（weights）（姚开屏，2000）。

（三）研究评价

欧洲生活质量量表目前是以欧洲国家的语言版本为主，由于它具有经济实用的优点，受到很多国家的重视，逐渐成为测量个体层面生活质量的一个重要指标体系。作为一个跨国性量表，它比起其他很多以总结性指标为基础的量表更加简洁、易操作。但是一分为二来看，量表由于指标数目和测量维度所限，难免舍弃了很多与健康相关的生活质量量表中惯常测量的症状内容，而且也面临着测量健康状态变化情形不是十分灵敏的困境。因此研发该量表的学者建议若要深入地了解某个特定维度的情形（如：日常生活自理、忧郁等），需要搭配其它相关的量表来使用（姚开屏，2000）。

三、分层式生活质量指标体系

这是一个与上述生活质量指标体系截然不同的一类指标体系。研究发起人为时任美国纽约州立大学奥本尼分校社会学系主任的华裔学者林南。林南以跨文化的视角将美国社会学界盛行的生活质量研究方法引入尚处于起步阶段的 20 世纪 80 年代的中国社会学界，为中国的生活质量研究起到重要的启蒙作用。时至今日，该指标体系的系统性、论证科学性依然可以视为分析的典范。

（一）研究背景

20 世纪 80 年代的中国正经历着社会发展的重大变革。自从 1979 年农村经济改革开始以来，中国的现代化进程和社会变迁一直以加速度式的发展在进行着。1983 年，城市经济体制改革也拉开了序幕，一些工厂开始实行厂长负责制、自负盈亏、超额有奖等。与此同时，社会生活的其他方面，比如家庭结构也越来越向核心家庭发展。所有这些变化，毫无疑问会影响城市的生活质量，对于当时中国城市生活质量的描述性统计分析已足能引起人们的广泛兴趣和注意（林南等，1987）。就学术意义而言，这类研究为今后连续的追踪性研究打下基础。另外，鉴于中国特殊的地理和文化身份，这项在中国的开创性研究填补了国际生活质量研究领域的一个空白。

（二）指标体系的构成

研究从生活质量的定义——对于生活及其各个方面的评价和总结——出发，认为生活质量不但能表达个人对生活总体的满意程度及对生活各个方面的感受，而且为研究个人生活各个方面（如：婚姻、家庭、工作等）的相对重要性提供了比较的基础和评价的依据（林南等，1987）。一旦能够确定生活各个方面的相对重要性，就可以进一步揭示各种社会的、经济的和心理的因素对人们生活的影响，以及人们对各个具体生活方面的评价和满意程度。因此该研究的目的就是为了建立一种理论模式，使其能展示出各个重要易变因素对生活总体和几个主要生活方面所能起到的解释和影响作用（林南等，1987）。研究的初衷是该模式既适合于个人、小群体和社区，也适合于各个不同的文化的研究。

研究对以往的生活质量研究历史和主要结论进行了评述，并针对存在的缺陷，提出建立生活质量结构和指标的研究途径。就研究方法而言，林南等认为生活质量研究中的 3 个主题（生活质量的结构、导因、效果)有它们一定的层次。首先必须建立的是生活质量的结构和指标，有了既定的结构和指标，才能进一步探讨这些指标的导因和后果。生活的各方面不是相互隔离而是相互联系的。有些实际生活面可以由一个层次较高的生活大面来代表，在这一较高层次中的各生活大面也是相互联系的，生活的诸层次、诸方面，以及生活的各个具体项目最终形成一定的结构，生活的各个方面是分层次存在的。这种含有高层次的结构能更好地表现或反映生活方面的真正结构。

　　具体来讲，林南等设想的生活各个方面的结构是这样的(林南等，1987)：这一结构的基础部分包括人们对个人生活中被认为是必不可少而具体的各项活动所作的定量评价，比如说对工资、奖金、职业社会声望、家庭关系、朋友交往、业余生活、居住环境等的评价。这些具体量度可进而类聚成数个生活面，例如，可能包括工作、家庭、婚姻、邻里和社区、闲暇活动以及其它方面。这些生活的各个方面可以进一步合并，于是产生更高一级层次的生活大面。例如，上面提到的家庭和婚姻可能在较高层次中合并为家庭生活大面，邻里和社区、闲暇活动可能在较高层次中合并成社会环境大面。这些较高层次的诸面可能再行合并，最终产生出一个对生活总体评价的综合指标。

　　在上述分析的基础上，林南等利用天津市 1985 年千户户卷调查得到的主观态度资料，总结了分层式生活质量结构模型。他们首先通过专家访谈和资料阅读初步选定了 22 个生活项目。在 22 个单项中，12 个与工作有关，其余的涉及其他生活方面。使用因素分析法对 22 个单项进行初步归类后，得出 5 大主要方面，包括工作的社会特征、工作的经济特征、家庭之外的关系、家庭关系、环境和业余生活。总的来说，这 5 个方面解释了 22 个单项之间所有关系程度的 55％，代表了第一层次的因素群。接下来是计算各因素之间的关系，以及分析它们之中是否可以再合并，即寻找第二层次的因素群,为此采用了结构方程模式分析方法。结构方程模式的优点在于,在求取更高层次的隐性变量(大方面)时,仍能保留第一层次的隐性变量(生活面因素)和它们所代表的显性变量(项目)之间的关系。结构方程分析的结果表明,从各因素之间的相关看,前 3 个因素(工作的社会、经济特征及家庭之外的人际关系)均与工作有关,而且相互间也表现出较强的相关。因此做进一步的同类合并分析,将第二层次归并为 3 个因素:工作、家庭和环境。在第二层次的基础之上,通过第三次归类,设定一个单一的"总方面",即生活质量的综合指标,最终建立起一个完整的多层次生活质量结构和指标体系。如下所示:

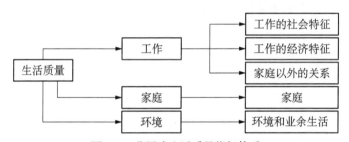

图 4.6　分层式生活质量指标体系

资料来源:林南、王玲、潘允康、袁国华,"生活质量的结构与指标——1985 年天津千户户卷调查资料分析",《社会学研究》,1987 年第 6 期,第86 页。

(三)研究评价

林南等人在上个世纪 80 年代提出的分层式生活质量指标体系对于中国现阶段的生活质量指标体系建构依然具有重要的启迪意义。在此之前,很多研究都是针对生活各个具体方面来衡量生活质量,从来没有人尝试过对生活各方面做结构分析。从统计上说,绝大多数的研究都是从生活整体的满意程度来着手分析。即便有些研究是针对生活具体方面的,但其做法不是将一些生活方面做片面性的研究,就是采用简单加总或加权方法求得一个对生活总体的量度(林南等,1987)。林南等人的研究在此方面无疑是对以往研究的一个重大突破,他们成功运用了因素分析方法和结构方程模式分析法,建立了分层式的生活质量指标体系,并且清晰地展示了生活质量的综合指标与生活各个主要方面的逻辑关系。在这样一个分层式模型中,不但可以计算出各个项目对生活各方面的影响,而且可以计算出各个项目和各个生活面对最高项生活大面和生活质量综合指标的影响,因此增进了人们对生活质量多层次结构及其因素指标的了解。这种综合运用了多种复杂的统计技术、与现行大多数生活质量研究先确定研究维度、再测量具体影响的反其道而行之的研究方法,即使时至今日,仍具有方法论上的重要借鉴意义。

第五章　群体层面的生活质量指标体系

第一节　经典理论阐述

美国经济学家、诺贝尔经济奖的获得者瓦西里·里昂惕夫（Wassily Leontief）曾经说过："对某种现象所作的任何有目的的统计调查都需要一种专门的概念的框架，即一种理论，以使调查者能够从无数事实中选择那些预计可以符合某种模式，并因而容易系统化的事实。……可以说，调查对象越复杂，理论上的准备工作就越重要。因此，在研究纯粹统计问题之前，我们必须建立起必不可少的理论体系。"（周海林，2004）对于群体层面的生活质量指标体系的建构来说，研究对象复杂性的增强使得理论的论证导引显得尤为重要。

一、可持续发展理论

可持续发展概念的提出是对人类几千年发展经验教训的反思，特别是对工业革命以来发展道路的总结。在经济迅猛发展的历史中，人类的经济活动固然带来了物质财富的巨大增长和物质生活的极大改善，但是与此同时发生的却是生态环境的严重恶化和贫富分化的日益加剧,不仅给当代人、后代人,也给地球上生存的万物埋下了未知的隐患。

(一)理论根源

在探讨"可持续发展"一词的来源过程中,我们很容易由表及里触及到其深层的原因,即日益严重的环境问题和难以消除的贫困问题(周海林,2004)。进入 20 世纪以来,人类社会面临着一系列的发展困境:人口膨胀、耕地减少、污染严重、生态破坏、资源枯竭、能源危机……在沉重的环境压力下,人们对增长等于发展的模式产生了强烈的怀疑。1962 年,美国生物学家卡森发表了一部引起很大轰动的环境科普著作《寂静的春天》,描绘了一幅由于农药污染所导致的可怕景象,惊呼人们将会失去"春光明媚的春天",在世界范围内引发了人类关于发展观念上的争论。人们逐渐开始深刻反思掠夺式的发展模式给生态环境和社会发展带来的沉重恶果。10 年后,两位美国著名学者巴巴拉·沃德(Barbara Ward)和雷内·杜博斯(Rene Dubos)的享誉世界的《只有一个地球》问世,把人类生存与对环境的认识推向一个新境界。同年,一个名为罗马俱乐部的非正式国际学术团体发表了题为《增长的极限》的报告。报告根据数学模型预言在未来一个世纪中,人口和经济需求的增长将导致地球资源耗竭、生态破坏和环境污染,除非人类自觉限制人口增长和工业发展,否则这一悲剧将无法避免。

与环境恶化并行存在的是世界范围内的贫困问题。经济增长并不必然使所有社会成员能够公平享受发展带来的成果。它一方面使某些国家某些地区的社会成员过着富足安逸的生活,另一方面却使世界上其他角落的人们在贫困落后的窘境中挣扎。在全球范围内,这种不平等的状况一直在加剧。穷人与富人之间的收入巨大差别会造成某一国家可持续发展的障碍,而穷国与富国之间的贫富悬殊则严重阻碍了整个世界的可持续发展。导致贫困的因素很多,自然环境生态系统供给能力的不足、制度落后、地理边缘性及落后的经济发展技术和封闭性传统、文化及习惯,以及个体性的身体、受教育机会、机遇与家庭背景等都是可能的原因(周海林,2004)。这样一系列复杂的作用因素导致的贫困已经不仅仅是经济范畴的问题,同时也成为一个困扰整个人类发展的社会问题。

(二)可持续发展的内涵

可持续发展概念的提出为上述问题的解决提供了某种目标导向。从 20 世纪 80 年代开始,可持续发展一词逐渐成为流行的概念。1987 年,以挪威首相布伦特兰为主席的联合国世界环境与发展委员会发表了一份报告《我们共同的未来》,正式提出可持续发展概念,并以此为主题对人类共同关心的环境与发展问题进行了全面论述,受到世界各国政府组织和舆论的极大重视。可持续发展的思想是人类社会近一个世纪高速发展的产物。它体现着对人类社会进步与自然环境关系的反思,也代表了人类与环境达到"和谐"的古老向往和辩证思考。

持续一词(sustain)最早来自于拉丁语 sustenere,意思是维持下去或保持继续提高。可持续发展作为一种发展模式、发展道路或发展理论的名称逐步在世界范围内得到广泛传播,成为各种国际会议和大众媒介使用频率最高的词汇之一,也成为社会科学研究的一个热点。可持续发展是一个涉及自然资源与生态环境的可持续发展、经济的可持续发展和社会的可持续发展的综合性概念。它以自然资源的可持续利用和良好的生态环境为基础,以经济可持续发展为前提,以谋求社会的全面进步为目标。目前国内外不同机构和专家对可持续发展的定义有多种表述,一个较普遍的定义可以阐述为——在连续的基础上保持或提高生活质量。世界环境与发展委员会(WCED)于 1987 年发表的《我们共同的未来》的报告中,对可持续发展定义为:"既满足当代人需要,又不损害后代人满足其需要的能力的发展。"

进入 20 世纪 90 年代以后，可持续发展进一步与人的全面发展紧密结合。世界自然保护同盟、联合国环境署和世界野生动物基金会 1991 年共同发表的《保护地球与可持续生存战略》一书中提出的定义是："在生存不超出维持生态系统涵容能力的情况下，改善人类的生活品质。"1992 年联合国环境与发展大会（UNCED）的《里约宣言》将可持续发展进一步阐述为："人类应享有以与自然和谐的方式过健康而富有成果的生活的权利，并公平地满足今后世代在发展和环境方面的需要，求取发展的权利必须实现"。联合国开发计划署在《人类发展报告·1994》中指出："可持续的人类发展，乃是人类优先、就业优先和自然优先的发展。它最优先关注于减轻贫困、生产性就业、社会融合和环境再生等方面。它致力于使得人口的增长速度与社会和大自然的承受能力取得均衡。它促进经济的加速发展，并且使经济增长变成为人类生活的改善，并且不以牺牲后代人类生存发展所必需的机会为代价。它还确认，如果妇女的地位不能大大地提高，不能向妇女敞开所有经济发展机会的大门，那么，人类就不可能取得太多的进步。总之，可持续的人类发展赋予人类权力，使他们能够规划和参与到影响其生活的一切过程和事件之中。"（联合国开发计划署，1995）中国的可持续发展战略研究专家认为，可持续发展一词比较完整的定义是："不断提高人群生活质量和环境承载力的、满足当代人需求又不损害子孙后代满足其需求能力的、满足一个地区或一个国家的人群需求又不损害别的地区或别的国家的人群满足其需求能力的发展。"（叶文虎、栾胜基，1996）

从上述定义可以看出，对可持续发展人们逐渐形成了狭义与广义两种不同的理解。狭义的理解一般侧重于经济发展与环境保护；广义的理解则上升到发展思想和战略指引的高度，目标是保证社会具有长时期持续性发展的能力，提升人民的生活质量，确保环境、生态的安全和稳定的资源基础,避免社会、经济大起大落的波动。无论是狭义还是广义的理解都表明可持续发展理念与生活质量密不可分。

具体而言,可持续发展具有如下几个方面的内涵:

1. 经济可持续发展。可持续发展鼓励经济增长,因为它体现国家实力和社会财富。可持续发展不但重视增长数量,更追求改善质量、提高效益、节约能源、减少废物,改变传统的生产和消费模式,实施清洁生产和文明消费。

2. 环境可持续发展。自然资源的永续利用是保障经济社会可持续发展的重要物质基础。可持续发展要以保护自然为重点,使资源获得与环境的承载能力协调一致。因此发展的同时必须保护环境,包括控制环境污染,改善环境质量,保护生命支持系统,保护生物多样性,保持地球生态的完整性,保证以持续的方式使用可再生资源,使人类的发展保持在地球承载能力之内。

3. 社会可持续发展。可持续发展要以改善和提高生活质量为目的,与社会进步相适应。可持续发展的内涵均应包括改善人类生活质量,提高人类健康水平,并创造一个保障人们享有平等、自由、人权和免受暴力的社会环境。

经济持续、环境持续和社会持续之间互相关联不可分割。孤立追求经济持续必然导致经济崩溃;孤立追求生态持续则不能遏制全球环境的衰退。生态持续是基础,经济持续是条件,社会持续是目的。人类共同追求的应该是自然和社会复合系统的持续、稳定、健康发展。归根结底,发展的最终目的就是全面提高公众的生活质量,促进人与自然的和谐共存。

二、罗斯托的经济成长阶段论

沃尔特·惠特曼·罗斯托(Walt Whitman Rostow)是美国著

名的经济史学家、发展经济学先驱之一。罗斯托的经济成长阶段理论不仅是关于经济社会发展的学说，更是早期生活质量研究具有探索性意义的理论学说。虽然其并没有直接以生活质量作为研究的出发点，但是该学说在涉及相关研究内容时无论理论观点、分析方法，还是政策主张等方面均有独到的见解，为宣传生活质量理念起到重要的推动作用。

（一）经济成长阶段论的发展脉络

罗斯托对经济成长阶段论的研究萌芽于 20 世纪 30 年代，形成于 50 年代，发展于 60、70 年代[①]。1953 年罗斯托在《经济成长过程》一书中运用历史分析、结构分析与心理分析相结合的方法，初次提出了成长阶段划分的论点。1956 年他发表了《从起飞进入自我持续成长》一文，阐述了一国经济在实现"起飞"（初步工业化）后为什么能保持自动、持续的增长，并认为这是经济成长过程中一个关键问题。至此奠定了经济成长阶段论的理论基础。1958 年罗斯托在英国剑桥大学演讲中，以《经济史学家对近代历史发展的观点》为题，系统阐述了他的经济成长阶段论。1959 年《经济学杂志》第 8 期上发表了《经济成长阶段》，摘要介绍了其关于经济成长阶段论的基本论点。1960 年出版的《经济成长的阶段：非共产党宣言》集中反映了他在 50 年代的研究成果，使其理论体系化，标志着罗斯托经济成长阶段理论体系的初步形成。在这部引起巨大轰动的著作中，罗斯托故意与马克思的《共产党宣言》相提并论而冠以《非共产党宣言》的副标题，并提出了与以往社会发展形态不同的划分方法，并不是将奴隶社会、封建社会等作为划分经济成长阶段的标识，而是从经济成长本身出发，将世界各国的经济成长划分为 5 个阶段，即：传统社会阶段、为起飞创

---

① 赵红梅、李景霞编著，2002，《现代西方经济学主要流派》，北京：中国财政经济出版社，第 129～130 页。

造前提阶段、起飞阶段、成熟阶段和高额群众消费阶段。

20世纪60年代,因经济成长阶段论一举成名的罗斯托在政治舞台上十分活跃,同时他把研究重心相应放到国际关系、发展中国家的经济发展等问题方面。但是他仍运用经济成长阶段论的观点来分析当代国际政治经济关系等问题。1963年,罗斯托撰写的《主导部门和起飞》一文中曾着重分析主导部门在经济成长过程中的地位和作用。真正将生活质量引入经济成长阶段论框架是在1971年出版的《政治和成长阶段》一书中,罗斯托在原来5个成长阶段的基础上增加了第6阶段,认为第6阶段(追求生活质量)是一切国家最终将要达到的目标,它和起飞阶段一样,是人类社会发展中两个最重要的"突变"。至此,生活质量概念正式出现在罗斯托的经济成长阶段论中。

(二) 经济成长的 6 个阶段[①]

罗斯托的经济成长阶段论的主要内容是把整个人类近代社会经济的发展过程划分为6个阶段,认为由低级成长阶段向高级成长阶段的依次过渡是人类社会发展的必然规律。

1. 传统社会阶段

近代科技产生以前的社会被罗斯托统称为"传统社会",他从技术史观出发把英国著名物理学家、天文学家和数学家牛顿以前的社会统称为"传统社会"。罗斯托认为传统社会阶段科学技术发展十分缓慢,基本上处于停滞状态,生产力很低,农业是社会的主要生产部门,商品生产极不发达,整个社会经济处于自给自足的自然经济状态。从罗斯托的描述中可以看出传统社会阶段大体是指资本主义以前的社会发展阶段,基本相当于原始社会、奴

---

① 本部分资料来源:赵红梅、李景霞编著,2002,《现代西方经济学主要流派》,北京:中国财政经济出版社,第131~134页;郝超、王培霖、刘镜编著,2003,《经济学名著指南》,北京:民主与建设出版社,第203~207页;李鹏著,2000,《一次读完25本经济学经典》,长春:吉林人民出版社,第301~312页。

隶社会和封建社会,甚至还应加上一段"牛顿以前的社会",即早期资本主义社会。

2. 为起飞创造前提阶段

罗斯托认为人类社会脱离传统社会阶段向近代社会过渡要经过一个过渡阶段,他把这个阶段叫做"为起飞创造前提的阶段"。这个阶段主要为起飞创造两个条件:一是经济条件,即要有足够的资本积累;二是政治条件,即要建立一个中央集权的民族国家。在这一阶段,近代科学知识开始在工业和农业中发生作用。罗斯托还分析到,若一个社会不能自己从内部准备好,还可依靠外部力量为它做好准备,即让较先进的国家入侵,这样可以加快传统社会的现代化进程。他把这种方式看作是过渡时期同追逐利润动机同等重要的一种动力。通过一个社会自己准备或者外部力量使它准备,各个国家就会先后进入"为起飞创造前提阶段"。这一阶段大体相当于资本主义社会的原始积累时期,在私人或政府中开始出现甘冒风险以获得利润或实现现代化的新的"中心人物",即企业家。

3. 起飞阶段

罗斯托认为起飞阶段是一种产业革命,直接关系到生产方法的剧烈变革,在比较短的一段时期内产生带有决定意义的后果。这是整个经济成长系列中的关键性阶段。在这一阶段,妨碍经济成长的阻力已经被克服,经济成长成为社会的正常情况,新的技术在工农业生产中得到广泛推广。这一时期,投资率已提高到国民收入的 10% 以上,建立了能迅速吸收新技术、并使之得以扩散到经济中去的主导部门,并形成了一个有眼光、有能力经营现代企业的企业家阶层,他们是"起飞"阶段的中心人物。实际上,罗斯托所言的"起飞"相当于资本主义发展史中的第一次产业革命时期。通过产业革命,开创了近代工业时期,为经济的进一步发展打下了基础。

4. 成熟阶段

这是在技术上达到成熟并向整个经济领域推广的阶段。经济"起飞"后,要经过一段相当长的、虽有波动但仍自动持续成长的时期,即成熟阶段。在这一阶段,现代科学技术普遍地推广到各个经济领域,经济持续增长,国民收入中大约有 10%~20% 用于投资,工业向多样化发展,重工业部门逐渐替代"起飞"阶段的旧主导部门成为社会生产的新主导部门,出现了各种形式的联合(垄断组织),国际贸易增长迅速,生产的增长能大幅度地超过人口的增长。在成熟阶段,人们的观念和社会的政治制度也发生了相应的变化,新的观念和制度的产生促进了经济的顺利发展。在罗斯托看来,向成熟推进阶段实际上是一个社会已把一系列现代技术有效地应用于它的大部分资源的时期。大体相当于自由竞争资本主义向垄断资本主义过渡阶段,即工业化完成阶段,垄断巨头是这一阶段的中心人物。

5. 高额群众消费阶段

罗斯托认为当一个社会步入成熟阶段后,由于科技广泛应用,形成了一个高度发达的工业化社会。社会产品极大丰富,人们收入逐步增加,此时若没有需求和消费的相应增长单靠增加投资已无法推动经济的进一步发展。为避免经济的"减速趋势",只有选择对外侵略寻找海外市场或重视消费、刺激需求寻找国内市场两种方法。"高额群众消费"就是解决市场需求相对不足、避免经济下滑而产生的一个新经济成长阶段。此时经济社会的注意力从供给方面转到需求方面,从生产问题转到消费问题。罗斯托分析说,这时社会已进入一个高度发达的工业社会,一般居民家庭对耐用消费品的购买保证了经济的持续增长,主导部门已转移到以汽车工业为代表的"消费品和服务"方面,具有专业知识的经理阶层成了新的"中心人物"。

6. 追求生活质量阶段

在罗斯托的早期著作中,只有前 5 个阶段,在高额消费阶段以后将会怎样,当时罗斯托认为是"无法预测的"。经过十年的研究,罗斯托认为,在高额消费阶段人们收入的日趋提高渐渐失去它往日的魅力,对物质生活的追求兴致减弱,由于汽车工业发展和汽车的大量使用,出现了污染严重、城市人口多、交通拥挤等情况,这使得人们向往优美环境、舒适生活及精神方面的享受,人们开始追求生活的质量。这时的经济主导部门从耐用消费品转到了服务部门和环境保护部门。这些部门被叫做"生活质量部门",如公共教育、卫生保健设施、文化娱乐、旅游等部门,它们不生产物质产品而是提供劳务,人们追求的不是物质享受而是精神享受。罗斯托认为过渡到追求生活质量阶段是工业社会中人们生活的一个真正突变。因为这个阶段在生活质量部门中就业的人越来越多,人类历史上将第一次不再以有形产品数量的多少来衡量社会的成就,而要以生活质量的增进程度作为衡量成就的新标志(秦斌祥、朱传一,1988)。

罗斯托深入分析了美国社会进入追求生活质量阶段的必然性。他认为在美国高额群众消费阶段的主导部门在 20 世纪 50 年代就出现了减速发展的趋势,作为美国经济增长基础的庞大的汽车和耐用消费品综合体系已经开始衰落。与此同时,随着服务行业就业人员的不断增加,社会经济的主导部门已经逐渐让位于以公共和私人服务业为代表的提高居民生活质量的有关部门。质量部门投资的增加,意味着居民受教育程度的提高、健康状况的改善、环境的美化、生活条件的提升。由汽车工业发展而引起的空气、水源污染以及大城市的衰败,只有在追求生活质量阶段才能真正解决。此外美国进入 20 世纪 60 年代以后,居民收入一般都有较大提高,人们的欲望不断变化,没有钱的时候想赚钱,有了钱就想要社会地位,想要生活环境的舒适,想要精神上的享受。

在罗斯托看来,在这些因素的合力作用下,美国不可避免地要进入一个追求生活质量的阶段(秦斌祥、朱传一,1988)。

以上概述了罗斯托对社会经济发展阶段的划分和各个阶段的基本特征。在罗斯托看来,人类社会发展的历史进程中美国是第一个进入"追求生活质量"阶段的国家,其他国家也将按各自的特点和条件从低级阶段逐步向高级阶段过渡。人类社会演进的 6 个阶段中有过两次重大突破,第一次是"起飞"阶段,第二次是从"高额群众消费"向"追求生活质量"的过渡,而"起飞"和"追求生活质量"也正是罗斯托经济成长阶段论的核心。

（三）理论评析

罗斯托对于追求生活质量阶段有何意义,曾经这样陈述:"这个阶段给政治的议事日程提出了一大堆要求:要求增加教育和保健的费用,要求大量投资以减少汽车时代的污染和城市的畸形化,要求做出计划来处理与穷人的收入和不平等的范围有关的问题,要求做出计划来对付这样一些人,即在观察周围生活状况和所面临的各种机会时打算进行抗议或者以违反法律的方式挣脱这个社会的人。"[1]这里所谓的穷人与不平等问题主要与黑人有关;而企图抗议和挣脱社会的人,则是指富有的白人青年。通过物质财富的极大丰富和权利机会的扩散,可以逐步解决穷人的生活问题,而改善经济增长带来的众多负面影响则有助于缓解富有青年的不满和抵触情绪,使社会和谐稳定发展。

通过以上陈述不难看出,罗斯托眼中的追求生活质量阶段是对以往经济成长阶段的一种升华式发展。追求生活质量的提高,是人类社会发展到高额群众消费阶段之后才会出现的事情。在

---

[1] Rostow, W. W. 1971. *Politics and the Stages of Growth*. London: Cambridge University Press. p. 22. 转引自秦斌祥、朱传一,"美国生活质量研究的兴起",《美国研究》,1988 年,第 2 期,第 142 页。

此之前，人类社会的发展只能遵循从传统社会到为起飞创造前提阶段、起飞阶段、成熟阶段、高额群众消费阶段的依次更替。就现实社会而言，发达国家已经进入了追求生活质量的阶段，而广大发展中国家则只能处于起飞阶段，与追求生活质量无关。这一论断很显然有失偏颇。其一，生活质量的诸方面并非为追求生活质量阶段所独有，而是每一个经济成长阶段都存在的；其二，虽然在追求生活质量阶段，由于质量部门成为经济增长的主导部门而有可能使生活质量得以较快提高，但这并不意味着其他阶段上生活质量不能提高，相反，在每一阶段，生活质量都可能有不同程度的提高，甚至可能出现超前提高；其三，将追求生活质量作为经济成长的最后阶段的特征并无不可，但反过来认为非最后阶段就不能追求生活质量的提高，显然是武断的和绝对化的推断（朱国宏，1992）。虽然由于分析的局限性，罗斯托的生活质量理论并没有被大多数人接受，但他毕竟将生活质量的理念引入了经济成长模式的划分中，使越来越多的人关注到这一全新的理念对未来社会产生的影响。而且颇具相反意味的是，人们非但没有认为提高生活质量是少数发达国家的专利，反而将其广泛应用到发展中国家乃至整个人类社会的发展进程研究中，促进了人类对自身发展的认知。

三、阿马蒂亚·森的能力理论

阿马蒂亚·森（Amartya Sen）是 1998 年诺贝尔经济学奖获得者，英国剑桥大学三一学院（Trinity College）院长，2016 年受聘为北京大学经济学院特聘教授。曾任联合国发展计划署《人类发展报告》顾问，期间撰写过《人类发展报告》，并曾担任过联合国前秘书长加利的经济顾问和世界银行总裁特邀研究员。阿马蒂亚·森在经济哲学、发展伦理学、发展经济学、发展历史学、福利经济学、灾害经济学等经济学诸领域取得了卓越的学术成就。他学术视野开阔，兴趣涉及政治学、哲学、伦理学、历史学、社会学、数学等多种学科。森自称他的经济学研究有"趋于超越经济学界线的倾向"，关键的原因不仅仅与其学习和学术经历有关，更重要的是与其经济学理念相关。森认为："经济学从根本上说不是关于商品的科学，而是引领人类生活的科学。"①在谈到经济学和社会学结合的一般问题时，森特别指出，"这两门学科都屈从于社会生活的复杂性，都是关于人类社会生活的学问。这种生活包括制造商品和使用商品，但其与商品的生产、交换和消费并不相同。经济学与社会学主要考虑的是同一现象的不同方面，即人类社会生活的不同方面。"②

　　正是对社会生活同一性与复杂性的深刻认识，使得森的研究视野跨越出经济学的界限，增加了多元化的人文主义色彩。他不仅像泰戈尔在给朋友的一封信中所说的那样，把所有人的所有快乐看成是自己的快乐，而且把所有人的所有痛苦看成是自己的痛苦。他虽然没有与底层民众血脉相通的生活体验，却一直深切地关注着社会底层人民的疾苦、贫穷、饥荒和权利被剥夺。可以说，森是经济学家中极少数集知识与德性于一身的人，他对社会底层人民以及道德的关切，使他获得了"经济学良心的肩负者"的美誉。

　　森虽然并没有以十分系统完整的理念全面阐述生活质量的内涵，但是他对生活质量的关注自始至终贯穿于其核心的发展理念——自由与发展的研究框架中。甚至可以从某种程度上说，以自由看待发展的视角中提出的能力的观点，即是从国家层面衡量

---

　　① ［瑞典］理查德·斯威德博格著，安佳译，2003，《经济学与社会学》，北京：商务印书馆，第355页。
　　② ［瑞典］理查德·斯威德博格著，安佳译，2003，《经济学与社会学》，北京：商务印书馆，第356页。

生活质量的一个全新切入点。

　　森并不否认国民生产总值或个人收入提高对发展的价值，但他否认仅仅把国民生产总值增长或个人收入提高作为发展的终极目标。在他看来，国民生产总值或个人收入的增长，仅仅是实现社会成员享有自由的手段。即使现在世界达到了前所未有的丰裕，但还远远没有为大多数人们提供初步的自由。因此，他的经济理论一直强调："发展要求消除那些限制人们自由的主要因素，即：贫困与暴政，经济机会的缺乏以及系统化的社会剥夺，忽视公共设施以及压迫性政权的不宽容和过度干预。"①在森看来，"发展可以看作是扩展人们享有的真实自由的一个过程。聚焦于人类自由的发展观与更狭隘的发展观形成了鲜明的对照。狭隘的发展观包括发展就是国民生产总值（GNP）增长、或个人收入提高、或工业化、或技术进步、或社会现代化等等的观点。"②按照这一思想，扩展自由是发展的首要目的和主要手段。而他所谓的"真实自由"，又称"实质自由"或"实际自由"，是一种实质意义上的自由，即享有人们有理由珍视的那种生活的可行能力。具体来说，"实质自由包括免受困苦——诸如饥饿、营养不良、可避免的疾病、过早死亡之类——基本的可行能力，以及能够识字算数、享受政治参与等等的自由。"③在森的眼中，他强调的自由不仅仅包括基本的经济生活的物质保障权利（如失业者有得到救济的权利，收入在最低标准线以下者有得到补助的权利等），也不仅仅扩大到基本的意见表达和政治参与权利，更扩及到基本的教育文化

---

　　①　［印］阿马蒂亚·森著，任赜、于真译，2002，《以自由看待发展》，北京：中国人民大学出版社，第2页。
　　②　［印］阿马蒂亚·森著，任赜、于真译，2002，《以自由看待发展》，北京：中国人民大学出版社，第1页。
　　③　［印］阿马蒂亚·森著，任赜、于真译，2002，《以自由看待发展》，北京：中国人民大学出版社，第30页。

权利(每个孩子享有接受教育的权利等)。总之,自由是人们能够过自己愿意过的那种生活的"可行能力"(Capability)。

阿马蒂亚·森的能力研究方法与客观生活质量研究传统中的斯堪的纳维亚模式有些类似。他于 20 世纪 80~90 年代提出了"能力方法"的框架,这是一个评价个人福利状况的基本框架,同时为不平等研究、贫困和国家政策分析提供了理论基础(Kuklys and Sen,2005)。能力方法的核心概念是功能(functionings)和能力(capabilities)。他把功能定义为一个人生活中的各种活动或生活状态,例如良好的健康状态、接受教育等等。这与经济学中常用的"商品"一词涵义不同。一个人拥有某种商品却不一定能保证他获得该商品所带来的功能,而功能是通过一个人使用商品的能力得以实现的。物质条件只是实现功能的条件之一,商品只有通过人的能力才能转化为一种功能。一个人的成就取决于他(她)能否使现有的物品发挥作用。[①]

对森而言,能力是一个从功能推演出的概念。能力是一个人能够实现的各种功能的组合,也就是说能使功能得到发挥的力量,凭借这种能力个人能实现有价值的功能。这些功能组合由人们所能够做到的一系列活动项目所组成,或由"良好的营养状况,避免疾病带来的死亡,能够阅读、写作和交流,参与社区生活,公共场合不害羞等所组成"[②]。收入、财富、效用的获得都有赖于个人能力的大小,比如,良好的教育和健康的身体能增强个人获得更多收入及摆脱贫困的能力。能力大小反映个人在这些组合中进行选择的自由度。它代表了一个人在不同的生活中间做出选

---

① Amartya Sen. 1985. *Commodities and Capabilities*. Amsterdam: North Holland. pp. 10 - 14. 转引自王艳萍,"阿马蒂亚·森的'能力方法'在发展经济学中的应用",《经济理论与经济管理》,2006 年,第 4 期,第 27 页。

② 王艳萍,"阿马蒂亚·森的'能力方法'在发展经济学中的应用",《经济理论与经济管理》,2006 年,第 4 期,第 28 页。

择的自由。能力是一种最基本的自由，即一个人所拥有的能够给他带来何种生活的选择范围。能力标志了个人能做什么或不能做什么。个人有实质自由去选择他认为有价值的生活，一个人的能力越大，他过某种生活的自由也就越大。能力由个体所能发挥的各种功能反映出来。

森认为评价生活质量并不能仅仅根据物品、金钱或其他资源，正如其在参编的《生活质量》(*The Quality of Life*)的序言中所言，我们应该知道的不仅是人们有多少钱，还应该包括他们怎样生活、他们的寿命、受到的教育、得到的医疗服务、拥有的政治权利和经济权利等(Nussbaum and Sen, 1993)。在森看来，生活质量应从能力与功能的角度来评价，即用个人在生活中实现各种有价值的功能的实际能力来评价生活质量。生活中各种效用的获得都依赖于个人能力的大小，一个人的能力越强，他的生活质量就越高，因此提高生活质量关键在于提高个人的能力。值得注意的是测量个人生活质量的关键不是实际获得的各种效用，由于每个人都有不同的价值观和偏好，因此不同的效用对他的意义也大相径庭。重要的事情在于，个人是否有能力获得对他而言具有较高价值的效用，或者是否能够拥有其所需要的生活方式(贺春临、周长城，2002)。能力的概念与斯堪的纳维亚模式中的资源概念的共同之处就在于，它们都认为生活的客观方面决定了人们的生活质量，个人能积极地、有意识地按照自己的偏好主导自己的生活，在这一过程中，资源或者能力被视为达到目的的手段。

由于森并没有指出能力的具体内容，著名女哲学家努斯鲍姆(Nussbaum)在这一方面发展了森的能力方法。努斯鲍姆区分了基本能力(basic capabilities)、内在能力(internal capabilities)和组合能力(combined capabilities)3个概念(王艳萍，2006)：(1)基本能力是指一个人本身所固有的能力，这种能力对发展更高级的能力以及发展一个有道德行为基础的能力是一个必要的基础。例如，看和听的能力以及对话、语言、爱、感激、工作、实践能力等等。（2）内在能力是指就一个人本身而言，这个人自己所发展的各种状态，是实践功能性活动所要求的充分条件……为实现功能性活动而准备就绪的成熟条件。换句话说，就是身体的成熟、性能力的成熟、宗教自由、言论自由。（3）组合能力是指内在能力与实践功能性活动所需的外在条件的合并。指一个人不仅能够表达他的观点，而且也能够在一个特定的政治和文化制度下表达他的观点（如果一个人能够表达一种观点，但不能够掌握他所表达的观点可能引起的反响，那么这个人只具有言论自由的内在能力，而没有组合能力）。努斯鲍姆提出了 10 项人类能力（生存，身体健康，身体完整，判断力、创造力和思考能力，感情，实践动机，与社会建立良好关系，其他种类的能力，消遣，对个人环境的控制能力）。

　　阿马蒂亚·森的能力研究方法开创了生活质量研究的一个全新视角。它以能力和功能作为分析的切入点，脱离了单纯从具体而微的生活事件和社会活动的角度对生活质量的简单测量，将对人类自由发展的关注融入生活质量研究中，实现了研究理念与内涵的升华。联合国前秘书长安南曾经这样高度评价森："全世界贫穷的、被剥夺的人们在经济学家中找不到任何人比阿马蒂亚·森更加言理明晰地、富有远见地捍卫他们的利益。通过阐明我们的生活质量应该不是根据我们的财富、而是根据我们的自由来衡量，他的著作已经对发展的理论和实践造成革命性的影响。联合国在自己的发展工作中极大地获益于森教授观点的明智和健全。"[①]

---

　　① ［印］阿马蒂亚·森著，任赜、于真译，2002，《以自由看待发展》，北京：中国人民大学出版社，扉页。

四、社会凝聚理论①

作为社会良好运行状态的体现,社会凝聚对社会的健康协调发展具有不言而喻的重要作用。然而正如可持续发展理念的兴起是对传统发展理念和人类发展困境的反思一样,社会凝聚之所以日益成为全球研究的新热点,恰恰是因为这一社会运行的基本要素正在经受着全球化严峻的威胁与破坏。

(一)全球化对社会凝聚的冲击

首当其冲的就是全球化发展趋势对固有社会格局的打破。全球化借由世界经济体系的触角,将人类社会卷入到一场规模空前的社会变革之中。全球化正在改变着一种国家、社会和经济在同一民族的边境内在一定程度上齐步成长的历史格局。"原先的那种由国家确定对内经济和对外贸易间的界限的国与国间的经济秩序,在市场的全球化的过程中,正在演变成为一种跨国的经济。"②从根本上讲,经济全球化就是要使整个世界经济活动摆脱民族国家的限制,通过商品和生产要素的跨国界流动来实现资源在全球范围内的最优配置(刘力,2002)。然而世界范围内的资本流动带来的却并不总是一片繁荣共存的大好景象,正如一位前联合国秘书长所言"全球化的许多经历并非是一种进步的表现,却成为了破坏性的力量,几乎如同飓风一样对毁灭生命、破坏工作和传统视而不见"③。在世界上许多国家全球化加速了不平等的产生,侵蚀了传统文化的根基,造成了精神信仰的迷失。同时,廉

---

① 本部分内容已经前期发表,参见张蕾,"全球化视野下的社会凝聚:理论与实践探索",《世界民族》,2010年,第3期,第1~7页。

② [德]J.哈贝马斯、张庆熊译,"在全球化压力下的欧洲的民族国家",《复旦学报(社会科学版)》,2001年,第3期,第115页。

③ Gloria Li Kan, 2003. *Social Cohesion: A Global Issue of Increasing Importance*. Available from: www.hku.hk/socsc/cosc/prog.htm, p5.

价便捷的旅行和高新技术的传播使得临时性、经常性和循环性的移民群体不断增加,这些所谓的世界公民和跨国群体并不依附于某一特定领土,生活游历于不同的国家政治体制之间,个人经历的复杂性造成了其特有的自我身份认同,因此他们的出现也对民族国家的归属感构成强有力的挑战。社会凝聚力和多元文化的矛盾成为全球化时期民族国家无法回避的问题。

其次,全球化造成了世界范围内社会不安全感的普遍蔓延。全球化的原初发展本是西方发达经济体之间的强强联合,实现了超地域界限的联系与互动,带来了丰厚的经济效益。然而当西方国家将这样一种一体化交往模式渗透到非西方文化地区时,必然会受到异质文化不同程度的抵触与排斥。尤其极端的是,美国所主导的全球秩序在中东地区遭受到伊斯兰原教旨主义者的激烈反抗。利科纳(Frank J. Lechner)早在 1993 年就已经提出了全球原教旨主义(Global Fundamentalism)的理念,指出"随着现代化的全球化,反对现代化的另一种世界观也必然有全球性的含义。原教旨主义是对西方自由主义的最激烈抵抗。全球化运动越厉害,原教旨主义的全球反抗也将更厉害"①。"9·11 事件"不幸被言中,恐怖主义自此之后走向了全球化,成为威胁人类安全的如影随形的恶魔。有学者甚至宣称一个新的全球冲突时代已经来临。以恐怖主义为代表的非传统威胁的兴起远未停止嚣张气焰,他们已将恐怖势力渗透至国家与民族地区的内部,通过制造各种社会危机来实现其政治目的。虽然就目前而言,恐怖袭击的破坏力尚未达到战争损失的程度,但它所造成的社会心理振荡和公共安全感的丧失已经不亚于战争时代。无论发达国家还是发展中国家都前所未有地面临着恐怖主义的严峻挑战,社会安全已经成为国家安全的重要组成部分。除此之外,社会内部不平等

---

① 转引自梁燕城,"全球化下的中国哲学反思",《文化中国》,2004 年,第 42 期。

因素的增加也加剧了不安全感的蔓延。世界范围内高居不下的失业率和低水平就业率，不但使雇员体会不到劳动就业带来的安全感与归属感，而且雇主也往往容易产生消极预期。市场的脆弱化和劳动力的流动多变一定程度上也造成了社会安全感的降低和凝聚力的涣散。

再次，全球化发展在突破国家与地区壁垒的同时，也将社会中个人对自我和集体的价值认同一再改变。经济学意义上的全球化通常意指世界经济和市场竞争的一体化，而这种对全球资本的最大限度的索取在客观上也会导致竞争方或者合作方的利益优化，主观上造成了经济利益主体追求自身利益的最大化，于是一种以个人主义和自由主义为代表的全球文化应运而生。哈耶克(Friedrich August von Hayek)在解释个人主义的本质特征时认为，"首先，它主要是一种旨在理解那些决定人类社会生活的力量的社会理论；其次，它是一套源于这种社会观的政治行为规范"①。从价值中立的角度来分析，个人主义所代表的是一种对个人幸福权利的追求。个人有权自由地选择他自己认为恰当的价值理念或生活方式，任何人无权强加干涉。虽然这种强调人性的首要法则就是维护自身的生存，将人的价值列为首位的价值观本身并无可厚非，但是它不可避免地会带来强调个人权利和对各种公共权威的日益排斥。过于推崇个人主义会削弱人们对于特定共同体的归属感。小到家庭结构的脆弱化，越来越高的离婚率、不婚率、非法同居、单亲妈妈等问题对传统家庭结构造成极大的冲击与伤害；大到社区、民族和国家结构的涣散，人们缺乏以某种契约形式联系在一起的共同信仰。对个人自主权的过分关注必然导致个人空间的无限膨胀和社会凝聚力的减弱。

---

① ［英］哈耶克著，贾湛等译，1991，《个人主义与经济秩序》，北京：经济学院出版社，第6页。

（二）社会凝聚的研究传统：欧洲的理论起源与延续

社会凝聚是一个国家社会和谐程度的重要体现，是集社会成员相互关系以及社会共同价值信仰、认同感、归属感、信任感的综合反映。近年来随着国际局势的风云突变、全球范围内社会和经济的多元发展变化，社会凝聚的概念受到越来越多政府和国际组织的关注，逐渐成为研究的热点。

1. 迪尔凯姆的研究启蒙

早在一百多年前的法国社会，社会学经典大师迪尔凯姆（Emile Durkheim）曾就此议题展开过精辟论述，至今仍被许多从事社会凝聚研究的学者视为圭臬。当时欧洲已经在很长一段时期内深陷工业社会的重重危机之中。作为一个具有强烈社会责任感的学者，迪尔凯姆一直期望能够通过社会科学的研究发现社会失范的根源，诊断社会疾病。在其著名的博士论文《社会分工论》的开篇，他就把研究的起点定位于"考察个人人格与社会团结的关系问题。为什么个人越变得自主，他就会越来越依赖社会？为什么在个人不断膨胀的同时，他与社会的联系却越加紧密？"[①]换言之，他所研究的就是在一个社会分工日趋复杂化的社会，如何才能有效维持社会的凝聚力。迪尔凯姆以社会分工作为切入点来分析人与社会的复杂关系。社会分工产生了不同于传统社会的新的社会结构，个人深切地意识到只有维系对社会的依赖关系，才能充分发挥自己的价值，并在此过程中拥有了不同于以前的行动范围和自由度，人格获得了更大的发展空间和机会。这种转型社会被迪尔凯姆称为有机团结的社会，从而区别于机械团结的社会。后者是指在传统社会中，生活空间狭小，社会分工不发达，人们因意识的高度同质性而凝聚在一起，在地方上借助人际

---

① ［法］埃米尔·涂尔干著，渠东译，2000，《社会分工论》，北京：生活·读书·新知三联书店，第 11 页。

互动产生较强的社会团结，即机械团结，但机械团结并不能推及到整个社会。随着传统社会向现代社会转型，机械团结被有机团结所替代。迪尔凯姆所谓的团结概念在某种程度上就是社会凝聚的代名词，它表述了集体内部成员之间的共同意识所产生的凝聚力和向心趋势。而这种对社会凝聚方式的划分也深刻地揭露了不同社会的凝聚方式对其制度结构的决定与制约作用。

2. 欧洲一体化进程中的社会凝聚：政策与实践的推动

社会凝聚的研究传统在欧洲得到了延续与传递。欧洲社会对分配和社会关系等基于社会整体福利的研究变得相当普遍。社会凝聚作为福利研究的一个维度引起了越来越多的关注。社会凝聚涉及个人、集体、组织、制度和国家之间关系的协调，强调社会融合、团结和稳定的价值。总体看来，这一概念主要包含了两个既相互区别又相互统一的目标维度：其一是减少差别、不平等和社会分化；其二是囊括了旨在加强社会融合及社会成员义务的所有方面（贺春临、周长城，2002）。两者从消极方面和积极方面反映了社会成员之间和集团之间复杂的关系及其对社会凝聚力的影响程度。所谓消极方面是指不均衡发展的日益加剧使得社会的整合功能受到严重削弱，矛盾、冲突、甚至暴力犯罪等危害行为影响到社会的和谐发展，如果长期处于割裂状态，社会成员的集体福祉则无法保障。因此只有增强社会凝聚力，才有助于问题的化解。而积极方面则是强调具有向心力的社会，其各个组成部分紧密结合、相互适应并且通过社会关系网络、信任以及相互之间的支持而共同促进整个社会的福祉（周健华、李庆瑞，2008）。

为了积极应对经济全球化和区域协作化发展带来的机遇与挑战，欧洲的社会凝聚研究逐渐由理论转向实践层面，充分地体现在欧洲各项社会政策和行动纲领的制定上。随着欧洲一体化进程的日渐深入，发展表面上呈现的是欧盟领土范围的扩大，国际经济竞争力和政治影响力的提升，但实际上许多文化、经济、法律、社会及民主发展的问题也接踵而来。由于市场机制的自由运行，东扩的欧盟并没有一蹴而就地实现区域间的协调发展，反而加大了国与国、地区与地区之间的经济差距和社会差距，影响了内部的团结协作。每一次版图的扩大都为不协调发展埋下了隐患，成为制约欧盟增强社会凝聚力的巨大障碍。所幸的是欧盟的决策领导层较早地就意识到了发展面临的风险。1957 年为建立欧洲经济共同体（欧盟的前身）而签署的《罗马条约》中，社会凝聚的理念已经有所体现，序言中写入了"通过减少各区域之间的差距和处于不利区域的落后来促进经济联合及其和谐发展"[①]。其后颁布的《欧洲共同体条约》更是旗帜鲜明地将社会凝聚作为章程的核心理念加以阐述，其中第 2 条规定成员国约定欧洲经济共同体的任务（也是目标）是"在共同体范围内促进经济活动的一种协调、平衡和持续发展……以及成员国之间的经济与社会凝聚"；第 158 条规定"为了促进共同体的全面平衡发展，共同体应当制订和采取行动，以求加强共同体的经济与社会凝聚力。共同体尤其应当旨在减少各区域之间发展水平不平衡以及包括农村地区在内的处于最不利地位区域或者岛屿的落后"[②]。

　　政策层面的指引充分表明社会凝聚作为实现欧洲社会全面平衡发展的前提条件需要予以高度重视，并为之采取切实行动，以努力缩小区域之间发展水平的差距。20 世纪 70 年代，欧洲区域发展基金的设立是应运而生的产物。1973 年刚刚吸纳了英国、爱尔兰和丹麦的欧洲经济共同体，实现了版图的第一次扩大。但当时三国的发展水平差异很大，英国和爱尔兰的人均 GDP 均低于欧洲经济共同体的平均水平，丹麦的整体经济状况虽然较为乐

---

　　① 冯兴元著，2002，《欧盟与德国：解决区域不平衡问题的方法和思路》，北京：中国劳动社会保障出版社，第 70 页。

　　② 冯兴元著，2002，《欧盟与德国：解决区域不平衡问题的方法和思路》，北京：中国劳动社会保障出版社，第 70～71 页。

观,但却面临着国内发展不均衡的困境。欧洲经济共同体通过设立欧洲区域发展基金,以经济杠杆调节的方式,希望缩小地区差距以确保各成员国经济社会能够相对均衡、协调发展。根据基金条例的规定,可以依据一定的标准对有资格的国家和地区进行资金支持,以提升该国家和地区的基础设施建设水平。到1994年欧盟甚至专门设立了凝聚基金(Cohesion Fund),用于对一些较贫困国家和落后地区的物质基础设施和环境保护进行专项补偿和资金技术的支持,支持力度可以达到项目总投资的85%[1]。能够申请凝聚基金资助的国家为人均GDP低于欧盟平均值90%的成员国,覆盖的国家主要是欧盟最不发达的国家和地区,例如希腊、葡萄牙、西班牙、塞浦路斯、捷克、爱沙尼亚、匈牙利、拉脱维亚、立陶宛、马耳他、波兰、斯洛伐克和斯洛文尼亚[2]。一旦该国的人均GDP达到欧盟平均水平的90%以上,则停止享受该基金。

在欧盟一贯所倡导的"凝聚力"政策原则下,不断东扩的欧盟虽然对整个欧洲社会的可持续发展带来强烈冲击,但是相应的社会政策也在随时发生调整。基于对21世纪新的发展状况的认识与分析,欧盟首脑曾在2000年3月的里斯本会议上通过了一项"就业、经济改革与社会凝聚"的战略,提出要在21世纪的头十年使欧盟成为"世界上最具竞争力和活力的以知识为基础的经济区域"。这个发展欧洲新经济的里斯本战略,规划了建设全民的信息社会、建立欧洲研究与革新区域、开辟有利于技术创新企业的环境、继续经济改革以完成内部市场、发展有效与一体化的金融市场、协调宏观经济政策等目标,其最终目的就是为了实现社会凝聚力的综合提升。除此之外,欧洲理事会还专门成立了欧洲社

---

[1]　项继权,"我国基本公共服务均等化的战略选择",《新华文摘》,2009年,第9期,第12页。

[2]　杨荫凯,"欧盟促进地区发展的经验及对我国的启示",《宏观经济管理》,2006年,第12期,第69页。

会凝聚委员会(European Committee for Social Cohesion，CDCS)用于跨国家、跨政府的社会研究工作,并推行了一系列用于增强欧洲社会凝聚的方针策略。其中明确指出社会凝聚就是确保社会每一成员的福利,减少不公平及两极分化。虽然所有社会都存在不同形式的分歧,但政府、商界、公民社会(第三部门)以至个人均有责任促进社会和谐发展。社会凝聚的发展目标就是明确并维持政府保障人权及弱势群体的基本角色,将社会因素融入经济规律,树立具有社会责任感的典范,维持家庭的凝聚力,鼓励民众积极参与公民社会的建设。

第二节　热点命题与引申思考

一、伊斯特林悖论及其政策导向

世界上最幸福的国家是哪一个？它既不是财雄势大的美国、加拿大,也不是高福利的北欧各国,而是一个名不见经传的太平洋小国——瓦努阿图。英国智囊机构新经济基金会曾经连续多年对全球一百多个国家和地区进行"幸福指数"排名,又称为快乐星球指数(Happy Planet Index，HPI)排名。瓦努阿图不仅在2006年和2010年两次问鼎这项排名的冠军,而且多年排名位居前列。快乐星球指数是全球第一个将生态环境因素纳入评价标准的指数。评价标准包括幸福感(wellbeing)、平均寿命(life expectancy)、生态资源消耗(ecological footprint)、财富均衡度(inequality)。

据法新社7月12日报道,这项由英国智囊机构新经济基金会(NEF)进行的快乐星球指数调查,综合考虑了生活满意度、平均寿命和环境承受能力(包括全国人口生活空间和能源消耗能量）等多项指标，而不是用一般的国民收入和国民生产总值等国家财富指数来评比，对 178 个被调查国家进行了"快乐排名"。

前五名国家都是发展中国家，瓦努阿图后面依次为哥伦比亚、哥斯达黎加、多米尼加和巴拿马。最不快乐的国家被认为是津巴布韦，其次是斯威士兰、布隆迪、刚果民主共和国和乌克兰。

国家发达程度也不能与快乐程度划等号，因为八国集团（G8）成员国的人民也不算开心：意大利 66，在 G8 中排名最靠前；德国 81；日本 95；英国 108；加拿大 111；法国 129；美国 150，俄罗斯 172。

亚洲最快乐的国家是越南，位居第 12；菲律宾 17；印度尼西亚 23；中国 31；泰国 32；马来西亚 44；印度 62；巴基斯坦 112；澳大利亚 139。如果不算澳洲，亚洲最不快乐的居然是新加坡，排名 131。中国的香港和台湾分别位居 88 和 96。

欧洲国家中最快乐的是瑞士，排名 55；冰岛 64；荷兰 70；西班牙 87；丹麦 99；挪威 115；瑞典 119；芬兰 123。

NEF 负责人安德鲁·西姆斯说，人们的生活依赖环境与资源，而环境与资源都是有限的，各国都应在充分尊重环境与资源的前提下努力提高人民生活水平，快乐国家排名反映的正是各国在这方面的成败。

瓦努阿图是一个南太平洋小国，在 NEF 的报告中被称为"大洋中的快乐岛"。以旅游业为主，人口不到 21 万，人均 GDP 不超过 3000 美元，远远低于工业发达国家，甚至比不上中国一些经济发达的省市。《瓦努阿图在线报》的一位记者马克·洛文认为："瓦努阿图不是消费型社会，这里的生活围绕着社区和家庭，大家都与人为善。除台风和地震以外，人们基本上没什么好担忧的。"

（资料来源：中国日报网站环球在线，"世界最快乐国家瓦努阿图"，http://www.chinadaily.com.cn。）

通过上述排名可以看出排在前 10 位的国家都是小国家，它们既没有中东国家丰富的石油资源，也没有北欧国家良好的福利制度，更没有八国集团强大的生产力，但它们却是全球最快乐的国家。到底什么才能使人民过得幸福快乐？国家财富的多寡又能发挥多大作用呢？这样一个快乐排名的得出使我们不禁再次思考这些困扰人类已久的难题。自从人类有了思考能力，便开始了对快乐乃至人类生存目的的理性思索。早在经济学产生之前，亚里士多德在他的《政治学》中就指出，"财富显然不是我们真正要追求的东西，只是因为它有用或者别的什么理由"。在此，他已经暗示了财富不是幸福与快乐的唯一源泉。然而，随着经济学逐渐从早期的道德哲学中脱离出来而成为一门独立的学科，而后更逐步发展成为可以用数学来进行量化研究的科学，采用一个更加准确、毋宁说更加狭隘的概念来定义政治哲学中模糊的、难以衡量的主观快乐或幸福就成为一种必然（王冰，2006）。在早期经济学家的推崇下，以货币单位来衡量的效用（utility）和福利（welfare）成为福利经济学中快乐与幸福的主要指标，收入和GDP 也由此成为比较个人和国家快乐和幸福水平高低的重要依据。然而越来越多的经济学家和社会学家却意识到仅以经济增长或货币收入来衡量社会福利会遗漏其他一些影响快乐和幸福的重要因素，从而对公共政策的制定产生误导作用。

美国南加州大学经济学教授理查德·伊斯特林（R. Easterlin）就是最早对经济增长与快乐之间的关系产生置疑的学者之一。他在 1974 年的著作《经济增长可以在多大程度上提高人们的快乐》中提出了著名的财富悖论，即伊斯特林悖论（Easterlin Paradox）：在幸福与财富之间不存在明确的关联。首先，国家之间的比较研究以及长期的动态研究表明，人均收入的高低同平均快乐水平之间没有明显的关系；其次，在收入达到某一点以前，快乐随收入增长而增长，但超过那一点后，这种关系却并不明显；第三，在任何一个国家内部，人们的平均收入和平均快乐之间也没有明显的关系，包括文化特征在内的许多其他因素会影响快乐（王冰，2006）。伊斯特林悖论的提出甚至促成了一个新的经济学领域——快乐经济学的诞生。

伊斯特林悖论是当今经济增长怀疑论者的关键命题之一。很多知名学者采用悖论一词作为自己最新著作的点睛之处。例如，格雷戈·伊斯特布鲁克(Gregg Easterbrook)的《进步的悖论》(*The Progress Paradox*)、大卫·迈尔斯(David Myers)《美国的悖论》(*The American Paradox*)、巴里·希瓦茨(Barry Schwartz)《选择的悖论》(*The Paradox of Choice*)等等。即便理查德·莱亚德(Richard Layard)2005年的著作《幸福：新科学的教训》(*Happiness：Lessons from a New Science*)一书并没有以悖论作为标题，他依然在文章伊始开门见山地提到，我们的生活存在悖论。多数人希望收入越来越高，并为此不懈努力，但是尽管西方社会越来越富足，人们并没有感到越来越幸福(Layard，2005)。西方国家从20世纪50年代以来开展的很多生活质量调查都证实了伊斯特林悖论的存在，发现经济增长与国民快乐或主观幸福感增长在一定程度内（如人均GDP 5,000美元）具有正相关，超过一定限度以后，相关性便显著减弱乃至快乐无增长、负增长（陈惠雄，2006）。

随着伊斯特林悖论影响的日渐广泛以及生活质量研究在全球范围内的展开，对快乐、主观幸福感等主观生活质量指标的关注逐渐超越学术探讨的范围，表现出愈发强劲的政治影响力。这种被某些国家媒体称之为"幸福政治观"的思维理念开始成为一种世界范围内流行的公共政策导向。它促使人们不断反思传统的以 GDP 为中心的政治理念，揭示了快乐、幸福所代表的生活质量提高才是经济社会发展的终极价值体现。既然收入和财富的增加并不必然带来更多的快乐和幸福，不能提高人们的生活质量，那么殚精竭虑、甚至不惜以牺牲环境为代价来发展国民经济就失去了存在的合理意义。这种与可持续发展理念不谋而合的思想一旦被政府采纳，将带动整个社会公共政策导向的转变。作为对人类行为价值和行为准则的偏好明示，快乐、幸福等主观生活质量研究的重大意义已经不仅仅在于其测量出人们生活的真实状态，更是积极引导社会公共政策向着反映公众根本利益、实现社会和谐发展的方向转变。

　　早在上个世纪 70 年代，极力倡导快乐原则的南亚小国不丹已开始把实现大众幸福作为政府的首要目标。它是世界上唯一用 GNH（Gross National Happiness，国民快乐总值）代替 GNP（国民生产总值）来衡量发展成效的国家。不丹的超前行动只引起一些学者的关注，并没有在世界主流政治中掀起波澜，这大概与其小国地位、国际影响力有限不无关系。近些年来已经有越来越多的国家意识到衡量社会发展和经济增长需要一些比 GDP、收入、财富更加全面的指标，应该采用一个更加广泛的指标体系来代替 GDP，以反映个人幸福和社会福利的变化。其中英国倡导的幸福政治观格外引人注目。2002 年，首相布莱尔曾邀请伦敦经济学院教授莱亚德给战略智囊作"幸福政治"讲座，切磋如何通过政策调整来提升大众的幸福感。莱亚德劝说政府接受了他在全英增加 1 万名心理医生的建议，以帮助人们明白如何看待和感知幸福。英国政府也开始理论结合实际地研究和制定"幸福政策"，尝试建立与 GDP 数据相类似的一种统计体系——"幸福指数"（又称快乐指数）。美国伊利诺伊大学的心理学教授迪纳，普林斯顿大学心理学教授、2002 年诺贝尔经济学奖得主之一的丹尼尔·卡内曼（Daniel Kahneman）以及经济学教授艾伦·克鲁格（Alan

Krueger)也都主张建立起科学的"国民幸福指数"，认为其有望和GDP一样，成为衡量国家发展水平的标准之一。除了英美之外，德国、瑞典、澳大利亚、意大利、智利等国家都以不同的方法尝试制定新的发展标准。编制适合中国国情的幸福指数也被提上议事日程，目前中国国家统计局正在制定的国民幸福指数、人的全面发展指数、社会进步指数以及各个地区的政府和科研机构编制的各类主观生活质量指标均已产生了广泛的社会影响。总体而言，无论是国民幸福总值、国内幸福指数，还是可持续经济福利指数、国内发展指数，核心都是要把政府政策从经济至上转化到以人为本，把社会成本、环境成本、公民幸福等因素纳入政治目标中，为GDP等只衡量经济产出和消费能力的标准寻找更加人性化的替代指标。

当然辩证来看，伊斯特林悖论的公共政策意义并不是全面否定经济发展对人们生活幸福的影响，而是应该以一种正确的思维看待社会发展中遇到的各种问题与困境，从人的真实需要和幸福生活的角度，适度地实现经济的合理发展。这就需要公共政策制定者能够综合考量一切有利于社会发展、有利于提高人民生活质量的积极因素。以幸福指数为代表的众多主观生活质量指标必将成为社会公共政策调整的重要依据。特别是在社会变革和社会转型时期，变革与转型的效果会最终体现在民众的主观选择和判断上。公共政策制定者应当对不同时期主要社会群体的幸福指数予以充分的重视，把握不同社会群体幸福指数的走势和变化规律，真正将其作为政策目标实现程度的重要指示器、检测社会良性运转的预警器。

二、文化差异与价值普适的辩证

我们生活在一个前所未有的多元文化相互碰撞的时代。在人类社会越来越复杂化、信息流通越来越发达的现代社会，文化的转型更新也在日益加快。这其中既有不同民族、国家和地区在自身传统文化积淀基础之上的反思与发展，更有来自全球一体化的多元文化的冲击与涤荡。不仅各民族、各地区或各国家的文化呈现出多样性，而且一个民族、地区或国家内部也呈现出文化的差异性。文化多样性是人类的共同遗产，构成了人类不同群体和社会所具有的独特性，对人类来讲就像生物多样性对维持生物平衡那样必不可少。正是由于多样性或差异性的存在，整个人类文化才有可能出现"各美其美，美人之美，美美与共，天下大同"[①]的繁荣景象。

　　然而全球化的双刃剑在促进多元文化冲击碰撞、繁荣人类文化的同时，也不禁引起人们的更深层次思考。全球化时代的到来是否意味着一种超越国界、超越制度、超越意识形态的全球价值和全球伦理的形成呢？经济与技术进步及其伴随的标准化会不会破坏文化多样性这种自人类历史起源以来的宝贵传统呢？一切社会的意义体系——它们的哲学、宗教、象征与神话——给它们的千百万成员带来了一种认同感，一种对生死意义的最终揭示，并给予他们在宇宙万物秩序中的一个有意义的位置与作用。这些意义体系是不是在单一大规模文化——这种文化以电子传媒、精巧设计的消费品、职业流动性和全球传输的作用模式为特定——的重压下注定要消失呢？（Denis Goulet，2003）

　　这种困扰拷问着那些思考文化差异与人类发展的人们，同时也以另一种形式提醒着生活质量研究领域的学者。在我们衡量地球上不同国家、不同地区的人们的生活质量时，应该选择怎样的标准？是遵循所谓的国际惯例或标准化模式，还是因地制宜从

---

　　①　费孝通，"跨文化的'席明纳'——人文价值再思考之二"，《读书》，1997 年，第 1 期，第 4 页。

特定人群的文化多样性出发选择更加适宜的指标？在群体层面的生活质量研究中，这一问题表现得尤为突出。虽然很多学者对此尚未进行过深入地思考，但是在纷繁复杂的研究中他们却以近乎相同的方式诠释着对文化差异与价值普适的理解。

全球化使世界联系成为一个整体，不同文化形态的发展与变化呈现出一种整体的相关性和一致性。任何文化一旦打破封闭状态，便不可避免地要与其他文化相接触。事实上，文化之间的接触、传播和相互渗透一直在进行着，除了一些完全与世隔绝的部落文化，没有绝对封闭的文化。任何群体的社会活动都离不开其所处历史时代的文化整体价值，并受整个时代文化价值力量的统辖与制约。这种全球化促成的文化相关性与一致性在很大程度上强化了人们对于普适性价值的渴望，同样也反映在生活质量指标体系的建构过程中。早在 20 世纪 70 年代初，瑞典学者约翰逊（Sten Johansson）就发现在各种类型的生活质量指标体系中，无论是联合国的社会人口统计体系 SSDS、经合组织的社会指标文献，还是东欧国家的普通社会统计指南，乃至世界不同国家的社会趋势报告，都存在一种令人十分惊讶的内容相似性。这种相似性并不仅仅反映了不同国家在社会统计领域的相互学习与借鉴，更是深刻体现了在政治体系与文化背景截然不同的国家和地区存在着高度一致性的社会关注领域。尽管国家之间在集体责任的形式和程度以及对不同领域赋予的相对重要性上会有变化，但是相同的领域在任何地方都是相关的（Johansson，2002）。

造成这种普遍的一致性的原因可能有很多，约翰逊将之归结为无论人类身处何地都会面临基本相同的状况，在每一个社会中人们在生命循环之中遇到的问题与挑战都必须集体地加以解决（Johansson，2002）。例如，无论在何种类型的社会里，集体都会承担起赡养年老体弱的社会成员的责任；协调社会生产、分配劳动成果；以一种或多种方式规范社会行为，教育年轻一代充分实现社会化；以集体的形式明确社会成员的政治权利和义务；维持社会秩序，保护个人的生命和财产安全等等。虽然具体而言个体的偏好和满足形式千差万别，但是在所有国家、所有文化传统以及历史背景中，当人们集合在一起探讨集体的未来与发展现状时，他们总是倾向于对关注的领域表现出高度的一致性。因为这些关注来自于所有人在他们一生当中都会遇到的一个庞大的生活内容框架(Johansson，2002)：

- 作为一个孩子被照顾、哺育和培养。
- 接受培训或教育，以为成年人角色做好准备。
- 在生产体系中找到一份工作。
- 确定自己居住的地方，组建家庭。
- 在一生中保持身体健康。
- 受到保护，免受暴力和犯罪的侵害。
- 在文化熏陶中明确社会身份，成为一个社会的公民。

约翰逊认为目前对这些集体关注的领域还没有找到任何结构性的原则，因为它们处于不同的抽象水平之上，因此尚不能形成一个一般性的、能够给予整个研究领域一种逻辑上的联系结构的概念体系。即便如此，这种关注领域的普遍一致性依然值得我们思考。在生活质量研究中面对多元文化的矛盾，是否可能存在一种普适性价值，将人类的生活以某种标准化的形式加以衡量？尽管在实际研究中，越来越多跨地区、跨国家的生活质量调查从实际操作层面表达了对普适性价值存在的一种认同，这类实证研究的潜在价值理念便是相信在文化差异普遍存在的人类社会存在一种被广泛接受的关于好与坏的评判标准，并可以借由各种具体的表现形式加以比较，但还是有学者对此表达了不同的见解。

例如维黑文就曾经提出过质疑，他认为一些指数（国家生活质量）实际上是更特定的，或多或少等同于具有"现代性的生活质量"，实际上它们是在测量多大程度上一个国家具有占主导地位的西方社会的特征……称之为"生活质量"其实是一种误导,现代化并不能等同于高质量的生活(Veenhoven,1996,cited in Rapley,2003)。某些被称之为标准福利指标(normative welfare indicators)的指标,例如收入、预期寿命、入学率等等也曾遭受类似的质疑,如诺尔指出的,尽管在同一社会甚至不同社会中可能存在一些得到广泛认同的指标,但是称之为"标准"福利指标很大程度上是文化(甚至亚文化)相对性的表现,是出于政治和意识形态的考虑决定的(Noll,1996)。例如,世界银行将适龄男女生的入学率作为一个明确的(高)社会福利标准指标,然而在一些伊斯兰教国家却将在校女生的比例视为一项社会罪恶。同样地,标准指标的选择具有地方性和相对权重(Rapley,2003)。在撒哈拉沙漠以南的中部非洲地区、东南亚和拉丁美洲,入学率相对经济生产而言处于次要地位,在这些地区,学龄儿童参与到工厂生产中,做出了巨大贡献。入学率这一标准指标清晰地反映了不同民族的中心价值观。这种文化和价值理念差异的存在使得我们在思考普适性价值的时候不得不保持更加审慎的态度,毕竟不同的国家和民族的发展道路不一样,它们的文化积淀也各不相同,如果不加考虑地推崇普遍主义,容易片面地将西方的中心价值观泛化为通行世界的准则。

　　查尔斯·泰勒(Charles Taylor)将讨论更加深入一步,他提出了转变的普遍性(transitional universality)的概念,认为一般的生活质量指标并不是永恒不变的评价外部文化内涵的标准(Taylor,1993)。泰勒对转变的普遍性的思考可以由以下例子加以说明。在那些具有歧视妇女倾向的文化中,通常是很难理解妇女平等理念的。但是可以让该文化的代表首先认同所有人应该具有相同的价值。之后他可能就会承认原则上应该给予妇女同男人一样的地位。接下来他可能就会宣称只要妇女并不是如此适合家务劳动,或者不是身体太羸弱,并且能够胜任家庭以外的工作,那么就可能实现平等。这种"只要"的表达方式开启了理性讨论的大门。人们在这种讨论中会慢慢转变自己的观念,妇女平等就可能作为一项生活质量的普遍性标准被接受。泰勒的这种转变的普遍性需要有一种共同的基本价值作为基础,比如在上个例子中,如果处于歧视妇女文化中的人并不认同所有人应该具有相同价值这一理念,那么后续的改变将是十分困难的。但是泰勒也特别指出基本价值并不是一成不变的,甚至对改变的更多怀疑才是以这些基本价值为基础的理性争辩(Kajanoja,2002)。

迈克尔·沃尔泽(Michael Walzer)在某种程度上支持了泰勒的观点,在他所谓的狭义的普遍性(thin universalism)理念中,也并不存在终极的基础,也就是说人们无法找到一套他们永远都会遵从的最终价值(Walzer,1994,cited in Kajanoja,2002)。"我们承认我们永远不会确信我们视之为普遍性的价值会真正被证明具有普遍性,甚至这种对普遍价值的思考本身就是危险的,但是另一方面我们却在不断地探寻尽可能具有普遍意义的价值"(Kajanoja,2002)。这种矛盾心理恰恰反映了人们对于文化差异与价值普适的辩证思考。

全球化时代的到来使得两者之间的矛盾变得更加突出。全球化固然存在多元文化交融发展的趋势,但是它毕竟不能等同于某一个或几个所谓"主流文化"的一统天下。当一切文化都受到标准化强大力量冲击时,我们更应该警醒不能使所有其他类型的文化都因"均质化、淡化和湮没而处于社会上装饰性的、残留的或边缘性的地位"[①]。从本质上讲,全球化不应是一个以普遍性代替特殊性的过程,相反,它将是一个在承认特殊性基础上寻求普遍

---

①　德尼·古莱在谈及文化多样性及标准化时曾提到:"一切文化都受到标准化强大力量的冲击,它使不同的文化均质化、淡化和湮没而处于社会上装饰性的、残留的或边缘性的地位。"详见[美]德尼·古莱著,高铦、温平、李继红译,2003,《发展论理学》,北京:社会科学文献出版社,第170页。

性的过程(万明钢、李艳红,2006)。正是由于全球化进程,才使得世界上各个不同国家和地区的民族第一次如此清晰直观地审视他者的文化,并进而反省自身的文化,在文化的碰撞和融合中寻求共存的普适性价值基础。在任何时候,当我们把生活质量的评价标准应用于不同文化背景的人群时,都应该时时刻刻警醒避免民族中心极权主义的危险,在探寻不同生活方式的共同特性时为文化的内在多元性发展留下足够的空间。

第三节   典型生活质量指标体系的分析研究

一、全球性的生活质量指标体系

生活质量研究在实践发展的过程中,自始至终都受到各国际组织的关注,甚至可以从某种程度上说,这些超国家层面的国际组织在推动生活质量指标体系的建构中扮演着重要的角色,促进了生活质量研究的国际化发展趋势。之所以称之为全球性是因为这类生活质量指标体系为国际通用,具有广泛的学术和社会影响,并不局限于某一特定区域。

(一) UNDP 的人类发展指数

人类发展指数(Human Development Index, HDI)是联合国开发计划署(UNDP)在《人类发展报告》中建立的评价社会发展的重要指标体系。《人类发展报告》的主要目的是评估全球人类的发展状况,并在每年提供一个特定主题的鉴定性分析。它侧重于人类健康而不是经济趋势,每年会结合相应的主题进行政策分析和国家数据的比较。首份《人类发展报告》诞生于 1990 年,推出了由 3 个核心指标——预期寿命指数、教育成就指数、生活水平指数——构成的人类发展指数,用以衡量各国人类发展的平均水平。预期寿命指数根据出生时的预期寿命计算;教育成就指数根据成人识字率(占三分之二的权重)以及小学、中学和大学综合入学率(占三分之一的权重)计算;生活水平指数根据人均国民生产总值计算,以购买力平价(PPP)美元计值。这3个指数是按照0到1分级的,0为最坏,1为最好。在算出每个指数的等级以后,对它们进行简单平均,便得到一个综合的人类发展指数。然后按指数的高低对世界100多个国家进行排序。每年联合国开发计划署都会计算和发布世界各国人类发展指数。通常,国际上将人类发展国家分为三类:一是低水平人类发展国家,在0～0.5之间;二是中等水平人类发展国家,在0.51～0.79之间;三是高水平人类发展国家,在0.81～1.0之间。

人类发展指数的推出深受阿马蒂亚·森学术思想的影响。森在对各种福利指数进行深入研究的基础上发现,一些如人均收入之类的常用指数仅仅是反映多数人生活状况的平均数,它们往往忽略了福利分配的状态。而一种可以全面衡量人类社会发展的指数,应该采用经济学与哲学相结合的方法,使人们对重要经济问题的讨论上升到社会伦理道德层面。森认为创造福利的并不是商品本身,而是商品所带来的那些机会和活动,这些机会和活动是建立在个人能力的基础上,因而福利的实现又取决于其他一些因素,比如拥有房屋、食品、健康等,森认为所有这些因素都应当在衡量福利时加以考虑[1]。森的这种以能力的方法来衡量社会福利水平和生活质量的思想深受国际学术界的高度重视,并由此促成了人类发展指数的诞生。

《人类发展报告》强调:"人民是一国真正的财富。发展最根本的目标就是为人类创造一个适合人们享受更长、更健康和更

---

① 纪昀,"1998年度诺贝尔经济学奖得主阿马蒂亚·森对福利经济学的贡献",《世界经济》,1999年,第3期,第72页。

富创造性的生活的环境。"[1]人类发展被定义为"扩大人的选择的过程"，而3种基本能力——健康、教育或知识以及较好的生活标准所必需的资源——很大程度上决定了人们的选择范围。人类发展包含了"人的能力的形成"和"使用这些能力的方式"两个方面，前者意味着扩大人的选择的过程，后者则决定他们所达到的福利的水平，人类发展的目标就是创造更有利的条件使人们能开发和利用其全部潜能[2]。人类发展指数超越了单纯的经济发展中心主义，强调个人的自由、能力以及个人对社会的关系三者之间在人类发展过程中的相关依赖、相互影响，在经济与道德、效率与公平、局部与全局的关系上，力求沟通、平衡与和谐。森曾经这样评价道，"人类发展报告所造就的具有标志意义的人类发展指数（HDI），与GNP相得益彰，作为一种可供选择的发展度量标准，已取得相当的成功。……它不像GNP那样仅注重于经济的富裕程度。HDI大大提高了公众对社会发展评价的注意力。……HDI不仅是对GNP的改进，或至少是对GNP的有益补充，而且会提高公众对人类发展报告中其他变量的兴趣"[3]。

因为人类发展指数反映的是平均成就，没有反映发展的再分配方面特别是不平等问题，也没有衡量发展的剥夺方面。有鉴于此，人类发展报告的作者们在1995年又设计了反映性别不平等的性别发展指数（Gender Development Index，GDI）和性别赋权尺度（Gender Empowerment Measurement，GEM），其中性别发展指数是对人类发展指数进行性别调整后得出的结果，性别赋权

---

①　UNDP，1990，转引自胡锡琴等，"解析人类发展指数"，《统计与决策》，2007年，第1期，第134页。

②　周长城等著，2003，《全面小康：生活质量与测量——国际视野下的生活质量指标》，北京：社会科学文献出版社，第29页。

③　孙君恒，"发展观的转变：由GNP到HDI"，《光明日报》，2003年8月19日。

尺度则集中反映在政治经济参与和决策地位上的性别不平等状况，具体由女性在议员、高级官员和经理中所占比例等来衡量。[①] 1997年从生活机会的剥夺角度创立了贫困衡量指标[②]。人类贫困指标1(Human Poverty Index-1，HPI-1)衡量出生时预期寿命不超过40岁的人的比例、成人文盲率、缺少医疗服务和安全饮水的人口的比率以及5岁以下儿童营养不良比率，这一指标主要用于衡量发展中国家的人类贫困状况。人类贫困指标2(Human Poverty Index-2，HPI-2)衡量出生时预期寿命不超过60岁的人口的比例、成人功能性文盲的比率、收入贫困率和长期失业比率，这一指标主要用于衡量发达国家的贫困状况。具体而言HDI、GDI、HPI-1、HPI-2的差别之处如下所示：

表5.1　HDI、GDI、HPI-1、HPI-2——相同的方面、不同的指标

指标	寿命	知识	体面的生活水平	参与或被排除
HDI	出生时的预期寿命	1. 成人识字率 2. 综合入学率	以PPP美元表示的调整后的人均收入	——
GDI	男性及女性出生时预期寿命	1. 男性及女性成人识字率 2. 男性及女性综合入学率	基于男女所挣收入份额的男女人均收入（PPP美元）	——

---

① 联合国开发计划署编，高春燕等译，2000，《1998年人类发展报告》，北京：中国财政经济出版社，第96~97页。

② 联合国开发计划署编，高春燕等译，2000，《1998年人类发展报告》，北京：中国财政经济出版社，第99页。

续　表

指标	寿命	知识	体面的生活水平	参与或被排除
HPI‐1 用于发展中国家	出生时预期活不到40岁的概率	成人文盲率	经济保障的剥夺，用以下的指标来衡量： 1. 无法获得安全用水的人口所占百分比 2. 无法获得卫生保健服务的人口所占百分比 3. 五岁以下体重不足的儿童所占百分比	—
HPI‐2 用于发达国家	出生时预期活不到60岁的概率	成人功能性文盲率	生活在收入贫困线以下的人所占百分比（可支配家庭收入平均值的50％）	长期失业率（12个月及以上）

资料来源：联合国开发计划署组织编著，2001，《2000年人类发展报告：人权与人类发展》，北京：中国财政经济出版社，第145页。

　　目前，以人类发展指数为主和以性别发展指数、性别赋权尺度、人类贫困指标1和2作为补充的人类发展指标体系已经得到国际社会和各国的普遍接受。这一指标体系既被用于衡量各国的人类发展状况，也被用于衡量各国内部不同地区的人类发展状况。

　　2018年9月14日，联合国开发计划署公布了最新的《2018人类发展指数和指标报告（HDI）》（*Human Development Indices and Indicators* 2018 *Statistical Update*）。报告显示全球范围内的189个国家和地区，人类发展水平向好趋势明显。1990年至2017年，用来衡量健康、教育和收入水平的人类发展指数在全球范围内平均提升22％，在最不发达国家和地区提升51％；其中，有 59 个国家和地区属于人类发展指数"非常高水平"组别,38 个国家和地区属于"低水平"组别。[①] 在人类发展指数排名上,依旧是发达国家位居前列,挪威、瑞士、澳大利亚、爱尔兰和德国名列前茅,尼日尔、中非共和国、南苏丹、乍得和布隆迪位居榜单末尾。中国在 189 个国家中排名第 86 位。自 1990 年以来,中国人类发展指数不断上升,从 0.5 上升到 0.752,总体增长了 50.4%。

(二)世界银行的发展指标体系

世界银行从 1979 年开始每年出版一期《世界发展报告》(*World Development Report*,WDR)。报告主要涉及与世界发展相关的广泛问题,认为讨论发展必须超越经济发展范围,应该包括重要的社会目标,如减少贫困、改善生活质量、增加获得教育和健康的机会。达到这些目的需要持续不断的努力,这是一个开放性过程,涉及政府、立法机构和金融机构等,依靠所有人的参与。《世界发展报告》每年都有一个特色主题,近几年的报告主题依次为[②]:

2019 年的主题——工作性质的变革(The Changing Nature of Work)。在全球经济持续增长、贫困率处于历史最低水平之际,人们很容易因自满而忽视迫在眉睫的挑战。其中最重要的挑战之一即未来的工作。随着创新进程的不断加快,技术渗透到生活的方方面面,人类正在经历新一轮不确定性的困扰。机器人正在接手成千上万的重复性工作,并将消除发达经济体和发展中国家中的许多低技能工作。同时,技术正在创造机会,为新的、变革的工作铺平道路,提高生产率,改善公共服务提供。创新的步伐将持续加快,但是发展中国家将需要迅速采取行动,从而确保它

[①] 参见联合国开发计划署:2018 人类发展指数和指标报告(HDI),http://hdr.undp.org/en/content/human-development-index-hdi/。

[②] 参见世界银行网站,http://econ.worldbank.org。

们在未来经济中的竞争力。发展中国家必须怀着强烈的紧迫感投资自己的人民，特别是投资人力资本的基石——健康和教育，从而利用技术的收益并降低技术最严重的破坏性影响。

2018 年的主题——学习以实现教育的承诺（Learning to Realize Education's Promise）。该年度报告是世界银行四十年来首次聚焦于教育领域。教育对改善人类福祉、实现消除绝对贫困和促进共享繁荣两大目标至关重要。学校教育曾被认为是实现千年发展目标的关键，现在仍然是可持续发展目标的核心内容。2018 年《世界发展报告》总结发展在教育领域取得的经验教训及其如何加强并扩大教育体系以更大地促进发展和经济增长。教育可以提升人们的就业能力和生产率、改善其健康状况及其家庭福祉。教育也被认为是促进性别平等和更广泛包容性的一大推动力。广泛的优质教育还可以推动经济增长。报告倡导从学校教育向学习效果的转变，教育的效果不能简单地与在校学习时间挂钩，并呼吁各国教育系统承诺改善学习效果。主要是通过评估学习，校正整个教育系统，使教育工作者真正重视改进教育效果。

2017 年的主题——政府治理和法律（Governance and the Law）。世界上很多国家的政府经常没法采用有效的政策，或者即便采用了却无法实现预期目标。该报告认为，这是个政府治理问题，即在制定和执行政策的过程中"谁参与了"以及"谁不参与了"起了关键作用。把"政府治理"问题提到中心位置予以讨论，对于实现可持续增长和建设平等和谐社会至关重要。政策的有效性有赖于体制机制的三个核心功能：承诺（或可信度）、协调性（协调各利益主体的行为以实现最优化）和合作性（引导个体采取合作而非机会主义行为）。权力分配不均会影响政策的有效性，由于权力分配不均将导致"排他""独占"（权力大的个人或利益集团推动对其有利的政策）和"侍从主义"（比如当政者取悦选民）。因此立法就显得很重要。法律的三个作用分别是约束行为规范、规范和约束权力以及提供一个论争的平台。

2016 年的主题——数字红利（Digital Dividends）。人类正身处有史以来最伟大的信息通信革命进程之中。全球超过 40% 的人可以访问互联网，而且新网民还在与日俱增。世界最贫困的 20% 家庭中，将近 70% 有手机。更多最贫困家庭拥有手机，而非厕所或清洁用水。必须充分利用技术迅速变革这一契机，建设更为繁荣与包容的世界。报告认为，传统的发展挑战使得数字革命难以充分发挥其转型潜力。数字技术的广泛应用，给许多人的生活带来更多选择与便利。通过包容、效率和创新，数字技术为贫困及弱势人口提供了以前无法企及的机会。虽然取得了重大进步，但还有许多无法利用数字技术的人被抛在后面。改善沟通与信息获取可令极端贫困人口极大受益。为了实现全民数字连通，必须投资建设基础设施，进行一系列改革，包括提高电信市场竞争，倡导公私合作，以及制定有效监管法规。只有持续改善营商环境，投资人民的教育健康，推动良好治理，国家才能充分兑现信息通信变革的效益。在基础机制薄弱的国家，数字技术未能提高生产力，也未能减少不平等。而采取广泛经济改革以配合技术投资的国家，能够收获技术红利，包括更快增长、更多就业与更好的服务。

除此之外，历年的主题还有 2015 年"思维、社会与行为"、2014 年"风险与机会"、2013 年"就业"、2012 年"性别平等与发展"、2011 年"冲突、安全与发展"、2010 年"发展与气候变化"。

《世界发展报告》曾经采用 7 个指标来评估世界各国的生活质量状况，分别是①人均私人消费增长；②儿童营养不良状况；③5 岁以下儿童死亡率；④成人文盲率；⑤出生时预期寿命；⑥城市人口；⑦城市地区获得环卫设施服务的人口。世界银行的这套指标体系一度受到众多学者的批评，人们甚至认为世行对"生活质量"或"生活水平"的工作已经偏离到"基本需要"的方向——某种程度上只是对人们最基本需要的考察（周长城等，2001）。

世界银行每年出版的另一份重要文件就是《世界发展指标》(*World Development Indicators*，WDI)，对监督实现联合国千年发展目标的进展情况具有重要意义。《世界发展指标》承担着重要的数据收集整理工作，提供全球社会与经济数据的第一手资料。WDI 收录了从 1960 年开始的社会、经济、金融、自然资源和环境指标等方面的数据资料，包括 208 个国家及 18 个地区与收入群的 695 种指标，分为世界概览、人口、环境、经济、国家与市场、全球联系等几大部分。因为所设指标众多，在此仅列出指标体系的主体结构，如下所示：

表5.2   世界发展指标体系

主题	指标维度
人口	人口与统计 劳动与就业 贫困与收入 教育 健康
环境	土地利用与农业生产 能源生产与利用 城市化 排放 对真实储蓄的衡量
经济	国民经济核算(当地货币) 国民经济核算(美元) 衍生国民经济核算 购买力平价 贸易 政府财政 货币 国际收支平衡 外债

主题	指标维度
政府与市场	投资气候 工商业环境 金融深度 税收和贸易政策 国防开支与武器贸易 运输、电力与通讯 信息与技术
全球联系	投资与贸易 资金流量 发展援助与帮助 OECD 国家中的外国劳动力与人口 旅游与旅游业

资料来源：世界银行官方网站，http://web.worldbank.org。

（三）《国际生活》的生活质量指标体系

《国际生活》（*International Living*，IL）是美国最具权威性的生活、旅游类杂志，在全球有超过五万名的订阅者，主要为人们在海外生活和旅游方面提供帮助。在其 2006 年至 2010 年颁布的"年度生活质量指数"（Annual Quality of Life Index）排名中，法国曾经连续五年当选全球生活质量最高的国家。

法国虽然存在征税较高、官僚主义严重、生活成本较高等问题，但是在巴黎之外的地方，生活成本大幅下降，适合居住房屋的售价低于 100,000 美元。此外它拥有极佳的气候、天然秀美的乡村、全球最佳的医疗设施和健全的保健体系、浓郁的文化气息、良好的治安和世界一流的基础设施，首都巴黎更被视为世界上最美丽、浪漫的城市。综合各项因素，《国际生活》将法国评定为世界上最适宜居住、生活质量最高的国家。

《国际生活》的生活质量指数主要利用政府官方、非盈利机构和媒体的多方统计数据进行国家排名，具有重要的国际影响力。这不仅仅因为它具有悠久的历史，连续 30 多年颁布生活质量指数全球排名，更在于其生活质量指标体系的独特构成。《国际生活》生活质量指数引入了安全与风险的维度，更是极具创造性地首次将气候作为单独维度纳入指标体系的建构，从上述对法国的评价即可看出气候因素占据了重要影响。至此形成了以生活成本、文化与休闲、经济、环境、自由、健康、基础设施、安全与风险、气候 9 个维度为核心的综合指标体系，如下所示：

表 5.3　《国际生活》的生活质量指标体系

维度	指　标
生活成本	美国国务院的海外生活成本指数和收入税。（15%）
文化	识字率，每千人的报纸发行，小学和中学的注册率，博物馆。（10%）
经济	人均 GDP，GDP 的增长，通货膨胀。（15%）
环境	人口密度，人口增长，人均温室气体排放量，"总土地/受保护土地"。（10%）
自由	公民的政治权利和公民自由权。（10%）
健康	卡路里消耗，每千人的医生和病床数，获得安全用水，婴儿死亡率，期望寿命，"公共健康支出/国家 GDP"。（10%）
基础设施	铁路，公路，机场，水路，互联网服务提供商（ISPs），电话，机动车，无线电讯装置。（10%）
安全与风险	美国国务院的艰苦工资差额，危险补贴。（10%）
气候	年平均降雨，平均气温，自然灾害的风险。（10%）

资料来源：Sirgy, M. J., D. R. Rahtz, and A. C. Samli（Eds.）. 2003. *Advances in Quality-of-Life Theory and Research*. Dordrecht/Boston/London：Kluwer Academic Publishers，p. 147.

　　《国际生活》将气候维度引入生活质量指标体系的建构，为生活质量研究者提供了一个崭新的观察视角。在此之前的大多数研究，要么忽略气候因素（很可能是因为人们往往将气候视为一种自然因素，不受人类干预的影响），要么将气候视为生态环境的一部分（Peterson，2003）。然而在一项关于旅游与生活质量的研究中，瑞奇（Ritchie）就发现气候也是旅游目的地具有吸引力的因素之一。在瑞奇看来，气候以 5 种可测量的方式影响旅游地的吸引力：1）晴天总数，2）气温，3）风，4）降雨量，5）不适指数（Ritchie，1987，cited in Peterson，2003）。在瑞奇的指标体系框架中，气候成为影响国家生活质量的一个直接因素。

马克·彼得森（Mark Peterson）利用《国际生活》生活质量指数的数据分析了气候与其他 8 个客观生活质量维度之间的关系（Peterson，2003）。相关分析表明，气候与其他 8 个维度（生活成本、文化与休闲、经济、环境、自由、健康、基础设施、安全与风险）之间，有 6 个存在正相关关系。总体而言，这些统计数据显示出的相关性强度都比较弱，例如经济与气候显示出最高的相关度也只有 0.24。没有发现与气候具有统计意义上的显著相关的两个维度是：生活成本和健康。进一步的研究还表明在把 199 个国家分为低生活质量国家与高生活质量国家两类之后，高生活质量国家群比低生活质量国家群在气候变量上具有更高的平均值。

《国际生活》生活质量指数在长达 30 多年的研究过程中，年度之间的评价表现出很高的可靠性。很多学者给予该指数高度的评价，甚至认为就公共政策使用而言，该指数优于联合国的人类发展指数。这其中指标体系建构的合理性与创新性起到了功不可没的积极作用。

二、区域性的生活质量指标体系

（一）经合组织的社会指标体系

经合组织是"经济合作与发展组织"的简称，其英文缩写为

OECD。经合组织总部设在法国巴黎，是一个政府间的国际经济组织，成立于 1961 年，其前身是欧洲经济合作组织（OEEC）。经合组织是二战后在美国与加拿大协助欧洲实施重建经济的马歇尔计划的基础上逐步发展起来的，目前共有 36 个成员国，包括了几乎所有发达国家，其国民生产总值占全世界的三分之二。经合组织的宗旨是促进成员国经济和社会的发展，推动世界经济增长，帮助各成员国制定和协调有关政策，以提高各成员国的生活水准，保持财政的相对稳定；鼓励和协调成员国为援助发展中国家做出努力，帮助发展中国家改善经济状况，促进非成员国的经济发展。在此宗旨的基础上，经合组织社会指标体系的目的在于评价各个成员国，即主要发达国家的社会发展状况，同时有助于评估各国政府社会政策的社会反应。鉴于其测量对象的限定性，可以将其界定为区域性的生活质量指标体系。

　　该指标体系在统计数据的收集过程中具有严格的操作框架，并根据该框架建立起明确的指标分类体系。它尝试用一种类似于建构环境指标体系的 PSR 模型（Pressure-State-Response model），即压力——状态——反应模型构建社会指标体系，使操作框架包含了 3 种结构类型的指标：社会背景指标、社会状况指标和社会反应指标（Kalimo，2005）。社会背景指标通常指政策制定的社会背景，这些变量对社会政策的制定至关重要。社会状况指标则描述当务之急要采取的政策行动所针对的社会现状。社会反应指标表明推动社会目标实现的社会行动，它指出社会正在做什么、什么东西在影响社会状况指标。3 种结构类型的指标之间体现了一种互动关系，有助于指标体系在描述社会状况的同时，解释和评价社会政策的有效性。经合组织社会指标体系的另一大特色就是反映了社会政策目标的 4 大领域，分别是自给自足、公平、健康和社会凝聚，在每一个领域中都分别包含了社会状况指标和社会反应指标，社会背景指标则不对应上述 4 个领域

（Kalimo，2005）。如下所示：

表5.4 经合组织的社会指标体系

指标结构分类	指标的关注领域				
	社会背景	自给自足	公平	健康	社会凝聚
社会背景指标	• 人均国民收入 • 生育率 • 老年人口依赖比例 • 外国人与在外国出生的人口 • 难民和寻求避难者 • 离婚率 • 单亲家庭	——	——	——	——
社会状况指标	——	• 就业 • 失业 • 无工作的家庭	• 相对贫困 • 收入不平等 • 低报酬就业 • 工资性别差异	• 预期寿命 • 婴儿死亡率 • 潜在寿命损失年意外事件	• 罢工 • 滥用毒品 • 自杀 • 团体成员数 • 投票
社会反应指标	——	• 激活政策 • 教育费用 • 教育成就替代率	• 最低工资 • 公共社会支出	• 健康照顾支出 • 公共分担的健康支出比例 • 健康基础设施	• 罪犯数

资料来源：Kalimo，E. 2005. "OECD Social Indicators for 2001：a Critical Appraisal." *Social Indicators Research* 70：191-192.

在社会指标选择方面，经合组织遵循了如下标准：

• 结果性：指标须重视输出导向或可藉以描述社会结果。

- 政策相关性：应对公共政策的改善有参考价值。
- 稳定性：即在一定时间内具有可应用性，其操作型定义不随意变更。
- 可分割性：指标可分割并应用至个别情境。
- 可比较性：可应用于区域间的比较或进行时间序列的预测。
- 可描述性：能描述大众所关注的社会现象与问题。
- 实用性：即理论与实际结合，且具实用性。

对每一个指标的具体界定可以查阅经合组织的相关报告以及其官方网站。经合组织的所有社会指标都根据国家的大小进行了调整，也就是说这些指标为相对比例。由于经合组织成员国众多，在统计数据的收集过程中存在巨大差异，因此在实际操作中，每选择一种指标还要充分考虑是否仅仅包括那些对所有国家都是可以利用的指标，如果存在困难的话，在多大程度上偏离这一原则是可允许的。经合组织社会指标的测算过程曾经遇到过在总共 52 个指标中，仅仅有 17 个指标收集到了所有成员国的数据，最困难的一个指标甚至只收集到 10 个成员国的数据的困境（Kalimo，2005）。表 5.4 所列举的指标即为所有指标中收集数据效率最高的那一部分。具体来说，自给自足领域的数据收集效率最低。另外由于指标都来源于不同渠道和不同国家，指标的内涵与统计口径可能存在差异，也在某种程度上增加了国家之间指标比较的困难。

经合组织的社会指标体系为从社会政策评价角度建构生活质量指标体系提供了有益借鉴。指标体系背后所蕴涵的概念内涵不仅有助于从理论层面诠释社会福利的内容，更有利于从实际操作层面全面评价经合组织各成员国的社会发展状况。它所采用的指标分类标准具有一定的探索性意义，社会背景指标、社会状况指标和社会反应指标与兰德（Land，2000）提出的生活质量指标的 3 种划分类型中的标准指标和描述性指标具有不谋而合之处[①]。但是这种指标的结构分类在使用时也存在一些问题。很多时候人们很难明确一个指标到底属于何种类别,例如,社会背景指标与社会状况指标之间的界限就不是很清晰,在鼓励提高人口出生率的国家,生育率被作为目标性指标,而在某些国家则被当作政策背景指标[②]。

(二)欧洲社会指标体系

随着欧洲一体化进程的加快,追求可持续的经济发展和社会进步、努力改善和提高欧盟各个成员国的生活质量和生活水平成为政界和学术界关注的焦点。对科学监测体系的迫切需求极大地推动了欧洲报告计划的发展,由此也催生了一系列研究成果的诞生。欧洲社会指标体系(The European System of Social Indicators)就是其中的典型代表。作为欧洲报告计划的一个重要组成部分,由位于德国曼海姆的问卷调查方法论和分析中心(ZUMA-The Centre for Survey Research and Methodology)负责研发的欧洲社会指标体系,在持续监测和分析欧洲社会以及欧盟的生活质量、福利发展以及社会变迁方面发挥了举足轻重的作用。

从严格意义上来说,欧洲社会指标体系并非单纯性的生活质量指标体系。它同时还衡量社会凝聚和可持续发展,以及监测包括价值与态度、社会结构在内的社会变迁。在该指标体系中,生活质量只是核心测量内容的一个重要组成部分。

在建构欧洲社会指标体系之前,研究者首先明确了一系列在

---

① 兰德将生活质量指标分为 3 种类型:标准指标(criterion indicators)、描述性指标(descriptive indicator)、生活满意度和/或幸福指标(life satisfaction and/or happiness indicators)。其中标准指标可以被定义为是"目标""产出""结果"或"终极价值"变量,反映了某些公共政策的变化,提供了评估政策行动成功与否的标准;描述性指标则是一个国家正在发生的社会和变化的反映,用于增进对社会特征的理解。

② 石小玉主编、陈龙渊译,2002,《世界经济统计研究新进展》,北京:中央广播电视大学出版社,第 113 页。

福利和生活质量测量中会遇到的基本问题（Noll，2002b）。首先
一个最基本的问题就是应该测量和监测什么？为了对这一关键
问题做出合理回答，就需要建构一个经过深思熟虑的概念框架，
它能够将指标体系包含的关注领域和测量维度具体化。其次开
发综合性的指标体系，必须决定结构要素，明确测量步骤，实现指
标体系的结构意图。再次，在建构社会指标体系的过程中，需要
考虑一些正式的标准：一个社会指标体系的不同方面应该是连贯
有序的；根据包括的所有测量相关维度，指标体系应该是综合性
的；指标不应该太多，并且应该精简得当，在此意义上，使用的指
标应该以恰当测量的实际需要为准。

1. 欧洲社会指标体系的概念框架

作为建构指标体系的第一步，概念框架的开发显得至关重
要。欧洲社会指标体系的概念框架建立在两大支柱之上：其一是
社会学家长期研究和探讨的各种福利概念和目标维度。这些福
利概念包括了生活质量以及更近时期的可持续发展和社会质量
概念，它们构成了该指标体系的最基本的出发点；其二是探讨整
个欧盟政治层面上的福利和社会发展目标，在一系列欧洲条
约——《罗马条约》（1957）、《马斯特里赫特条约》（1992）、《阿姆斯
特丹条约》（1997）——和欧盟委员会的官方文件中反映出来的欧
洲社会问题、成员国的共同利益和目标等都和这些政治目标息息
相关（周长城等，2003a）。

在上述 2 大支柱的基础上，欧洲社会指标体系首先明确了 6
个主要维度，以监测欧洲的社会发展状况，并由此选择了测量的
维度与指标①。欧洲政策目标和测量维度充分反映了 3 大核心概

---

① 参见德国社会科学基础设施协会（GESIS）网站中关于"欧洲社会指标体系"的
介绍，http://www. gesis. org/en/social _ monitoring/social _ indicators/Data/EUSI/
index. htm。

念——生活质量、社会凝聚和可持续发展的内涵。

生活质量概念是在所分析的各种福利概念中,得到最广泛认同和使用频率最高的概念,它可以用来分析不同时间的福利变化和一个社会中的福利不平等。生活质量概念首先构成了2个主要的维度:

- 客观生活状况:包括个体的生活环境,例如工作状况、健康状况或生活标准。
- 主观幸福感:涵盖了个体层面社会成员对生活以及生存状况的认知、评价,最常见的例子就是满意度与幸福感的测量。

社会凝聚关系到社会的协调发展以及社会成员之间的相互关系,包括了共同的价值观和理念、认同感、归属感、相互信任以及减少差别的内涵。从社会凝聚理念推导出的2个基本维度是:

- 差异、不平等和社会排斥:指的是在一个社会之中福利的分配情况,例如地区差异、男女之间或其他人群之间的机会平等。
- 社会关系、联系和融合:作为社会凝聚的第二个维度,它主要涉及在一个社会之中的社会关系与联系,或者也可称之为社会资本。该维度十分关注非正式网络、社团、组织的存在以及这些社会组织的表现,欧洲社会的凝聚与整合也在研究之列。

其余2个维度则由可持续发展这一概念扩展而来。可持续发展概念深受世界银行的4种资本模式(自然资本、生产资本、人力资本、社会资本)的影响。根据该模式,可持续发展意味着要充分有效地保护4种社会性资本,使生活条件的改善既能满足当代人的需要,又不对后代人满足其需要的能力构成危害。

- 保护人力资本:与该目标维度相关的测量维度与指标主要强调那些能够反映人类技能、教育和健康的内容。

● 保护自然资本：该维度致力于测量当前改善或破坏自然资源的基础状况和进展情况。

除了上述与生活质量和社会相关的 6 个目标维度之外，欧洲社会指标体系还包括了对总体社会变迁的关注。欧洲社会指标体系不但是测量福利和实现目标的工具，还可以用于监测社会变迁的总体趋势，记录现代化的进程、相关问题与结果。这主要是从以下 2 个维度来衡量：

● 人口与社会-经济结构。

● 价值观和态度。

由此，欧洲社会指标体系形成了 2 个观测视角和 2 个测量层次（如表 5.5 所示）。2 个视角一方面是测量福利，另一方面是监测社会变迁，并且两者都做出了个体层次和社会层次的区分。

表 5.5　欧洲社会指标体系的概念框架

	福利测量	监测社会变迁
个体层次	生活质量 － 生活状况 － 幸福感	价值观和态度 － 后物质主义 － 性别角色 － 党派偏好等
社会层次	社会质量 可持续发展 － 保护自然资本 － 保护人力资本 社会凝聚 － 减少差异、不平等、排斥 － 强化联系	社会结构 － 人口学特征 － 社会阶层 － 就业等

资料来源：Noll, Heinz-Herbert. 2002. "Towards a European System of Social Indicators: Theoretical Framework and System Architecture." *Social Indicators Research* 58: 71.

2. 欧洲社会指标体系的结构要素

欧洲社会指标体系的结构化充分考虑到了不同的生活领域、目标维度和社会结构变迁维度。生活领域在某种程度上与欧洲的社会政策热点紧密相关,主要由 14 个领域构成：人口；家庭；住房；运输；休闲、传媒和文化；社会和政治参与及整合；教育和职业培训；劳动力市场、工作状况；收入、生活标准、消费模式；健康；环境；社会保障；公共安全与犯罪；总体生活状况。对于每一个生活领域来说,都必须区分如下的目标维度(当然这并不意味着所有的目标维度都包含在每一个生活领域中,因为有些维度与特定的领域可能并不相关)(Noll, 2002b)：

- 改善客观生活条件。
- 提高主观幸福感。
- 减少差别、不平等和社会排斥,促进机会平等。
- 强化社会关系与联系——社会资本。
- 保护人力资本。
- 保护自然资本。

除了实现上述与福利相关的目标外,欧洲社会指标体系还包括了社会结构的主要要素和相关变迁,因此也包括了人口和社会-经济发展以及价值观和态度的变化。在确定了生活领域、目标维度之后,第三步就是明确测量维度,紧接着再将测量维度分解成不同的次级维度,每一个次级维度上实现一个或多个指标的操作化。具体步骤由图 5.1 所示。

欧洲社会指标体系建构的最后一步是指标的选择,主要包括目标达成指标和社会变迁指标。前者是对个体和社会福利的直接测量,后者则是描述性指标测量一个社会中结构、态度和价值观的变化。此外还包括客观指标和主观指标。客观指标大部分用于测量根据生活状况和个人资源定义的社会过程的结果,还包括一些社会性的投入指标。当评价社会制度和政策的有效性时

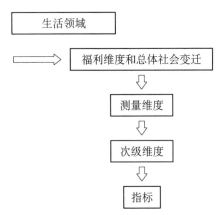

图 5.1　欧洲社会指标体系的结构示意图

资料来源：Noll，Heinz-Herbert. 2002. "Towards a European System of Social Indicators： Theoretical Framework and System Architecture." *Social Indicators Research* 58：76.

则需要考虑主观指标，主观指标主要包括主观幸福感指标和认知、评价测量，如偏好、满意度等等。

　　欧洲社会指标体系是迄今为止在政策评估、理论建构、概念框架、结构设计和指标选择等方面发展最为完善的区域性社会指标体系之一。其出色完成了从理论准备到指标操作化的一系列关键步骤，形成了独具特色的、科学严谨的指标体系。概念框架将生活质量视为中心概念。从这一角度出发，指标体系首先强调的是社会成员的客观生活状况和主观幸福感。除了个体层次的生活质量外，概念框架还将代表社会质量的社会凝聚和可持续发展概念整合其中，并且充分考虑到社会变迁领域的价值观和态度以及社会结构的变化。尽管欧洲社会指标体系采用的是狭义的生活质量定义，仅将其界定于个体层次，但是考虑到指标体系所涉及的社会质量、社会变迁等内容可以从属于更广义的生活质量范畴，并且实现了研究层次从个体向群体的过渡，我们依然可以更宽泛地将其划分为群体层面的生活质量指标体系类型。

充分的理论准备为指标体系的建构打下了牢固的根基。通过明确概念框架和体系结构，欧洲社会指标体系将逐步完成对每一个领域的分析和指标操作化，目前已经获得充分开发的有"人口与家庭""劳动力市场和工作状况""住房""教育和职业培训""收入、生活标准和消费模式""健康""犯罪和公共安全""总体生活状况"8 个领域。以"劳动力市场和工作状况"这一领域为例，就已经选择了 162 个指标。为其他生活领域建构指标和收集数据的工作也在有条不紊地进行中。在欧洲社会指标体系项目的后期研究阶段，研究者们还会考虑建构综合性指数的可能性或者找到其他的有效整合信息的方法。该指标体系已经覆盖了欧盟的成员国，并将美国和日本作为主要的参照国。研究者积极利用各种现代信息技术实现了统计数据和研究结论的信息化，每年都会在相关网站公布各种指标的具体数据，这也促成了欧洲社会指标电子信息系统的诞生。

三、国家性的生活质量指标体系

（一）美国的卡尔弗特—亨德森生活质量指标体系

大多数从事生活质量研究的美国学者都认为生活质量应该超越经济层面，包括社会层面和环境层面的指标。虽然客观生活质量指标容易界定，但是鉴于其存在的局限性，必须充分重视主观指标、考察个体对其生活的感受。正是基于这种认识，早期的美国生活质量研究大多以测量主观感受为主，认为生活质量的高低要依靠个人评价来衡量。根据美国模式的观点，社会发展的最终效果要通过社会成员的主观幸福感和生活满意度等软性指标来体现，而衡量客观生活状况的硬性指标则相对不是十分重要。

但是过于强调主观生活质量的弊端在随后的研究中逐渐暴露出来。以生活质量指标应用最普遍的几项调查为例。从20世纪90年代起，美国每年都会出版《城市年鉴》和《财富杂志》评选全美最佳生活和工作地，居住在排名靠前地区的居民往往拥有更高的生活质量。类似的社区排名还包括最佳美国城镇、百名最佳美国艺术城镇等等。由于各项排名的影响日益广泛，逐渐吸引了很多美国民众、政府官员乃至政策制订者的关注。然而人们却发现这些根据相同因素进行的排名，其结果却几乎完全不相关。原因就在于人们使用了各种主观的评价，并且往往在变量中对各种因子赋予了不同的权重。

因此，为了避免在指数分析时出现各种与主观权重相关的问题，卡尔弗特公司（the Calvert Group）试图研发出一套全新的细分生活质量指标。在此之前，社会指标研究往往由学术机构和政府部门展开，而卡尔弗特公司此次开创了由一家资产管理公司从事社会指标研究的先河。此研究与未来学家黑兹尔·亨德森（Hazel Henderson）开展合作，启动于1994年，并于2000年出版发行了《卡尔弗特—亨德森生活质量指标》（*The Calvert-Henderson Quality of Life Indicators*）。

卡尔弗特—亨德森生活质量指标体系主要根据4个相关研究领域的成果建构自己的指标体系①。首先是起源于20世纪50年代美国的可持续发展或环境指标。作为世界上最发达的工业化国家，美国在工业经济的高速发展时期，曾经饱受自然环境恶化带来的沉重惩罚，引起了政府、学者、民众的高度关注，并形成

---

① 参见 http://www.calvert-henderson.com 网站部分内容。

了一批具有深远影响的关于可持续发展的研究成果。第二是社会指标研究。发轫于美国的 20 世纪 60 年代的社会指标运动涉及社会发展战略、社会计划、生活水平和生活质量等多方面的问题,强调充分利用社会指标的收集、分析和研究工作,建立国家社会指标信息系统。兰德在《社会学百科全书》中关于美国社会指标的起源与现状的文章曾使卡尔弗特—亨德森生活质量指标的研究者深受启发。第三个研究基础是美国的经济指标研究与分析,这主要是通过对建立于 2010 年左右,并在 40 年代中期进一步获得发展的联邦政府统计体系的研究来完成。无论是学者,还是商业人士和一般民众都已习惯于依赖这些经济统计资料,因为它们已经形成一个稳定客观的报告机制。第四个研究基础是日益庞大的社会责任投资(Socially Responsible Investing,SRI)信息机构的发展,仅仅在美国它们就代表了保守估计 2 万亿美元的资金。社会责任投资分析师致力于开发综合有效的信息评价体系来评估公司的社会责任,因此就需要科学的指标体系来完成这样一系列的工作,由此也促成了大量专业领域指标体系的建构。

对国家进步和生活质量评价的现实需求最终促成了卡尔弗特—亨德森生活质量指标体系的诞生。卡尔弗特-亨德森生活质量指标体系将自己定位于"评价国家趋势的一个崭新工具",用超越 GDP 的测量方法反映生活质量的 12 个领域在全国的发展趋势。它首次凝聚了国家和各方的努力,由来自不同领域、不同机构的专家学者共同建构完成,使用系统的方法重新界定了总体生活质量。指标既包括传统的经济、社会和环境指标,同时还深入挖掘了一些对社会变迁和组织变革具有重要影响力的领域,使公众对国家的总体福利状况能够有一个全面的了解。

表5.6 卡尔弗特—亨德森生活质量指标体系

领域	指标	领域	指标
教育	教育程度 教育开支 在校率 识字率 因教育获得的收入 受教育机会 教育分配	收入	中等家庭收入 男性-女性的收入差距 财富 低收入工作 雇佣（小时） 劳动力参与率 失业率 收入来源 保险 退休金 税收 利润 非劳动收入 贫困
就业	城市劳动力 就业率 失业率 劳动力参与率 就业人口比例 失业持续时间 失业原因 非市场工作 志愿服务 多元化工作安排 多份工作者 自我雇佣	基础设施	公共和私人基础设施 交通部门 通信部门 公共事业部门 社会基础设施（健康、安全、教育） 资本存量 人力资本基础设施 环境基础设施
能源	能源密集度 能源消费 碳排放系数	公共安全	伤害和传染疾病的死亡率 致死原因

领域	指标	领域	指标
环境	空气质量 水质量 土壤质量 生物多样性 家庭废物 农田径流 臭氧不达标 空气质量标准 空气污染物排放 排放来源 公用事业发电 风和水的腐蚀 有毒化学释放 适宜游泳和垂钓的水系	国家安全	总统的国家安全战略 议会的预算程序 国际谈判 主要的武装冲突 世界范围的军事开支 完成的维和任务 国际恐怖分子事件和伤亡
健康	由母亲的教育、种族和民族导致的婴儿死亡率 由性别、种族和国籍决定的预期寿命	住房	住房拥有率 过分拥挤 支付能力 缺乏完备的管道设备的单元 租赁费用负担 邻近的极端贫困人口 住房条件不平等
人权	个人安全 家庭暴力 美国权利和修正法案 世界人权宣言 移民 收容所 监狱作业 被驱逐的外国人 妇女、儿童、原住美国人的权利	娱乐	自我/社会改善的经历 宗教活动 赞助艺术 业余艺术 业余爱好 身体活动 运动 代理（媒介）经历 虚拟娱乐 社会化

领域	指标	领域	指标
	仇恨犯罪 死刑 投票 人权谈判 政治行动委员会		毒品 赌博 旅游观光

资料来源：Henderson，H.，J. Lickerman，and P. Flynn. 2000. *Calvert-Henderson Quality of Life Indicators*；Calvert Group Lanham，Md.

　　通过对表 5.6 的分析可以看出在对国家生活质量的评价中，卡尔弗特—亨德森生活质量指标体系包含了大量复杂的、范围广泛的指标。这些指标既包括对就业、收入分配、住房的传统经济测量，还包括对基础设施、健康和教育的评价。此外，在探讨与国家安全、环境、人权和娱乐相关的复杂议题的同时，卡尔弗特—亨德森生活质量指标体系还回顾了公共安全、能源消耗及其与生活质量的关系。研究人员认为所有这些测量对于建构一个综合性的国家生活质量指标体系都是必不可少的。

　　很多研究者给予卡尔弗特—亨德森生活质量指标体系高度的评价。这主要得益于该指标体系的独特创新之处。首先它成功实现了研究主体由单一向多元化的转变。既有来自学术机构的专家学者，又有来自相关公司的专业人士，他们在各自熟悉的领域内建构和使用指标，多元化的思维理念和学术背景对指标体系的创新具有举足轻重的意义。其次，指标体系把核心的社会、经济和环境主题分解成 12 个具体的生活质量领域。这样有助于与那些综合性的单一宏观经济指数或所谓的"绿色 GDP"指标形成参照。而所分解的具体领域之中，每一个领域都分别含有一系列相应的评价指标，指标涵盖既包罗万象，又中心明确。再次，它与欧洲社会指标体系的相似之处就在于都充分利用了现代电子信息技术,实现了研究资源的网络化和资源共享,有助于更多的学者和民众了解与自身息息相关的生活质量情况。

(二)加拿大的社会凝聚指标体系[①]

1. 概念阐述

如同其他社会科学概念一样,社会凝聚针对不同个人会有不同的定义或诠释。任何试图建构一种唯一性和精确性并存的定义的努力都被证明是徒劳无益的。社会科学概念本身所具有的共同特性表明,社会凝聚所能代表的仅仅是一种"描述性的范畴",同时又具有很强的伦理与文化内涵。正因如此,在界定社会凝聚的时候,必然会牵涉到价值判断。不同的意识形态、文化背景和认知态度都会影响我们对社会凝聚的理解。这种透过意识形态的架构进行的阐述与分析不可避免地会导致概念界定的困难。位于北美洲的加拿大在社会凝聚研究方面遇到了同样的问题。从 1997 年起,加拿大的研究者即开始了以社会凝聚为主题的研究工作。但是如何界定社会凝聚成为摆在学者面前的一道难题。一部分加拿大学者认为社会凝聚是一个因变量,其他因素例如新技术或者多样性发展等能够对其产生消极或积极的影响。一部分学者则倾向于认为社会凝聚是一个自变量,它可以产生非常积极的社会效果,例如经济增长或人口健康。更有学者认为社会凝聚是自变量与因变量的结合体,建构社会凝聚的各不同要素之间形成了复杂多变的因果关系。

界定社会凝聚必然首先要理解所指对象的内涵,然而正如上述分析的结论一样,对于社会凝聚这样一个社会科学概念并不存在所谓的标准定义。即使概念的本质属性在加拿大尚未形成统一认识,也并不妨碍它在实践中的广泛应用。在某种程度上恰恰

---

① 本部分内容已经前期发表,参见张蕾,"全球化视野下的社会凝聚:理论与实践探索",《世界民族》,2010 年,第 3 期,第 1~7 页。

是这种多样性发展为政府和私人部门如何有效评价个体行为提供了不同的参照系。加拿大的学者和社会政策研究者花费了大量的努力从事社会凝聚的概念分析和指标操作化研究。其中最具影响力的是加拿大蒙特利尔大学（University of Montreal）的简·延森（Jane Jenson）教授的研究成果。他将社会凝聚划分为 5 个维度，如图 5.2 所示。在延森的分析框架中，一个社会的凝聚程度是由 5 个维度组成的一个连续统（continuum）中的相对位置来决定的。

图 5.2　社会凝聚的 5 个维度划分

资料来源：Jenson, J., 1998. *Mapping Social Cohesion：The State of Canadian Research*. Ottawa：Canadian Policy Research Networks Inc. cited in Jeannotte, M. Sharon, 2003. Social cohesion：insights from Canadian research. Available from：www. hku. hk/socsc/cosc/Full％ 20paper/Jeannotte％20Sharon_Full788. pdf. p3.

其后，延森教授的同事保罗·伯纳德（Paul Bernard）又对该研究进行了补充与完善，将平等/不平等维度纳入了分析框架。伯纳德同时指出，社会凝聚的这 6 个维度其实可以再次划分为两大类别，如表 5.7 所示。因为它们分别代表了有助于增强社会凝聚的状况（可以由正式的国家政策来表明）以及这些政策产生的实质社会结果（Jeannotte，2003）。伯纳德的这种分析实际上代表了部分学者倡导的社会凝聚是自变量与因变量的结合体的观点，即社会凝聚既可以产生良好的社会结果，同时这些结果又会对社会凝聚发挥积极影响。延森和伯纳德的学术观点对加拿大的社会凝聚研究产生了深远影响，形成了更加具有功能主义意味的、强调行为影响的概念分析。

表 5.7　伯纳德的社会凝聚正式与实质维度的划分

正式维度	实质维度	正式维度	实质维度
平等/不平等	融合/排斥	合法/非法	参与/不介入
认可/拒绝	归属/孤立		

　　资料来源：Bernard，P.，1999. SRA – 491/CPRN-*Social Cohesion*：*A Dialectical Critique of a Quasi-Concept*，Ottawa：Strategic Research and Analysis Directorate，Department of Canadian Heritage. cited in Jeannotte，M. Sharon，2003. Social Cohesion：Insights from Canadian Research. Available from：www. hku. hk/socsc/cosc/Full%20paper/Jeannotte%20Sharon_Full788. pdf. p. 3.

2. 指标操作化

　　一项研究的逐渐深入其目的并不仅仅是学理意义上的探讨，最终必然是为了实现研究的社会使命，具有一定的社会价值。尤其对于社会凝聚这类具有强烈社会背景特征、反映社会运行状态的概念来说，如何反映真实的社会现状、促进社会的协调发展具有重要意义，因此也就面临着理论与实践相结合的问题。从抽象概念到测量指标的操作化成为这一结合的关键阶段。

　　加拿大社会发展议会（Canadian Council on Social Development，CCSD）在社会凝聚的量化研究中作出了卓有成效的工作。加拿大社会发展议会由加拿大文化遗产部和司法部管辖，负责为社会凝聚指标项目确认和收集各项相关统计资料。社会凝聚指标项目的首要工作就是实现社会凝聚从概念界定到定量指标操作化的转变。然而在实践工作中，这样一个貌似简单的工作却并非易事。因为正如前面所分析的那样，社会凝聚是一个复杂的、多维度的概念，如何实现指标与维度的有效衔接需要进行系统深入地探讨。学者们从共享价值的理念出发，认为社会凝聚的中心议题是人们从事、参与自愿活动的意愿。因此社会凝聚可以直接由社会凝聚的活动与实践来阐释：例如参与正式与非正式的社会网络、群体活动和协会,参与公民生活等等(CCSD,2000)。社会凝聚活动的形成有赖于某种共享的社会价值理念。公民对于民主和公民价值的信仰无疑处于核心地位。除此之外,互惠也被视为一项十分重要的核心公民价值。之所以如此强调社会凝聚中所蕴涵的价值理念是因为大多数学者都认同这样一种观点:在一个日趋多元化的社会中,共享价值理念有助于人们将对多样性的认同、包容和接纳融入社会凝聚之中。在经历了深入研究与讨论之后,学者们形成了初步的社会凝聚指标体系。

表5.8　加拿大的社会凝聚指标体系

有利于一切社会凝聚的状况
1. 影响社会凝聚活动的经济状况
　(1) 收入分配
　(2) 收入两级分化
　(3) 贫困
　(4) 就业
　(5) 流动性
2. 生活机会
　(1) 健康照顾
　(2) 教育
　(3) 宽敞的、买得起的住房
3. 生活质量
　(1) 人口健康
　(2) 个人和家庭安全
　(3) 经济安全
　(4) 家庭状况
　(5) 时间利用
　(6) 建筑环境
　　－ 基础设施(参与社会互动的场所)
　　－ 通讯网络
　(7) 自然环境质量

社会凝聚活动的要素

续　表

```
4. 合作的意愿
   (1) 信任他人
   (2) 组织中的信心
   (3) 尊重多样性
   (4) 互惠的理解
   (5) 归属
5. 参与
   (1) 社会消费/社会支持网络
   (2) 参与网络和群体
       - 唯意志论
       - 群体活动
       - 慈善活动的水平
   (3) 政治参与
6. 读写能力
```

资料来源：Canadian Council on Social Development. 2000. *Social Cohesion in Canada：Possible Indicators HIGHLIGHTS* [On-line]. Available from：www. ccsd. ca/pubs/2001/si/sr a-542. pdf.

该体系在有利于社会凝聚的状况指标与社会凝聚活动的要素之间作出了划分。这样一种研究范式在某种程度上启发了伯纳德的后续研究，即社会凝聚的不同维度分别代表了有助于增强社会凝聚的状况（可以由正式的国家政策来表明）以及这些政策产生的实质社会结果。由此不难看出社会凝聚指标的量化过程既不是从理论出发的"自上而下"的方法，同时也不是一种从经验出发的所谓的"自下而上"的方法，而是采用一种反复的方式（iterative approach）来拓展指标（CCSD，2000）。其实也就是将社会凝聚是自变量与因变量结合体的观点进行了指标的操作化。

3. 政策意义

社会凝聚研究对加拿大公共政策的制定与发展产生了深远影响。虽然目前较少有政策直接以社会凝聚为明确定位，但不可否认的是越来越多的关注目光投向了如何能够采取有效措施，减少对社会凝聚力的破坏。这很大程度上是因为随着一系列具有代表性的社会凝聚调查的展开，加拿大社会发展面临的困境逐渐暴露在人们面前。吉诺特(M. Sharon Jeannotte)等人的研究发现，加拿大正遭受日益严重的社会分化的困扰，而这种分化又进一步加剧了社区认同感的降低。无论是民主价值理念，还是参与集体行动的意愿，这些构成社会公民身份的基础都前所未有地受到全球化发展的巨大威胁。不断弱化的社区认同感产生了恶劣的社会影响，导致公民参与政治活动热情的降低，经济、社会发展速度放缓(Jeannotte et al., 2002)。毫无疑问相关调查反映出的加拿大社会的多元分化状况使政策制定者越发意识到社会凝聚对国家协调发展的重要意义。

由多伦多大学出版社出版的《社会凝聚的经济含义》(*The Economic Implications of Social Cohesion*)一书收录了由加拿大文化遗产部发起研究的一系列论文(Jeannotte, 2003)。作者们以大量翔实的资料，利用社会凝聚的一些代理指标例如信任与合作意愿等，证明了社会凝聚与宏观经济表现之间存在着很强的因果连接关系。研究还发现通过减少抵抗风险的防御性行动的需求以及促进政治和劳动力市场的稳定性，有助于减少某一社会的交易成本。此外，通过减少员工的社会功能障碍，可以积极地提高生产效率，因此也会促进新兴理念的发展，提高人们的满意度。社会凝聚对社会福利的影响同样不容忽视。例如，研究者们发现如果一个社区有着稳定和睦、相互支持的邻里环境，那么生活于其中的贫困单亲家庭的子女往往会拥有更好的健康状况(Phipps, 2003)。越来越多的学者和政府官员关注到社会凝聚对社会发展的积极影响，必将有助于更加深入地挖掘社会凝聚的政策内涵，影响国家的政策制定和社会的和谐健康发展。

4. 社会凝聚研究对中国的启示

改革开放四十年来，中国以前所未有的开放姿态日益深入地卷入到全球化的发展浪潮之中。无论从广度或深度而言，中国已经成为一个极容易受到全球化消极作用影响的国家。即使那些认为中国参与全球化非常成功的外国观察者也不得不承认,"全球化已经迫使中国做出了非常痛苦的调整","中国人民正在经历的社会调整,其程度之严重,无论如何估量也不过分"①。从社会凝聚的角度来看,全球化不仅动摇了传统文化与价值理念在国民心中的信仰与坚持,更进一步加剧了中国社会的分化与地区间经济的发展差异。那些拥有丰富的人力资源和经济资源的地区与全球经济的联系越来越密切,可以攫取更多的利益,获得更多的发展机会,而资源匮乏又缺乏地缘优势的区域则被边缘化和排斥化。经济的快速发展在某种程度上是以牺牲社会的协调发展为代价的。当不平衡性由经济层面延展至社会层面,各种矛盾冲突,甚至极端恶性事件频发,社会的不安全感在蔓延。全球化实际上在分解着中国社会的凝聚力。

问题的严峻性使得我们有必要进行深刻的反思,西方国家在维系社会凝聚方面所做出的理论研究与实践探索或许可以提供某些借鉴意义。欧洲在一体化发展进程中推崇的"社会凝聚"政策,利用凝聚基金等经济杠杆的作用,推动了地区间的平衡与协调发展,并且在长达半个世纪的发展历程中一直在不遗余力地将"社会凝聚"视为发展战略的核心。这对于同样备受地区发展不平衡问题困扰的中国有着重要的启示,社会凝聚的视角有利于发挥国家在政策制定中的主体性作用,促进经济政策和社会政策的统一协调,将被边缘化的地区积极纳入到社会发展的进程中。而加拿大的指标操作化实践则为检验社会发展状态、衡量社会凝聚力强弱提供了重要的参照标准。从宏观的政策层面指标到微观的个体生活层面指标均有所涉及,也寓意着社会凝聚并非空洞的理论抽象,那些有助于增强社会凝聚的政策将通过社会成员的生活感受加

---

① 转引自庞中英,"全球化、社会变化与中国外交",《世界经济与政治》,2006年,第2期,第10页。

以检验，并最终还原为全体社会成员的真实福祉。

（三）中国的实践应用型生活质量指标体系

在中国的生活质量研究领域，指标体系的建构一直与国家宏观层面的发展战略与发展理念的变迁密切关联。生活质量指标体系的测量从本质上讲是对发展理念的实践化检验过程，因而具有鲜明的历史阶段性特征。

1. 全面小康的生活质量指标体系

1991 年国家统计局与计划、卫生、教育等 12 个部门的研究人员按照国家提出的小康社会内涵确定了 16 项指标，建立了小康社会指标体系。该体系由经济水平、物质生活、人口素质、精神生活、生活环境等 5 个部分 16 项具体指标组成。在此基础上，国家统计局制定了《全国人民小康生活水平的基础标准》《全国城镇小康生活水平的基础标准》和《全国农村小康生活水平的基础标准》三套小康指标。

2001 年朱庆芳等根据国家统计局城调队编写的《1992 年中国城市统计年鉴》，选择了 32 个能反映城市小康特性的有代表性的重要指标组成指标体系，包括城市化水平和城市建设、人口素质、经济效益、生活质量、社会秩序和稳定、经济实力 6 个子系统（朱庆芳等，2001）。具体指标及权重如下：

表 5.9   城市小康指标体系

指　　　标	权重
一、城市化水平和城市建设	2.4
1. 非农业人口占总人口比重	0.3
2. 第三产业劳动者占社会劳动者比重	0.4
3. 人均生活用水量	0.3
4. 燃气普及率	0.3
5. 人均道路铺装面积	0.3
6. 每万人拥有公共车辆	0.2
7. 建成区绿化覆盖率	0.3
8. 工业废水处理率	0.3

续　表

指　　标	权重
二、人口素质	1.6
9. 文教卫生占财政支出比重	0.3
10. 人口自然增长率	0.3
11. 每万职工科技人员数	0.3
12. 每万人口在校中学生数	0.2
13. 每万职工成人高校人数	0.2
14. 每万人口拥有医生	0.3
三、经济效益	1.9
15. 人均国内生产总值	0.8
16. 社会劳动生产率	0.4
17. 工业企业资金利税率	0.4
18. 人均地方财政收入	0.3
四、生活质量	2.3
19. 城镇居民家庭人均生活费收入	0.5
20. 人均居住面积	0.5
21. 人均生活用电量	0.3
22. 每百户拥有彩电	0.3
23. 每百人拥有电话机	0.3
24. 每万人拥有商饮服务人数	0.2
25. 人均储蓄额	0.2
五、社会秩序和稳定	1.0
26. 城镇就业率	0.2
27. 职工生活费指数	0.2
28. 每10万人刑事案件数	0.2
29. 每10万人交通事故死伤人数	0.2
30. 每百万人火灾死伤人数	0.2
六、经济实力	0.8
31. 国内生产总值	0.5
32. 地方财政收入	0.3

资料来源：朱庆芳等著，2001，《社会指标体系》，北京：中国社会科学出版社。

　　李培林、朱庆芳在《中国小康社会》一书中,根据小康社会和现代化的内涵,参考了英格尔斯提出的 10 个现代化指标,并根据中国的具体情况,设计了一套指标体系,由 28 个指标组成指标体系,共分为 5 个子系统(李培林、朱庆芳,2003)。为了加强指标体系的科学性和实用性,广泛征求了 30 多位专家的意见,确定了指标体系的权重,以统计全国全面小康社会的实现程度。其后,朱庆芳又根据新的统计资料对指标体系的指标权重和指标设置进行了调整,发布了年度全国全面实现小康社会指标体系和实现程度。下表即是更新过的指标体系及其权重设置。

表 5.10　全国全面实现小康社会指标体系

指标	权重	小康内涵
综合指数	100	
一、社会结构指数	20	
1. 第三产业从业人员占总计比重	5	产业结构社会化
2. 城镇人口占总人口比重	5	城市化
3. 非农增加值占 GDP 的比重	4	产业结构非农化
4. 出口额占 GDP 的比重	3	对外依存度
5. 教育经费占 GDP 的比重(预算内)	3	政府智力投入
二、经济与科教发展指数	24	
6. 人均 GDP	6	综合经济社会产出率
7. 人均社会固定资产投资额	3	投入水平
8. 工业企业总资产贡献率	3	工业投入产出率
9. 城镇实际失业率(逆指标)	3	城镇就业状况

指标	权重	小康内涵
10. 研究与发展经费占 GDP 比重	3	知识创新投入
11. 人均教育经费（预算内）	3	知识化
12. 每万人口专利受理量	3	发明创造能力
三、人口素质	18	
13. 人口自然增长率（逆指标）	3	人口控制和自然承载力
14. 每万职工拥有专业技术人员	3	知识化、科技化
15. 每万人口在校大学生人数	3	知识化
16. 大专以上文化程度人口占 6 岁以上人口比重	3	知识化
17. 每万人口医生数	3	医疗资源占有
18. 平均预期寿命	3	生活质量高质化
四、生活质量和环保	25	
19. 城镇人均可支配收入	4	城镇居民收入水平
20. 农民人均纯收入	4	农民收入水平
21. 恩格尔系数（城乡平均）逆指标	3	消费结构现代化
22. 人均生活用电量	3	家电现代化
23. 每百户拥有电话	3	信息化
24. 每百户拥有电脑（城镇）	2	信息化
25. 工业"三废"处理率	3	环保水平
26. 农村饮用自来水人口占农村人口比重	3	农村环保水平
五、法制及治安	13	

续　表

指标	权重	小康内涵
27. 每万人口刑事案件立案率（逆指标）	4	治安与法制化
28. 每万人口治安案件立案率（逆指标）	3	治安与法制化
29. 每万人口拥有律师率	3	法制化
30. 每 10 万人交通事故死亡人数（逆指标）	3	交通秩序

资料来源：朱庆芳，2005，"小康及现代化社会指标体系评价方法"，《现代化研究（第 3 辑）》，北京：商务印书馆。

　　周长城等在其承担的联合国 UNDP 项目《全面建设中国小康社会——一项整合千年发展目标的国家框架》中，结合联合国千年发展目标，将全面小康指标体系设立的根本理念定位于更加关注那些自然条件恶劣的落后地区的贫困问题，使更多的人能参与和分享经济与社会发展。指标设置在体现高水平、更全面的基础上，更加突出了均衡发展的观念，关注贫困人口的生活水平和发展能力，把落后地区，特别是西部地区贫困人口的基本生存状况作为指标体系中的一个重要组成。在这种理念的指导下，全面小康指标分为经济水平、基本生存状况、社会指标、环境的可持续性以及生活质量 5 个方面。经济水平衡量社会整体经济发展状况。基本生存状况关注的是贫困地区人口的教育、卫生、医疗等状况。社会指标反映的是社会结构状况。环境的可持续性反映的是环境的绿化程度和可再生能力，以及对能源资源的利用和污染的处理情况等。生活质量反映的是在解决基本温饱问题的前提和基础上，居民在教育、卫生、消费、社会安全等方面的发展情况。其中，经济水平和社会指标属于宏观水平上的监测指标，环境的可持续性、生活质量以及基本生存状况属于微观水平上的指标。

表 5.11　整合千年发展目标的全面小康社会指标体系

指标类型	指标名称
经济水平	1. 人均 GDP 水平 2. 贫困人口比例（逆指标） 3. 农村恩格尔系数（逆指标） 4. 城市居民人均可支配收入 5. 农村居民人均纯收入 6. 基尼系数（逆指标）
基本生存状况	7. 贫困地区初等教育普及率* 8. 贫困地区 5 岁以下儿童死亡率（逆指标）* 9. 贫困地区孕产妇死亡率（逆指标）* 10. 遏止并逐渐扭转艾滋病的蔓延* 11. 遏止并降低中国肺结核的发病率* 12. 农村饮用自来水人口比例* 13. 农村地区卫生厕所覆盖率* 14. 贫困地区通公路行政村比重
社会指标	15. 中等收入阶层比重 16. 城镇人口占总人口的比重 17. 第三产业就业人员比重 18. 非农业从业人员比重 19. 城镇居民最低生活保障率 20. 农村居民最低生活保障率 21. 公共教育经费支出占 GDP 的比重（预算内） 22. 出生婴儿性别比 23. 初等教育女生和男生完成率比例* 24. 城镇单位女性就业人员比例* 25. 女性在政府部门中的就业比重
环境的可持续性	26. 环境治理经费支出占 GDP 的比重 27. 森林覆盖率 28. 城市人均公共绿地面积 29. 水资源利用率 30. 工业"三废"处理率

指标类型	指标名称
生活质量	31. 人均预期寿命 32. 农村蛋白质人均日摄入量 33. 城市居民人均居住建筑面积 34. 每十万人拥有大专以上文化程度人口数 35. 每万人拥有医生数 36. 每万人拥有病床数 37. 每万人拥有律师数 38. 刑事发案率 39. 失业率（逆指标） 40. 国际非政府组织占非政府组织的比重 41. 年人均购书花费 42. 城市每百户家用电脑拥有量 43. 人均国内出游率

　　注：＊号内容为参考联合国千年发展目标，为中国全面小康社会设立的指标。目的是关注贫困人口的生存和发展状况。

　　资料来源：周长城，2004，《全面建设中国小康社会——一项整合千年发展目标（MDGs）的国家发展计划》研究报告。

　　通观全面小康社会的指标体系，会发现其更侧重于对整体社会发展阶段的定位和对未来发展导向的引导，因此指标设置的全局性意识更强，并且善于通过对权重的调整，体现发展策略的重心转移。在制定小康规划时，生活质量显得越来越重要，反映了社会发展指标与生活质量指标研究复合的趋势（罗萍等，2000）。

　　2. 和谐社会的生活质量指标体系①

　　生活质量研究一直以来与发展观的演进息息相关。无论早期片面追求 GDP 增长的发展理念，还是上个世纪后期可持续发

---

　　① 　本部分内容已经前期发表，参见张蕾，2006，"和谐社会与生活质量评价体系的再建构"，《社会学视角下的和谐社会》，北京：社会科学文献出版社，第 409～421 页。

展观念的深入人心,乃至中国提出的以人为本的科学发展观和构建社会主义和谐社会的思想,都在生活质量研究的深化过程中留下了清晰的印记。

中国自改革开放以来,不但经济发展取得了前所未有的成就,人民生活物质水平不断提高,更重要的是实现了由片面关注发展的客体向以人为本、寻求可持续发展、构建和谐社会的转变。从理论上讲,和谐社会就是全体人民各尽其能、各得其所而又和谐相处的社会,体现了一种良性运行和协调发展的态势。和谐社会是经济和社会、城市和乡村、东中西部不同区域、人和自然、国内发展和对外开放等关系良性互动和协调发展的社会(郑杭生,2004)。

和谐社会概念的提出,包含了丰富的思想内涵。首先,它体现了人与自然之间关系的和谐发展。在人们合理利用自然资源的过程中,社会财富的极大丰富使得人们的生活水平不断改善,在维护人类自身利益的同时,自然界的平衡状态也引起人们前所未有的关注。只有人类社会系统与自然生态系统和谐相处,才能最终实现人类发展的最大化。其次,和谐社会还体现为社会各阶层之间的和谐发展。经济改革的推进伴随着中国社会各阶层的不断分化重组。利益分配协调机制的欠缺,使得不同阶层之间获取社会资源的能力与机会存在较大的差异性,社会矛盾、摩擦与冲突也随之产生。为了进一步扩大改革受益群体的范围,使各个社会阶层享有平等的发展权利,必须合理控制收入差异,在共同利益基础上实现劳动合作与利益共享。再次,和谐社会包含着人自身的和谐发展。拥有健全的人格、正确的世界观、人生观和价值观,才能正确地处理个人与自然、个人与社会的关系,真正融入自然、融入社会、融入集体,努力实现人的全面发展。

这样一种动态平衡的和谐发展,实际上体现了人民群众在生活水平提高的同时,对高品质生活质量的积极诉求。作为一种综合维度的概念,生活质量存在客观指标和主观指标之分。客观指标不仅可以描述社会条件、发展过程和社会潮流,预测未来发展趋势,而且可以引起人们对社会问题的关注,并有助于评估公共政策和社会计划的有效性,因而受到政府官员和经济学家的青睐。被社会学家和心理学家广为推崇的则是生活质量的主观指标。主观指标代表的是一种内省的、以个人经验为基础的概念,以个人的幸福作为研究的中心和出发点,从反映人们生活的舒适便利程度方面来解释对生活质量的主观感受。通过对主观生活质量的相关研究,可以深入分析社会成员对发展理念的认同感,反映社会成员对各项社会政策执行情况的总体评价。

社会指标是反映社会经济现象状况、衡量和监测社会发展程度的一种有效的量化工具。根据不同的研究目的和理论导向,人们可以从众多指标中选择具有典型代表意义的指标,构建出各种不同的具有针对性的指标体系。因此从某种程度上讲,社会指标研究从属于特定的研究目的,为不同的研究领域提供有价值的参考信息。这也就是在对国内外生活质量指标体系进行梳理之后,从纷繁复杂的指标体系中得出的总体印象。就中国生活质量评价指标体系的构建而言,其意义并不仅仅在于对各种社会发展现象进行简单的描述和排序,更重要的是从中发现潜藏的矛盾与问题,提出相应的对策和建议,从而正确引导人民群众全面提升生活质量,促进社会协调发展。

中国生活质量评价指标体系的构建,必须满足生活质量研究的目的以及指标选取的原则。生活质量内涵与外延的确定直接决定着相应指标体系的边界。作为发展中国家的生活质量研究,尤其是站在社会的宏观层面考察生活质量现状,可以将其理解为:"社会提高国民生活的充分程度和国民生活需求的满足程度,是建立在一定的物质条件的基础上,社会全体对自身及其自身社会环境的认同感"(周长城等,2001)。从此定义出发,并且结合指标的可获取性,和谐社会框架下的指标体系构建应该侧重于对客观指标的选择,以社会条件层面的指标为主,并且以保障和需求两条主线为脉络,分别从经济系统、社会系统、自然系统着眼构建具体指标体系。

表 5.12 生活质量保障状况评价指标体系

系统	领域	指标		
经济系统	经济状况	1. 人均 GDP 2. 人均国内生产总值增长率		
社会系统	人口状况	1. 城镇人口比重 2. 人口自然增长率(逆指标)		
	社会事业资源状况	1. 科教发展	1) 人均教育经费 2) 研究与发展经费占 GDP 的比重 3) 公共教育经费占国民生产总值比重	
		2. 卫生医疗	1) 公共医疗卫生支出占 GDP 的比重 2) 获得卫生设施服务的人口数占总人口的百分比 3) 每万人拥有医生数 4) 每万人拥有病床数	
		3. 基础设施	1) 每千平方公里运输线路长度 2) 每千平方公里轨道交通路线长度 3) 每万人拥有电话交换机容量 4) 每万人接入互联网用户数	
		4. 文娱、休闲	1) 公共图书馆藏书人均占有量 2) 每百万人口拥有公园数 3) 每万人拥有体育场馆面积 4) 每千居民平均日报发行数	
		5. 居住状况	1) 人均住房建筑面积 2) 住房质量 3) 房主产权状况	

系统	领域	指标	
社会制度环境	6. 社会保障	1) 基本养老保险覆盖率 2) 基本医疗保险覆盖率 3) 失业救济覆盖率 4) 最低收入保障覆盖率	
	7. 社会公平	1) 基尼系数 2) 城乡居民收入比 3) 泰尔系数 4) 行业收入比	
	8. 公共安全	1) 食品安全 2) 生产安全 3) 交通安全 4) 消防安全 5) 社会治安	
自然系统	生态环境保护	1. 污染治理费占 GDP 的比重 2. 绿化覆盖率 3. 工业废水处理率	

表 5.13　生活质量需求满足程度评价指标体系

系统	领域	指标	
经济系统	收入水平	1. 城市人均可支配收入 2. 农村人均可支配收入	
	消费结构	1. 人均消费支出结构系数 2. 耐用消费品普及率 3. 人均生活用电量	
社会系统	人力资源发展状况	1. 人口健康	1) 人均预期寿命 2) 1岁婴儿死亡率 3) 孕妇死亡率(每十万活产婴儿) 4) 传染病发病率

续　表

系统	领域	指　　标	
		2. 教育 素质	1) 人均受教育年限 2) 成人识字率 3) 大专以上文化程度占 6 岁以上人口 　比重 4) 每万人口在校大学生人数 5) 每万职工拥有专业技术人员数 6) 每百万人口平均科学家人数
	劳动参与状况	1. 城镇失业率（逆指标） 2. 第三产业从业人员占总计比重 3. 非农劳动力占农村劳动力的比重	
自然 系统	环境质量	1. 环境噪声达标区面积 2. 城市空气污染指数年、日平均值 3. 水质综合合格率：1) 农村自来水普及率 　　　　　　　　　　2) 城市用水普及率 4. 人均公共绿地面积 5. 生活垃圾无害化处理率	

　　如上所示，两表共同构成了一个完整的生活质量评价指标体系。将资源保障与需求满足两者有机结合起来，从不同视角体现了生活质量的内涵以及和谐社会建构过程中的众多关键性要素。

　　经济系统是影响社会成员生活质量的基本因素，对于提高生活质量起到关键的物质保障功能。以其中的收入水平为例，不仅决定着消费水平和消费结构，还制约着人力资本的投资，直接影响到教育素质的提高。但正如市场经济的运作并不必然带来社会的和谐发展一样，经济的快速增长也同样不能保证收入分配的公正合理。虽然从理论层面上讲，经济增长确实是收入增长和收入分配的基础，没有经济增长，就不会有收入增长，更谈不上收入分配，但是，收入分配实际上也反作用于经济增长，甚至会决定经济能否持续稳定地增长。和谐社会的创建是一个社会各阶层和谐发展的过程,即不同利益群体的和谐发展。与其他民主权利相比,合理的收入分配对于各个利益群体而言具有更加根本的社会意义,因为对经济利益的要求是一切经济时代的人们进行生产活动的决定性动机和最终目的。当前诸多不和谐、不稳定现象的深层次原因实际上都是一种利益的失衡,突出地表现在个人、城乡和区域的发展差距上。生活质量保障状况评价体系和生活质量需求满足程度评价体系将经济系统的影响辐射到其他两个相关系统,有利于对和谐社会发展的核心矛盾进行充分的监测与评价。

　　社会系统是社会成员可感生活质量的关键领域,不但包括了宏观的人口状况、社会事业资源状况、社会制度环境,还包括了人力资源发展状况和劳动参与状况中的一些微观指标,特别是引起公众强烈关注的公共安全指标被纳入了分析框架,增加了敏感度很强的食品安全和生产安全指标。社会公共安全对于和谐社会的意义在本质上等同于对个人生活质量的影响,只是在对象上由个人的生活质量上升到社会的发展状况。安全是社会进步的基础,是社会经济、政治、环境发展的先决条件。没有安定的社会环境,就没有经济的健康发展和投资保证;没有安定的社会环境,就没有政治的稳定;没有安定的社会环境,就没有精力致力于生态环境的保护。一个社会如果连起码的公共安全都得不到保证,不仅和谐无从谈起,社会更不可能获得发展。事故频发的食品安全和生产安全问题成为牵动亿万人心的社会焦点,也引起了领导决策层的高度关注。将这两项指标纳入生活质量评价体系,正是基于政策舆论的变化和构建和谐社会的必然要求。

　　自然系统是可持续发展的前提。人与自然和谐相处,是构建和谐社会的基本特征之一。没有生态和谐,就没有人与自然的和谐相处,就没有真正意义上的和谐社会。随着人口总量和消费需求的增加,中国的经济增长越来越受到资源状况、能源供给和环境承受能力的制约,建立节约资源、能源的生产和生活方式,保护好脆弱的生态环境,成为构建和谐社会的重要一环。自然系统如果失去平衡,社会发展和资源供应的矛盾将更加突出,和谐社会的建设就会因为缺乏资源支持而成为无米之炊。良好的自然资源与环境对于生活质量的整体发展更是有着不言而喻的意义,它们既是生活质量本身的内容,又为生活质量的改善提供了有效保证,同时也为提高后代人的生活质量创造了条件。

3. 中国城市居民的生活质量测量指标体系

之所以选择将中国城市居民的生活质量测量指标体系进行单独阐述主要是因为此类研究有别于上述研究,指标体系的实践应用性特征更为明显。而且由于实证调查的可操作性强,调研数据可以呈现出城市之间的差异程度,并进行排名比较,因而产生的社会影响更为广泛。

2006年9月20日由北京国际城市发展研究院组织联合数十家研究机构和上百位专家历时两年编撰的《中国城市生活质量报告 NO. 1》在"2006中国城市论坛北京峰会"上发布,该报告自称为国内首部《中国城市生活质量报告》。其揭晓的"2006年中国城市生活质量50佳",引起强烈的社会反响。中国城市生活质量研究课题组以2005年100个城市生活质量评价为基础,首次编制"中国城市生活质量指数",从衣、食、住、行、生、老、病、死、安、居、乐、业等12个方面构建出一个多维度的生活质量评价体系。然后以这个体系对287个地级和地级以上城市的居民收入、消费结构、居住质量、交通状况、教育投入、社会保障、医疗卫生、生命健康、公共安全、人居环境、文化休闲、就业机率等12项评估子系统进行量化分析。同时,研究方导入互动性、开放性较强的互联网公众调查,让市民为自己居住和生活的城市打分。在这次关于中国城市生活质量的网络调查中,287个城市的773325人参与调查并发表了评论,成为当时国内最大规模的城市生活质量网络公众调查①。2006 年中国城市生活质量排行榜前 10 位的城市依次是：深圳、青岛、杭州、宁波、上海、无锡、烟台、苏州、东莞和大连；综合排名后 10 位的城市依次是：驻马店、巢湖、内江、广安、宜宾、遂宁、安顺、贵港、六盘水、六安②。由于测评中增大了网络公共调查的力度，很多城市因为市民主观性评价得分较低，而影响了整体排名结果。北京即是典型案例，高企的房价和拥挤的交通令其饱受诟病。虽然投票人数最多，得分却很不理想，最终无缘前十位。

表 5.14　"中国城市生活质量指数"及其评价指标体系

综合指数	指标子系统	系统诠释	核心指标
中国城市生活质量指数	居民收入子系统	是衡量城市居民生活质量水平最重要的子系统，也是考量城市家庭购买力的重要方面	城镇居民人均可支配收入
	消费结构子系统	全面衡量居民消费质量和消费结构层次	城镇居民人均消费性支出、恩格尔系数
	居住质量子系统	着重衡量居民家庭住房状况的优劣程度	人均住房使用面积
	交通环境子系统	反映城市交通系统的便利程度	交通便利度
	人口素质子系统	从总体上综合反映一个城市的人口受教育情况和人口素质	适龄人口平均受教育年限

---

①　参见中国城市论坛，"中国传媒大学校长助理吕学武发布《中国城市生活质量报告 NO. 1》"，2006 年 9 月 20 日，http://www. ccgov. net. cn/。

②　参见中国城市论坛，"中国城市生活质量报告"，2006 年 12 月 20 日，http://www. ccgov. net. cn/。

续　表

综合指数	指标子系统	系统诠释	核心指标
	社会保障子系统	衡量城市社会保障体系的完备程度	社保投入系数
	医疗卫生子系统	测量城市健康标准及医疗设施的水平	每十万人拥有医生数
	生命健康子系统	既反映了社会、经济的进步状况和医疗水平的发展状况，也从一个侧面反映人们的营养状况和生活质量的改善情况	平均预期寿命
	公共安全子系统	反映城市居民安全感及城市公共安全体系的构建情况	非正常死亡率
	人居环境子系统	衡量城市人居环境水平和城市环境管理制度的完善程度	人均绿地面积、生活垃圾无害化处理率
	文化休闲子系统	反映了城市文化设施方面的完备程度	每百万人拥有公共图书馆藏书量
	就业机会子系统	是关系到影响城市就业机会创造的政策目标的关键方面	城镇登记失业率

资料来源：连玉明，2005，"北京国际城市发展研究院在国内首家推出——中国城市生活质量评价指标体系"，《领导决策信息》，第34期，第12页。

　　成立于2010年的"中国城市生活质量研究中心"由首都经济贸易大学和中国社会科学院经济研究所共同组建，自2011年至2018年连续进行了8年城市生活质量调查，出版了系列《中国城市生活质量报告》蓝皮书，是迄今为止研究成果最丰富的持续性城市生活质量研究之一。该中心的中国城市生活质量体系（QLICC）由主观满意度指标和客观指标构成。主观指标包括生活水平满意度、生活成本满意度、人力资本满意度、社会保障满意度和生活感受(健康水平)满意度。客观指标与主观指标相呼应,也包括 5 个方面,分别是生活水平指数、生活成本指数、人力资本指数、社会保障指数、生活感受指数。在 2017 年公布的 35 个城市的生活质量排名中,生活质量主观满意度排在前 10 位的城市分别是西宁(1)、贵阳(2)、广州(3)、乌鲁木齐(4)、青岛(5)、重庆(6)、银川(7)、成都(8)、郑州(9)、天津(10);客观总指数排名前 10 位的城市是分别是北京(1)、深圳(2)、南京(3)、杭州(4)、广州(5)、上海(6)、武汉(7)、昆明(8)、西安(9)、贵阳(10)[1]。广州和贵阳是主观和客观生活质量均名列前茅的城市。

表 5.15　中国城市生活质量主观满意度指标体系(2017 年)

满意度指数 (主观指数)	主观问题	答案赋值				
		100	75	50	25	0
生活水平满意度指数	收入现状(50%)	很满意	满意	一般	不满意	很不满意
	收入预期(50%)	很乐观	乐观	一般	不乐观	很不乐观
生活成本满意度指数	生活成本	很低	低	一般	高	很高
人力资本满意度指数	人力资本	很满意	满意	一般	不满意	很不满意
社会保障满意度指数	医疗保障	很满意	满意	一般	不满意	很不满意
生活感受 (健康水平) 满意度指数	SF-8 身体健康 (50%)	赋值区间为 0~100, 运用 T-score 方法处理调查数据,得到相关赋值				
	SF-8 心理健康 (50%)					

资料来源:张连城等,2017,《中国城市生活质量报告(2017)》,北京:社会科学文献出版社,第 5 页。

---

[1]　张连城等,2017,《中国城市生活质量报告(2017)》,北京:社会科学文献出版社,第 7~8 页。

表 5.16　中国城市生活质量客观指标体系

社会经济 数据指数 （客观指数）	一级指标	二级指标	对城市生活 质量的影响 （"＋"为正影响， "－"为负影响）
生活水平 客观指数	收入水平	消费率（消费/收入）	＋
		人均财富（包含人均储蓄和 人均住房财富）	＋
		人均可支配收入	＋
	生活改善 指数	人均消费增长	＋
		人均财富增长	＋
		人均可支配收入增长	＋
生活成本 客观指数	生活成本 指数	房屋销售价格指数	－
		通货膨胀率	－
		房价收入比	
人力资本 客观指数	人力资本 指数	教育提供指数（包含万人学 校数和万人教师数）	＋
		教育文化娱乐消费支出比	＋
社会保障 客观指数	社会保障 指数	社保覆盖率	＋
		基本医疗保险覆盖率	＋
		失业保险覆盖率	＋
生活感受 客观指数	生活便利 指数	交通提供能力（包含人均铺 装道路面积、每万人拥有公 共电汽车、万人出租车数量）	＋
		万人影剧院数	＋
		医疗提供能力（包含万人床 位数、万人医院数、万人拥有 医生数）	＋

续　表

社会经济 数据指数 （客观指数）	一级指标	二级指标	对城市生活 质量的影响 （"＋"为正影响， "－"为负影响）
生活感受 客观指数	生态环境 指数	人均绿地面积	＋
		空气质量	＋
	收入差距感 受指数	基尼系数	－

资料来源：张连城等，2017，《中国城市生活质量报告（2017）》，北京：社会科学文献出版社，第 6 页。

结语　矛盾与制衡中的生活质量指标体系建构

一、从定量思维向定性思维的转变

从 1920 年英国福利经济学家庇古首次使用"生活质量"这一术语起,将近一个世纪的时光已经在人类发展的历史长河中飞速流逝。回首百年,这是人类发展前所未有的波澜壮阔的时代。风起云涌的现代化历史进程将人类社会迅速由男耕女织的农业社会,卷入到物质财富极大丰富、社会发展空前活跃的繁荣时期。然而百年辉煌的发展奇迹,也给人类带来了沉重的灾难性教训。单纯对经济增长的追逐并不必然使所有社会成员能公平享受到发展带来的成果,发展中国家千百万人民的生存困境没有得到有效改变,甚至还带来了更为严重的社会两极分化。发达国家在享受高度物质文明的同时,也不得不为牺牲环境的片面发展付出惨痛的代价。

对 GDP 为代表的经济指标的反思性研究使人们愈发意识到经济领域只是社会领域中的重要组成部分,经济指标虽然能够反映经济的发展状况,却无法衡量一个国家或一个社会的综合发展情况,更无法得知人民生活幸福与否。因此对于一个社会来说,除了需要经济方面的信息外,还需要"政治、社会、文化和生物、物理"等方面的信息,而且"质量方面的信息,完全可以和数量方面的信息具有同等的重要性"。[①] 正是这种从定量思维（追求经济增长速度、物质财富拥有的数量）向定性思维（注重社会发展的本质内涵，强调生活品质的高低）的转变，促使人们开始逐渐反思"更多是否意味着更好……，'生活质量'概念的产生代替了那些越来越受到质疑的物质繁荣的概念，成为一种全新的、多维度的、更加复杂的社会发展目标"（Noll，2002a）。而要实现对生活质量这一新的社会发展目标的科学测量，必然需要方法论上的有利支持，20世纪60年代席卷世界的社会指标运动适时地提供了必要的理论与工具上的保障。两者的有机契合积极推动了生活质量研究在全球范围内的开展。而今生活质量早已不再仅仅是衡量社会发展的一系列指标，它把人类对自我的认知、对生活的态度、对良好人际关系的企盼、对自然环境的渴望……联系起来，构成了一个和谐统一的整体，并且在反思与升华中，实现了有益于人类发展的价值理念的整合。

从定量思维向定性思维的转变为生活质量研究赋予了更多的内涵。相对于"定量"对数量的简单直白追求，"定性"则包含了比单独的量化假设更加深层次的思考。它源于对事物的性质和属性的深刻认知，就生活质量的内涵而言，意味着更加深入地探究生活质量对自我和他我的意义，从满足人类需求和社会可持续发展的角度，提升人类整体的生活品质。在此过程中，作为社会存在的主体——人，无论是个体层面的社会成员，还是群体层面的总人群，都成为生活质量研究真正的逻辑起点。

人是一个抽象而宽泛的概念，有许多具体不同的表现形式，作为独立个体的人、作为家庭成员的人、作为单位职员的人、作为社区居民的人、作为国家公民的人……凡此种种，不一而足，都可

---

① Bauer, R. A. (Ed.). 1966. *Social Indicators*. MIT Press, p. 154，转引自秦麟征，"关于美国的社会指标运动"，《国外社会科学》，1983年，第2期，第30页。

以成为我们研究生活质量的分析单位。以人作为研究分析的逻辑起点，通过一系列身份和社会关系的拓展，可以将不同领域、不同地域、不同层面的社会成员紧密联系在生活质量的研究框架之中。整合的过程，不但充分体现了亲缘、业缘、地缘三大社会关系的交错融合，而且实现了生活质量的研究空间从点（一个家庭）到面（其他家庭、工作单位、城市、地区⋯⋯）的外延。通过图 6.1 可以系统而完整地展现出本研究的学术思路。

　　以自我为中心最密切的家庭、邻里、工作环境研究可以视为个体层面生活质量研究的范畴，城市、地区、国家等相对宏观的研究可以视为群体层面的研究范畴。个体层面的生活质量包括各种主客观要素。人们的客观生活质量要求基本需求得以满足，并且拥有必要的实现公民社会要求的物质资源；而主观生活质量则依赖于对如下内容拥有自主权以便做出有效选择：（1）"享受"——增进主观幸福感，包括快乐主义、满意度、生活的目的和个人成长；（2）在完善论（eudaimonic）、涉人行为（other-regarding）以及亚里士多德意义上的广泛而真实欲望中实现"繁荣（flourish）"；（3）参与到全部的公民社会活动中（Phillips，2006）。群体层面的生活质量则要求一种总体的环境可持续性，既包括各种物质资源，也包括生活于其中的社区和社会所拥有的如下社会资源：公民整合、共同合作与坚持高度职业道德、各个社会层面的广泛的弱网络联系和纽带关系；包括信任、互惠和涉人行为在内的广泛的整合标准与价值；至少与公平、公正和某种程度上的社会正义和平等主义相关的社会标准与价值（Phillips，2006）。

　　这样一个综合性的生活质量指标体系研究框架有助于勾勒出一个完整而多层次的生活质量研究范畴。它指引我们以统摄全局的视野分析生活质量的不同研究领域、不同研究视角，有助于将具体的生活质量指标体系明确地定位于某一分析层次，并检

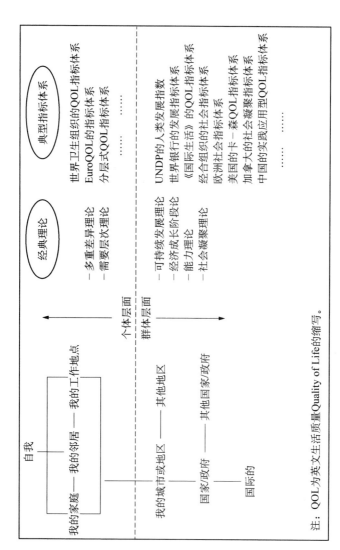

个体层面

群体层面

自我

我的家庭 —— 我的邻居 —— 我的工作地点

我的城市或地区 —— 其他地区

国家政府 —— 其他国家政府

国际的

经典理论

- 多重差异理论
- 需要层次理论

- 可持续发展理论
- 经济成长阶段论
- 能力理论
- 社会凝聚理论

典型指标体系

世界卫生组织的QOL指标体系
EuroQOL的指标体系
分层式QOL指标体系
……

UNDP的人类发展指数
世界银行的发展指标体系
《国际生活》的QOL指标体系
经合组织的社会指标体系
欧洲社会的指标体系
美国的卡－森QOL指标体系
加拿大的社会凝聚指标体系
中国的实践应用型QOL指标体系

注：QOL为英文生活质量Quality of Life的缩写。

图 6.1　生活质量指标体系研究框架图①

————————————————

① 本框架图以席德和劳德的研究（Seed, P., and G. Lloyd. 1997. *Quality of Life*. London: Jessica Kingsley Publishers, p. 13.）为基础，并结合个人的研究思路综合而成。

验其研究的完整性。同时它又以一种和谐统一的方式寓意着提高生活质量是一个牵一发而动全身的整合性目标，对于任何个体、家庭、城市、国家甚至全球利益的忽略或损害，最终将破坏整个人类的生活质量的提高。不同个体和利益群体应该摆脱定量思维中单纯对财富数量的追求与竞争，以定性思维的理念转向关注人类发展的更高层次，在和谐有序的竞争中寻求共同进步、提高生活质量。

二、指标体系建构的多重矛盾

生活质量的评估需要借助一定的社会指标，并构成具有实践意义的指标体系。然而在将生活质量的理论研究转换为实践操作的过程中，却充满了重重矛盾，自始至终都处于围绕一个明确主题（生活质量）的不确定性发展中。

（一）概念界定的矛盾

概念界定的非确定性是首当其冲遇到的矛盾。一个构架合理的综合性生活质量指标体系首先必须对研究的核心概念——生活质量具有明确清晰的界定。然而这一看似简单的基本要求在研究实践中却遇到重重困难。生活质量是一个非常一般化和抽象化的概念，如同其他许多社会科学概念一样，生活质量针对不同个人、不同的研究团体会有不同的定义或诠释，因此一直以来都缺乏一个被普遍接受的概念。

没有疾病、健康状况、主观幸福感、功能状况、幸福、生活满意度、积极影响、自我实现、美好生活……这些看似相互矛盾、侧重点各有不同的术语频繁出现在各类生活质量的定义当中。一方面成为解释生活质量的关键词，另一方面却仿佛成为生活质量的代名词，以至于生活质量几乎成为社会科学领域内用法最不确定的概念之一。没有人能够统计清楚到底存在多少个相互矛盾的生活质量界定。甚至在某种程度上，对这一概念理解的某些新的突破，反而被视为研究创新之处。任何试图建构一种唯一性与精确性并存的定义的努力，在长期的研究实践中都被证明是徒劳无益的。社会科学概念本身所具有的共同特性表明，生活质量所能代表的仅仅是一种描述性的范畴，同时又具有很强的伦理与文化内涵。在界定生活质量的时候，不同的意识形态、文化背景、认知态度以及学术偏好都会影响人们对生活质量的判断。加之生活质量分析存在个体与群体的层次之别，不同分析层次的关注领域各有不同，也造成了概念界定的困难与矛盾。

康明斯和卡希尔曾经通过大量的文献回顾，指出研究者已经达成的几个共识（Cummins and Cahill，2000，cited in Gullone and Cummins，2002）：

- 生活质量从本质上讲是多维度的，包含许多生活领域；
- 对主观生活质量的综合界定整合了主观、客观领域；
- 在主观领域中，人们对于组成生活质量的每一个领域的重要性水平的认识是不相同的；
- 生活质量是一种文化界定，尤其体现在它的客观标准中；
- 生活质量的建构必须普遍同等地适用于处于任何环境中的个人。

明确的概念界定对生活质量指标体系建构的作用是至关重要的。作为指标体系建构的第一步，一个经过深思熟虑的概念框架有助于将指标体系包含的关注领域和测量维度具体化，使指标体系的内涵与外延明确化，便于分门别类地选择操作指标。例如，欧洲社会指标体系的成功首先得益于建立了一个定义清晰的概念框架，以生活质量为中心概念，将社会凝聚和可持续发展整合其中。从此框架出发，除了强调社会成员的客观生活状况和主观幸福感外，还充分考虑到社会质量的协调发展，社会变迁领域的价值观和态度以及社会结构的变化。世界卫生组织的生活质量指标体系同样也在健康和生活质量的界定方面进行了深入讨论，并形成了自己独树一帜的见解，详尽的理论准备为指标体系的后续发展打下坚实基础。

（二）测量可行性的矛盾

生活质量是否可以测量？这是生活质量指标体系得以存在的前提条件。许多人可能从未思考过这样一个问题，或者干脆认为这不值一提，毕竟成千上万生活质量测量报告的存在似乎不言自明地回答了这一问题。然而细细深究，却发现问题并非如此简单。生活本身是一个内涵与外延十分宽泛的概念，质量更是无形的、不可触摸的，两者结合起来是否能够用数字加以衡量？

也许大部分人觉得答案当然是肯定的，就如迪尔凯姆和吉登斯在上个世纪所提及的，有许多"社会事实"隐藏于每个个体角色背后，行为主义因此提出如果事物存在，那么就可以被测量（Morrison，2005）。他们也以实际行动建构着各种用于测量生活质量的指标体系。不过对于其他人来说，虽然对生活的测量是积极的社会科学化的一个组成部分，但是质量概念最显著的特征——是一种质量，一个抽象的概念，是不可琢磨、无形的，不易受数量的度量方法影响的，因此即便在我们生活中的数学处理与比例研究好像从没停止过，但对于质量研究和指标测量的渴望是很难通过即使包括了人类生活每一个方面在内的广大的数据库来消除的（Morrison，2005）。

关于生活质量是否可以测量的矛盾争议虽然存在，但似乎后者的声音越来越微弱。数字的诱惑无处不在，数以万计已经出版的各类研究报告中，数字度量的方法被广泛应用于各个层面的生活质量研究，人们似乎已经习惯于从复杂的统计分析和大量的数据结论中探究生活质量的内涵。毕竟数字的吸引力是不可抵挡的，它们具有简单、直接、不容置疑、绝对和决定性等特性。但是我们更应该以审慎理智的科学态度来看待生活质量的测量，尽可能以还原事实本来面貌的、严谨的方法开展研究，避免将各种错误的统计数字和不恰当的统计方法运用于研究之中。

（三）主客观测量的矛盾

生活质量指标体系建构过程中一直存在主客观测量之间的矛盾。对于研究者来说是选择客观指标，还是主观指标进行测量，亦或两者的结合，长期以来争议不断。客观指标和主观指标是两种相互矛盾的指标类型。客观指标强调对生活质量"硬性"方面的测量，如收入水平、受教育年限、住房面积等等，关注影响物质生活和精神生活的客观条件，这些均不以人的精神意志为转移。主观指标则刚好相反，强调对"软性"方面的测量，更多关注像收入满意度、主观幸福感之类的内容，具有很强的认知与评价色彩。主客观测量在上述指标的选择上具有很大差异。表6.1列举了在生活质量研究中使用频繁的客观指标和主观指标。

表6.1　常用的客观与主观社会指标

常用的客观社会指标（代表独立于个体评价的社会数据）	
预期寿命	Life expectancy
犯罪率	Crime rate
失业率	Unemployment rate
国内生产总值	Gross Domestic Product
贫困率	Poverty rate
入学率	School attendance
每周工作时间	Working hours per week
围产期死亡率①	Perinatal mortality rate
自杀率	Suicide rate

① 围产期指怀孕28周以后的胎儿和出生7天之内的婴儿。围产期死亡率指每1,000名活产婴儿所对应的在这一时期死亡的胎儿及婴儿数量。

续　表

主观社会指标（个体对社会状况的评价）	
社区意识	Sense of community
物质财富	Material possessions
安全感	Sense of safety
幸福	Happiness
整体生活满意度	Satisfaction with 'life as a whole'
家庭关系	Relationships with family
工作满意度	Job satisfaction
性生活	Sex life
对分配公正的感知	Perception of distributional justice
阶级认同	Class identification
爱好与俱乐部会员资格	Hobbies and club membership

资料来源：Rapley，M. 2003. *Quality of Life：A critical introduction.* London：SAGE Publications Ltd. p. 11.

　　客观生活质量测量开始于鲍尔在 1966 年发表的具有里程碑意义的《社会指标》一书，书中鲍尔等人探讨了各种观测与预测社会变迁的方法。自此之后，社会科学和统计学的结合发展极大地推动了生活质量的量化研究。客观测量在斯堪的纳维亚半岛国家的生活质量研究中占据主导。该模式认为人们的生活水平是由人们所需要的客观资源决定的。这些客观资源主要有收入、资产、教育和知识技能，以及社会关系网络等等。对客观需求的满足即是社会福利的主旨。客观指标则是衡量社会福利的关键所在。客观指标传达的信息能够反映社会问题的真实情况，为社会政策提供决策参考。虽然斯堪的纳维亚模式并不否认主观个人评价存在的积极意义，但是更倾向于认为个体的主观评价是建立在个体的期望水平基础之上，不具备作为制定社会政策依据的普遍性意义。正是基于此种考虑，很多用于跨国比较和为政府决策服务的综合性生活质量指标体系为了保持数据资料的公正客观，均采用了客观生活质量测量方法。例如 UNDP 的人类发展指数、世界银行的发展指标体系、《国际生活》的生活质量指标体系、经合组织的社会指标体系、美国的卡尔弗特—亨德森生活质量指标等等。

主观生活质量测量与西方学者对幸福观认识的不断深化密切相关。进入 20 世纪 60 年代以后，受综合发展观的影响，生活质量研究也逐步向更广泛、深入的领域扩展，主观层面的内容在生活质量指标体系中的地位开始受到重视。在社会指标运动中测量个体的主观幸福感和生活满意度的指标研究开始出现。主观幸福感、生活满意度和快乐等逐渐成为主观生活质量测量中具有重要影响力的指标。各种不同的社会科学研究技术，如深度访谈、焦点群体讨论、临床研究、抽样调查等也被充分应用到该领域的研究过程中，拓展了数据采集的空间和形式。早期的美国模式在主观生活质量研究领域具有较强的代表性。它与斯堪的纳维亚模式的资源观相对立，认为生活质量研究或者幸福的测量主要通过评价居民个体层面的主观指标来获得，在群体中对个体心理状态（价值观、态度、信仰和期望）的详细测量对于理解社会变迁和生活质量是至关重要的。社会发展的主要目标不是生活质量的客观特征，而是以"满意度"和"幸福感"来衡量的人们的主观福利。

客观与主观测量源自不同的理论假设，测量内容迥然不同，两者各有利弊，但是在相互矛盾之中，又存在优势互补的可能，将两者整合起来以全面测量生活质量逐渐成为大势所趋。虽然在生活质量的研究实践中受研究经费、调查规模、学术能力、研究偏好的限制，很多学者往往偏重于客观测量或主观测量某一个方面，但是在理论层面人们已经基本就两者的整合达成共识。主观指标同样是测量生活质量不可或缺的组成部分，问题的关键在于如何在指标体系中合理地配置主观指标和客观指标，使之充分反映生活质量的本质内涵。世界卫生组织的生活质量指标体系、欧洲社会指标体系和加拿大的社会凝聚指标体系等在实现客观测量与主观测量的结合方面做出了有益的探索。

（四）总结性指数与多元指标的矛盾

总结性指数与多元指标的矛盾是生活质量指标体系后期研究中无法回避的一个问题。指标体系建构的最终目的是测量生活质量的高低，必然需要以恰当的形式反映测量的结果。是选择简单明了的总结性指数，还是从生活质量不同维度分别阐述各自的具体指标结果有时很难取舍。

对总结性指数持认可态度的学者认为通过对信息量的压缩，将不同的指标合成类指数和综合指数（总结性指数），便于国际间和全国各地区间对生活质量进行比较；也有利于吸引社会舆论的注意力，扩大生活质量研究在公众当中的影响，并对政府部门的决策和行为产生重要影响（周长城等，2003a）。诺尔在展望社会指标研究的未来方向时也特别提出了建构总结性福利指标的建议。他指出考虑到欧洲日益增强的经济和政治的整合情况，以及全球化问题和后资本主义的背景，迫切需要能够进行国际比较的总结性指数，它们可以将各种维度的福利情况综合进一种单一的测量中（Rapley，2003）。总结性指数的优点主要在于便于比较和简单明了，因此在国际性的生活质量指标体系测量中使用的较为频繁，例如 UNDP 的人类发展指数、《国际生活》的生活质量指标体系、欧洲生活质量量表等等。

但是还是有很多学者对总结性指标的使用持更加审慎的态度。他们往往认为单一的总结性指数容易使问题分析片面化、简单化，掩盖了事实本来复杂的面貌。"与其尽力去表达一个多元维度的主题，例如生活质量构成一个单一的数字，更好的做法是使用一连串的测量方法来反映这种多元维度，并避免主观分析，尽管这是在以指数为基础的研究方法中一个无法避免的缺点。"[1]

---

[1] Morrison K.，林媛译，"生活质量指标简述"，《行政》，2005 年，第 18 卷，总第 68 期，第 376 页。

莫里森也持类似的观点,认为过于简单化的强行使用数字是危险的。与其他学者单纯从理论层面进行的探讨不同,他从建构总结性指数常用的公式出发,具体剖析了总结性指数存在的弊端。公式:

$$Quality = \left[\frac{(\beta_1 X_1 + \beta_2 X_2 + \cdots + \beta_i X_i)}{(\beta_1 + \beta_2 + \cdots + \beta_i) \cdot 10}\right] \cdot 100$$

中 Quality 代表质量指数(百分比),X_i 代表变数 i 的平均值,β_i 代表变数的权重(标准的 β 系数)。利用该公式对因子进行加权,然后可以加总成为一个指数。这是一个在质量测量中常见的公式,然而莫里森却认为该公式存在很多问题,不仅在因果关系假设和加权方面,而且在加总方面也有问题,如下所示(Morrison,2005):

- 每一个变量本身是次级变量和次次级变量的加总(数据是多层次的);
- 次级变量和次次级变量使用了不同的度量标准;
- 全部的指数是无意义的;如果在一次英语测验中,标点的测验成绩为 A,拼写成绩为 E,那平均英语成绩为 C,将离散的和不相关的数据计算平均值是毫无意义的;
- 分散变异被忽略;
- 这个指数不能为具体的行动、计划或发展提供参考;说它是一个形成性指标,不如说是一种概括性指标;
- 单一的指数可能是直接的和未经修饰的指数;
- 数据没有考虑那些被等式排斥在外的因素。

总结性指数的弊端恰恰可以用多元化的指标加以弥补。实际上在很多小范围的学术研究中,大多数学者还是采用对不同维度、不同层面的测量指标分别进行阐述、分析的方式。这样有助于更加深入了解细分人群在不同生活领域的真实状态,发现隐藏于数字背后的社会矛盾和现实问题。

三、指标体系建构的制衡问题

制衡是一门平衡的艺术,意味着在相左的两端寻找一个最佳的平衡点。这其实和矛盾有些类似,所不同的是矛盾不仅意味着可以从非此即彼的二者中做出抉择,还可以寻求将矛盾的双方有机结合,以构成更大的范畴;而制衡则不然,它不存在将矛盾双方整合的可能,就好像面临多与寡的选择时,你不可能同时兼顾两者一样。在生活质量指标体系建构的过程中就存在着这样的与矛盾类似但又有所不同的制衡问题。

(一)测量维度离散与集中的制衡

生活质量概念的非确定性发展直接导致了应用领域的无限扩展,上至官方话语的政治目标,下至平民百姓的日常生活,生活质量频繁出现在报纸、杂志、电视、广播、互联网等各种媒介中。一方面它仿佛成了人们心中不言自明的概念,另一方面在特定语言、语境中它所体现的价值内涵却各不相同。加之生活质量的主题广泛渗透到各个不同的学科领域,社会学、经济学、医学、政治学、心理学等不同学科的交流融合极大拓展了生活质量的内涵与外延。这种繁荣发展的趋势却给生活质量的测量带来很大困扰。概念的多元化直接导致那些以生活质量的名义进行的测量研究所包含的维度大相径庭。康明斯曾经在分析了 32 项研究后就指出了 173 个研究领域(Cummins, 1996)。反映到生活质量指标体系建构中的测量维度数量更是难以统计,没有人能够说得清到底有多少个不同的维度曾经出现在各类生活质量测量中,而且数量呈现出逐渐扩大的趋势。

某些研究似乎热衷于建构一个规模庞大的生活质量指标体系,认为涵盖的测量维度越广泛,越能反映生活质量的综合情况。

然而殊不知测量维度的离散与集中之间存在着某种制衡。虽然从理论上来讲，越倾向于可靠、有效、全面的分析，就需要越多的测量维度，但是就某一项具体研究来说，并非规模越大越好。因为规模庞大的生活质量指标体系在数据的收集过程中往往会遇到很多困难。以经合组织的社会指标体系为例，在统计研究中，曾经遇到过总共 52 个指标中仅仅有 17 个指标收集到了所有成员国的数据，最困难的一个指标甚至只收集到 10 个成员国数据的窘境（Kalimo，2005）。除此之外，如果缺乏核心的概念建构和明确的概念框架，测量维度过于离散的指标体系在研究结论的信度和效度方面都存在很多问题。我们需要的不是一个大而无当的生活质量指标体系，而是一个中心明确、结构紧凑的指标体系，因此有必要在测量维度的离散与集中之间寻找一个最佳的平衡点。一个行之有效的办法是在深入分析常用维度的基础之上，根据特定的研究意图和研究兴趣，有选择性地将新的维度整合其中。例如，《国际生活》的生活质量指标体系除了包含通常出现的经济、文化、环境、健康等一些核心维度外，还将气候维度纳入了指标体系框架中。这样一种研究创新给人们很多启示：在衡量一个国家的生活质量好坏时，还可以通过对气候因素的分析，得出关键性的结论。这也就不难理解为什么在分析法国蝉联世界生活质量最高的国家时，特别提到了其拥有极佳的气候条件。

（二）体系建构复杂与简单的制衡

生活质量指标体系不但是多维度的，还具有多层次的特性，有许多细节的构成问题需要考虑。一个成熟的指标体系少则十几个指标（如欧洲生活质量量表），多则成百上千个指标（如世界银行的 WDI 指标体系有将近 700 个指标，欧洲社会指标体系的一个"劳动力市场和工作情况"维度就有 162 个指标），如何将这些指标合理有序地整合到一个指标体系框架中是一项十分复杂的工作。一般而言，一个综合性的生活质量指标体系的层次结构在3~6层之间比较合理。如果指标体系设计得过于繁琐,分支层次过多,势必将研究者的注意力吸引到细小的问题上。而且臃肿的结构不但给实际的调查工作带来沉重负担,还会给数据分析增添难度。反之,如果指标体系设计得过于简单,分支层次过少,指标过粗,也会让人对指标体系的研究效力产生怀疑。毕竟生活质量是一个涵盖领域广泛、内容丰富的概念,只采用少量的指标和简化的逻辑关系很难充分反映概念的内涵。

如何在复杂与简单之间寻求平衡,将抽象的生活质量概念操作化为一个层次分明、逻辑关系清晰的指标体系并不是一件轻而易举的事情。指标体系建构的复杂与简单其实是与测量维度离散与集中一脉相承的问题。只有首先明确了合理的测量维度数量,才能进一步确定每一个测量维度的具体结构和相应的指标数量。欧洲社会指标体系在建构过程中的经验具有较高的借鉴价值。它首先明确了与欧洲社会政策热点问题息息相关的14个生活领域;其次在每一生活领域内区分了不同的目标维度,并且结合了社会变迁的内容;第三步就是明确测量维度;再将测量维度分解为不同的次级维度;最后在次级维度上实现指标操作化。整个研究过程结构严谨,逻辑关系清晰准确。

四、指标体系建构的审慎认知

从最初经济学家基于对GDP指标的批判与修正而关注生活质量,到社会学家从多方位开展生活质量研究,生活质量的理念已经广泛渗透到社会生活的方方面面,成为当今最具影响力的研究领域和公众关注领域之一。

受社会指标运动和经济学量化思维的影响,在对生活质量进行评估的探索性研究中,运用指标体系收集数据,进行统计分析的方法一直以来占据主导地位,由此形成了不计其数的生活质量指标体系。从个体层面到群体层面，这种对抽象的生活质量概念进行的操作化过程，充满了重重矛盾与制衡问题，然而恰恰是这种不确定性的发展使它成为一个充满魅力的研究领域。

当我们徜徉于这个方兴未艾的研究领域，热衷于建构层级分明、结构庞大的生活质量指标体系、用一连串的数字反映错综复杂的生活现象时，审慎的意识更应该长存头脑之中（Cobb and Rixford，1998）：

- 得出一个数字并不等于建立了一个良好的指标，这是因为"量"能揭示"质"，但"质"的意义永远是不明确的，因此所有关于"质"的陈述都是临时的，而不是最终确认的。

- 有效的指标体系需要一个明确的概念基础。在开始创建一个指标的时候，首先必须花时间思考清楚到底想要测量什么。否则的话，很可能最终虽然得到一个指标，但它实际测量的却并非你所想要的内容。在理想的情形下，概念应当在收集数据之前就已经界定好，但实际上这并不容易。另一方面，虽然测量能帮助澄清一个概念，但概念本身不能从数据里浮现出来。

- 不存在价值无涉（value-free）的指标。没有一套指标体系能与价值观脱钩，因为"所有严肃的指标体系工作都是政治化的"。从选择指标到拟定调查问题，都充斥着对价值观的判断。认真考虑每一个指标背后隐藏的价值理念，可以形成更加平衡的陈述。忽略对其的分析或解释并不能使指标报告价值中立。

- 综合性可能会成为效用的敌人。社会指标体系的综合性常常会损害到其效用的发挥。历史上最有效的指标体系都倾向于专注单一议题，指导人们思考更深层次的问题。试图使用大量指标来探寻社会的所有方面，以勾勒出更加详尽的细节是很自然的想法。然而通常更为有效的方法是选择少数更富洞察力的指标来反映复杂的整体情况。此外指标所阐述的内容往往比指标本身更为重要。覆盖小范围受众的指标体系一般都更为有效。

- 某一个指标的象征性价值会超越其作为一个事实测量的价值。尽管数值型数据常常用于报告实在的事实，然而更重要的是我们应该记住数字也可以作为某些象征。尤其是那些综合了很多因素的指数数字更是如此。在这些指数中，人们通常并不清楚这些指数在具体的术语中测量的到底是什么，因此它唯一的功能就是一种象征。一个指标的象征功能也是它与统计数值的最大区别。

- 指标不能与事实混为一谈，因为"即使是最好的指标，也只不过是对潜在的事实做出部分的衡量"。要克服这个问题，可利用多重的指标来衡量同一个社会现象。

- 一个民主的指标建立程序要求的并不仅仅是广泛的公众参与过程。许多指标研究群体似乎都认为程序公正会自动带来实质公正。根据该观点，如果社会指标是由广大的群体成员代表来开发，那么就会产生更好的社会结果。然而在实践中，情况却并非如此。由此产生的一系列指标在应对现行问题时作用十分有限。对于指标研究来说，与其只是强调程序公正，更为有效的是优先考虑实质公正。当然这并不意味着应该忽视程序公正，而是表明广泛参与可能并非是一项指标项目是否真正民主的最佳"指标"。

- 测量并不必然导致适当的行动。指标作为一项工具的意义仅仅在一定程度上是作为一个更大行动计划的组成部分。指标包含的新信息可能会改变人们的观念，但是与行动的联系却不是自动发生的。在一项指标研究得出最终报告后，研究者们希望他们的工作能产生某些积极的结果，但是通常而言很难明确指标本身能否达成项目的更宏大的目标。也就是说，在指标与行动之间的联系常常是很微弱的。

- 更清晰的信息会导致更好的决定和结果，但这并不容易，因为指标只对政策的制定产生间接的影响。行为因素的影响更大。
- 要解决问题，往往需要对某一特定的社会问题具备创新的想法，因为指标具有启示的作用，在理论上就是引导人们去重新思考对某个问题的共同理解。
- 要采取行动，就应当查找能显示某一特定社会问题的成因，而并非症状的指标。单纯叙述指标而缺乏对趋势的见识，通常都会更难拟定补救的行动。
- 如果能同时控制资源的话，即如果建立指标体系的人员"与有权力进行实质改变的人士有联系"的话，指标体系可作为设定结果的基础。这能使我们更进一步去界定究竟是谁实际上有权力去采取行动。

生活质量研究虽然只有短暂的过去，但自始至终人们对量化评价方式的推崇从未停止，数量庞大的生活质量指标体系的存在似乎用事实表明这才是研究生活质量最有效的方式。然而对指标体系的审慎认知有助于我们从盲目的数字崇拜中清醒过来，能够更加科学全面地看待它的现实局限性，在使用与分析的过程中客观评价它的作用与意义。人类对生活质量的追求从未停止，正如生活本来多姿多彩的特性一样，对生活质量的评价研究也并非只有量化的方式一种。早在 1997 年帕克尔（Parker）就曾经利用生活历史法（life history methods）从事生活质量研究。这是一种定性研究方法，强调通过对生活历史的叙述来确定影响主观幸福感的主要因素。在研究中，帕克尔使用该方法分析了来自于柬埔寨、老挝和越南，现已在明尼阿波利斯/圣保罗地区定居的 40 名男性和 5 名女性。结果发现这些人的生活质量会受到某些情绪的影响,例如失去一种生活方式,失去重要的亲人,角色缺失,对丧失文化传统和无法向年轻一代传递文化的恐惧等等(Parker,1997,cited in Sirgy,2001)。哈维(Harvey)认为时间-序列分析(time-series analysis)也可以为生活质量研究提供有价值的数据资源(Harvey,1997,cited in Sirgy,2001)。他曾将时间-序列分析应用到与活动参与和时间分配相关的传统生活质量研究中。时间-序列分析包括许多方法论上的技术,如时间日记研究、事件历史分析、DNA 序列方法等等。这些与建构生活质量指标体系迥然不同的定性研究方法给我们很多有益的启示,不但有助于开阔研究思路,而且可以弥补单纯量化评价的不足,为生活质量研究提供重要补充。未来生活质量研究的发展趋势应该是在多元化的基础上,充分吸纳不同研究方法的精华,协同探索提高人类生活质量的奥秘所在。

参考文献

一、中文著作类

1. ［法］埃米尔·涂尔干著,渠东译,2000,《社会分工论》,北京：生活·读书·新知三联书店。

2. ［法］弗郎索瓦·佩鲁著,张宁、丰子义译,1987,《新发展观》,北京：华夏出版社。

3. ［荷］玛格丽萨·德波尔著,王德辉等译,1998,《环境、空间和生活质量：可持续性的时间》,北京：中国环境科学出版社。

4. ［美］德尼·古莱著,高铦、温平、李继红译,2003,《发展论理学》,北京：社会科学文献出版社。

5. ［美］弗兰克·戈布尔著,吕明、陈红雯译,2001,《第三次浪潮——马斯洛心理学》,上海：上海译文出版社。

6. ［美］加尔布雷斯著,徐世平译,1965,《丰裕社会》,上海：上海人民出版社。

7. ［美］Robert J. Rossi and Kevin J. Gilmartin 著,李明、赵文璋译,1985,《社会指标导论——缘起、特性及分析》,台北：明德基金会生活素质出版部。

8. ［美］马斯洛著,刘烨编译,2005,《马斯洛的智慧（马斯洛人本哲学解读）》,北京：中国电影出版社。

9. ［美］沃林斯基著,孙牧虹等译,1999,《健康社会学》,北京：社会科学文献出版社。

10. ［瑞典］理查德·斯威德博格著,安佳译,2003,《经济学与社会学》,北京：商务印书馆。

11. ［西］马约尔著,吕臣重译,1993,《不要等到明天》,北京：社会科学文献出版社。

12. [印]阿马蒂亚·森著,任赜、于真译,2002,《以自由看待发展》,北京:中国人民大学出版社。

13. [英]布赖斯·特纳编,李康译,2003,《社会理论指南》,上海:上海人民出版社。

14. [英]伊恩·迈尔斯著,贾俊平译,1992,《人的发展与社会指标》,重庆:重庆大学出版社。

15. 鲍宗豪主编,1999,《当代社会发展导论》,上海:华东师范大学出版社。

16. 陈成文著,2000,《社会弱者论》,北京:时事出版社。

17. 陈根法、吴仁杰著,1988,《幸福论》,上海:上海人民出版社。

18. 成中英著,1985,《中国哲学的现代化与世界化》,台湾联经出版事业公司,超星电子图书。

19. 风笑天等著,1998,《中国城市居民生活质量研究》,武汉:华中理工大学出版社。

20. 冯俊科著,1997,《西方幸福论》,长春:吉林人民出版社。

21. 冯立天、戴星翼主编,1996,《中国人口生活质量再研究》,北京:高等教育出版社。

22. 冯立天主编,1992,《中国人口生活质量研究》,北京:北京经济学院出版社。

23. 高峰等著,2003,《生活质量与小康社会》,苏州:苏州大学出版社。

24. 郝超、王培霖、刘镜编著,2003,《经济学名著指南》,北京:民主与建设出版社。

25. 蒋萍等编著,1994,《社会统计学》,北京:中国统计出版社。

26. 李培林、朱庆芳著,2003,《中国小康社会》,北京:社会科学文献出版社。

27. 李鹏著,2000,《一次读完25本经济学经典》,长春:吉林人民出版社。

28. 李维著,2005,《风险社会与主观幸福》,上海:上海社会科学院出版社。

29. 刘兆佳等编,1992,《华人社会社会指标研究的发展》,香港:香港中文大学香港亚太研究所。

30. 刘兆佳等主编,1993,《华人社会社会指标研究新领域》,香港:香港中文大学香港亚太研究所。

31. 刘兆佳等编,1998,《华人社会的变貌:社会指标的分析》,香港:香港中文大学香港亚太研究所。

32. 马洪、孙尚清主编,1989,《经济与管理大辞典·续编》,北京:中国发展出版社。

33. 毛大庆著,2003,《城市人居生活质量评价理论及方法研究》,北京:原子能出版社。

34. 苗力田主编,1989,《古希腊哲学》,北京：中国人民大学出版社。

35. 齐铱编著,1998,《中国内地和香港地区老年人生活状况和生活质量研究》,北京：北京大学出版社。

36. 汝信等主编,2004,《2004年：中国社会形势分析与预测》,北京：社会科学文献出版社。

37. 社会工程研究室编,1984,《社会发展指标抉择：理论、方法、实例》,超星图书馆电子图书。

38. 沈振新主编,2003,《提高新世纪老年人生活质量研究：第二届华裔老人国际研讨会论文集》,北京：华龄出版社。

39. 石小玉主编、陈龙渊译,2002,《世界经济统计研究新进展》,北京：中央广播电视大学出版社。

40. 石智勇、李春亚主编,2000,《疾病与生活质量》,北京：军事医学科学出版社。

41. 宋林飞著,1999,《西方社会学理论》,南京：南京大学出版社。

42. 王宝琛编著,1989,《现代统计指标体系》,上海：上海社会科学院出版社。

43. 王建成等著,2005,《中国生活质量报告》,上海：文汇出版社。

44. 王立彦、李心愉著,1994,《官方统计与国际比较统计》,北京：北京大学出版社。

45. 王善澄主编,1997,《实用康复精神医学》,长沙：湖南科学技术出版社。

46. 邬沧萍主编,1990,《北京市人口老龄化与老年人口生活质量问题研究》,北京：北京燕山出版社。

47. 吴寒光主编,1991,《社会发展与社会指标》,北京：中国社会出版社。

48. 邢占军著,2005,《测量幸福——主观幸福感测量研究》,北京：人民出版社。

49. 杨贵庆编,2000,《城市社会心理学》,上海：同济大学出版社。

50. 尹继佐主编,2002,《提高城市的生活质量 2003年上海社会发展蓝皮书》,上海：上海社会科学院出版社。

51. 袁方主编,1995,《社会指标与社会发展评价》,北京：中国劳动出版社。

52. 张连城、张平、杨春学、郎丽华著,2017,《中国城市生活质量报告(2017)》,北京：社会科学文献出版社。

53. 张其仔著,2001,《新经济社会学》,北京：中国社会科学出版社。

54. 赵红梅、李景霞编著,2002,《现代西方经济学主要流派》,北京：中国财政经济出版社。

55. 中国社会科学院数量经济技术研究所编，1983，《社会经济指标研究资料》，超星图书馆电子图书。

56. 周长城等著，2001，《社会发展与生活质量》，北京：社会科学文献出版社。

57. 周长城著，2003，《经济社会学》，北京：中国人民大学出版社。

58. 周长城主编，2003，《现代经济社会学》，武汉：武汉大学出版社。

59. 周长城等著，2003a，《全面小康：生活质量与测量——国际视野下的生活质量指标》，北京：社会科学文献出版社。

60. 周长城等著，2003b，《中国生活质量：现状与评价》，北京：社会科学文献出版社。

61. 周海林著，2004，《可持续发展原理》，北京：商务印书馆。

62. 周运清等著，2004，《新编社会学大纲》，武汉：武汉大学出版社。

63. 朱启贵著，1999，《可持续发展评估》，上海：上海财经大学出版社。

64. 朱庆芳著，1992，《社会指标的应用》，北京：中国统计出版社。

65. 朱庆芳等著，2001，《社会指标体系》，北京：中国社会科学出版社。

二、中文论文类

1. A. 米克劳斯，韦鲁英译，"生活质量的国际研究"，《国外社会科学》，1990年，第4期，第60—65页。

2. J. 哈贝马斯，张庆熊译，"在全球化压力下的欧洲的民族国家"，《复旦学报（社会科学版）》，2001年，第3期，第114—121页。

3. K·苏斯耐、G·A·费舍，唐忠勋、叶南客译，"生活质量的社会学研究"，《国外社会科学》，1987年，第10期，第58—63页。

4. M·约瑟夫·舍杰，陈承蔚译，"从马斯洛的发展观引出的生活质量观"，《世界经济文汇》，1987年，第6期，第77—80页。

5. Morrison K. ，林嫒译，"生活质量指标简述"，《行政》，2005年，第18卷，总第68期，第359—392页。

6. R. 特斯勒，新馨译，"精神健康的社会学"，《国外社会科学》，2001年，第4期，第101—102页。

7. 陈爱红，"提高2型糖尿病患者治疗依从性、糖代谢指标及生活质量的护理体会"，《中国现代医生》，2015年，第1期，第96—98、101页。

8. 陈惠雄，"快乐经济学的理论难点、发展向度与现实价值"，《光明日报》，2006年11月20日。

9. 陈惠雄、刘国珍，"快乐指数研究概述"，《财经论丛》，2005 年，第 3 期，第 29—36 页。

10. 陈慧敏、傅开元，"颞下颌关节紊乱病与患者的生活质量"，2006 年 6 月 9 日，http://www.cndent.com。

11. 陈世平、乐国安，"城市居民生活满意度及其影响因素研究"，《心理科学》，2001 年，第 24 卷，第 6 期，第 664—666 页。

12. 陈义平，"两种生活质量评估方法的比较分析"，《广东社会科学》，1993 年，第 3 期，第 38—45 页。

13. 陈义平，"关于生活质量评估的再思考"，《社会科学研究》，1999 年，第 1 期，第 84—87 页。

14. 陈迎，"发展观的演进与发展的指标衡量"，《世界经济与政治论坛》，1997 年，第 4 期，第 5—9 页。

15. 陈震宇，"生活素质和社会指标体系"，《行政》，2005 年，第 18 卷，总第 68 期，第 393—412 页。

16. 成都市统计局，"衡量城市居民生活质量指标体系的探讨"，《成都经济发展》，2003 年 10 月 25 日，第 22—32 页。

17. 刁永祚，"论生活质量"，《经济学家》，2003 年，第 6 期，第 4—10 页。

18. 戴莉敏等，"全程饮食干预模式对糖尿病合并非酒精脂肪肝患者血糖、血脂达标率及生活质量影响的研究"，《中国护理管理》，2014 年，第 1 期，第 52—56 页。

19. 董清义，"当代发展观的演进及其价值取向"，《学术论坛》，2003 年，第 3 期，第 56—57 页。

20. 方积乾等，"与健康有关的生存质量的研究概况"，《中国康复医学杂志》，2000 年，第 15 卷，第 1 期，第 40—43 页。

21. 费孝通，"跨文化的'席明纳'——人文价值再思考之二"，《读书》，1997 年，第 1 期，第 3—9 页。

22. 风笑天、易松国，"武汉市居民生活质量分析"，《浙江学刊》，1997 年，第 3 期，第 47—50 页。

23. 风笑天、易松国，"城市居民家庭生活质量：指标及其结构"，《社会学研究》，2000 年，第 4 期，第 107—118 页。

24. 风笑天、赵延东，"当前我国城市居民的闲暇生活质量"，《社会科学研究》，1997 年，第 5 期，第 91—98 页。

25. 风笑天，"生活质量研究：近三十年回顾及相关问题探讨"，《社会科学研究》，2007 年，第 6 期，第 1—8 页。

26. 傅殷才,"资产阶级'生活质量'理论述评",《世界经济》,1983 年,第 3 期,第 74—76 页。

27. 高丙中,"社团合作与中国公民社会的有机团结",《中国社会科学》,2006 年,第 3 期,第 110—123 页。

28. 高永平、B. Murphy 等,"WHO 生活质量量表澳州中文版现场测试",《上海精神医学》,1997 年,第 4 期,第 292—297 页。

29. 宫宇轩,"社会支持与健康的关系研究概述",《心理学动态》,1994 年,第 2 期,第 34—39 页。

30. 郭熙保,"论发展观的演变",《学术月刊》,2001 年,第 9 期,第 47—89 页。

31. 郝潞霞,"当代发展观的演进及其人本化趋向",《新疆社会科学》,2004 年,第 6 期,第 1—5 页。

32. 郝元涛、方积乾,"世界卫生组织生存质量测定量表中文版介绍及其使用说明",《现代康复》,2000 年,第 4 卷,第 8 期,第 1127—1145 页。

33. 郝元涛、方积乾、吴少敏、朱淑明,"WHO 生存质量评估简表的等价性评价",《中国心理卫生杂志》,2006 年,第 20 卷,第 2 期,第 71—75 页。

34. 贺春临、周长城,"福利概念与生活质量指标——欧洲生活质量指标体系的概念框架和结构研究",《国外社会科学》,2002 年,第 1 期,第 51—55 页。

35. 候瑜,"加拿大城市生活质量指标的构建及对我国的启示",《统计教育》,2005 年,第 6 期,第 22—26 页。

36. 胡国清等,"生活质量研究概述",《湖南医科大学学报(社会科学版)》,2001 年,第 3 卷,第 2 期,第 48—51 页。

37. 胡荣,"厦门市居民生活质量调查",《社会学研究》,1996 年,第 2 期,第 82—87 页。

38. 胡锡琴等,"解析人类发展指数",《统计与决策》,2007 年,第 1 期,第 134—135 页。

39. 黄敬岁,"实践生活质素概念——为弱智人士的生活带来转变",《香港弱智人士家长联会毅行者社区教育中心〈通讯〉》,1999 年,第 12 期。

40. 纪昀,"1998 年度诺贝尔经济学奖得主阿马蒂亚·森对福利经济学的贡献",《世界经济》,1999 年,第 3 期,第 71—72 页。

41. 李静,"西方国家的社会福利与生活质量",《江西社会科学》,2005 年,第 12 期,第 170—173 页。

42. 李善同等,"发展观的演进与发展的测度",《管理世界》,1997 年,第 4 期,第 2—9 页。

43. 连玉明，"北京国际城市发展研究院在国内首家推出——中国城市生活质量评价指标体系"，《领导决策信息》，2005 年，第 34 期，第 12—13 页。

44. 林宏彩，"快速康复外科理念对胸腔镜肺癌手术围术期护理效果、疗效指标及生活质量的影响"，《全科护理》，2016 年，第 15 期，第 1562—1564 页。

45. 林南、王玲、潘允康、袁国华，"生活质量的结构与指标——1985 年天津千户户卷调查资料分析"，《社会学研究》，1987 年，第 6 期，第 73—89 页。

46. 林南、卢汉龙，"社会指标与生活质量结构模型探讨"，《中国社会科学》，1989 年，第 4 期，第 75—97 页。

47. 林素穗，"城市生活品质评量之研究——以台南市为例"，台湾立德管理学院地区发展管理研究所硕士论文，2004 年。

48. 刘洪敏等，"胃癌病人全胃切除术后延续性健康教育对近期生活质量及生理指标的影响"，《护理研究》，2013 年，第 13 期，第 1262—1264 页。

49. 刘继同，"生活方式与生活质量：中国社会福利研究的独特视角"，《华中师范大学学报（人文社会科学版）》，2003 年，第 42 卷，第 2 期，第 57—62 页。

50. 刘力，"经济全球化对国家主权的冲击与'新主权观'"，《世界经济与政治》，2002 年，第 4 期，第 77—81 页。

51. 卢汉龙，"来自个体的报告——上海市民的生活质量分析"，《社会学研究》，1990 年，第 1 期，第 71—91 页。

52. 卢淑华，"中国城市婚姻与家庭生活质量分析——根据北京西安等地的调查"，《社会学研究》，1992 年，第 4 期，第 84—91 页。

53. 卢淑华、韦鲁英，"生活质量与人口特征关系的比较研究"，《北京大学学报》，1991 年，第 3 期，第 56—67 页。

54. 卢淑华、韦鲁英，"生活质量主客观指标作用机制"，《中国社会科学》，1992 年，第 1 期，第 121—136 页。

55. 陆汉文，"论生活世界的内涵与生活质量测量"，《学术论坛》，2005 年，第 11 期，第 109—114 页。

56. 罗萍等，"国内生活质量指标体系研究现状评析"，《武汉大学学报（人文社会科学版）》，2000 年，第 53 卷，第 5 期，第 645—649 页。

57. 罗萍，"国内生活质量指标体系研究积极成果评述"，《中国人口科学》，2000 年，第 6 期，第 36—42 页。

58. 罗萍、姜星莉，"试论生活质量评估的客观指标、主观指标及主客观指标辐合趋势",《市场与人口分析》,2002 年,第 8 卷,第 2 期,第 50—56 页。

59. 罗跃嘉、买晓琴,"美国国家心理健康研究所介绍",《心理学动态》,2001 年,第 1 期,第 88—94 页。

60. 马惠娣,"闲暇时间与'以人为本'的科学发展观",《自然辩证法研究》,2004 年,第 6 期,第 100—102 页。

61. 潘祖光,"'生活质量'研究的进展和趋势",《浙江社会科学》,1994 年,第 6 期,第 73—76 页。

62. 彭念一、李丽,"我国居民生活质量评价指标与综合评价研究",《湖南大学学报》,2003 年,第 17 卷,第 5 期,第 21—25 页。

63. 秦斌祥、朱传一,"美国生活质量研究的兴起",《美国研究》,1988 年,第 3 期,第 133—151 页。

64. 秦麟征,"关于美国的社会指标运动",《国外社会科学》,1983 年,第 2 期,第 29—36 页。

65. 桑强等,"社会发展观的现代趋向",《发展论坛》,1999 年,第 10 期,第 38—39 页。

66. 上海市城市社会经济调查队课题组,"城市居民生活质量评价指标体系的构建",《上海统计》,2002 年,第 12 期,第 16—19 页。

67. 沈杰,"从'GDP 崇拜'到幸福指数关怀——发展理论视野中发展观的几次深刻转折",《江苏行政学院学报》,2006 年,第 3 期,第 65—70 页。

68. 施祖辉,"台湾的生活质量指标研究",《统计与预测》,1995 年,第 6 期,第 14—17 页。

69. 司晓芸等,"理性情绪疗法对维持性血液透析患者生活质量的影响",《华南国防医学杂志》,2015 年,第 8 期,第 589—592 页。

70. 孙洁琬,"论联合国发展观念的更新与丰富",《政法论坛(中国政法大学学报)》,2001 年,第 4 期,第 149—155 页。

71. 孙君恒,"发展观的转变:由 GNP 到 HDI",《光明日报》,2003 年 8 月 19 日。

72. 田丽丽、刘旺、Rich Gilman,"国外青少年生活满意度研究概况",《中国心理卫生杂志》,2003 年,第 17 卷,第 12 期,第 814—816 页。

73. 万明钢、李艳红,"'学会共存'的教育理想与实践——纪念德洛尔报告发表 10 周年",《教育研究》,2006 年,第 12 期,第 17—21 页。

74. 王凯、周长城,"生活质量研究的新发展:主观指标的构建与运用",《国外社会科学》,2004 年,第 4 期,第 38—42 页。

75. 王威、陈云,"欧洲生活质量指标体系及其评价",《江苏社会科学》,2002

年,第1期,第182—186页。

76. 王艳萍,"阿马蒂亚·森的'能力方法'在发展经济学中的应用",《经济理论与经济管理》,2006年,第4期,第27—32页。

77. 王正平,"社会生态学的环境哲学理念及其启示",《上海师范大学学报:哲学社会科学版》,2004年,第33卷,第6期,第1—8页。

78. 魏海燕,"人类社会发展观的演进与科学发展观的提出",《社会科学论坛(学术研究卷)》,2005年,第3期,第87—90页。

79. 魏巍等,"SF-36量表评价代偿期乙型肝炎肝硬化患者抗病毒治疗对生活质量的改善作用及相关指标分析",《肝脏》,2016年,第1期,第2—5页。

80. 吴淑凤,"多元视野中幸福理论及其对主观生活质量研究的现实意义",《武汉大学学报(哲学社会科学版)》,2004年,第57卷,第5期,第588—593页。

81. 吴姚东,"生活质量:当代发展观的新内涵——当代国外生活质量研究综述",《国外社会科学》,2000年,第4期,第51—54页。

82. 夏海勇,"生活质量研究:检视与评价",《市场与人口分析》,2002年,第8卷,第1期,第67—75页。

83. 萧新煌,"台湾的社会指标:回顾与展望",见刘兆佳等主编,1992,《华人社会社会指标研究的发展》,香港:香港中文大学香港亚太研究所,第1—21页。

84. 肖雪慧,"多样文化与普世价值",《社会科学论坛》,2003年,第7期,第10—18页。

85. 谢立中,"我国社会发展综合评价指标的再探讨",《南昌大学学报(社会科学版)》,1994年,第25卷,第1期,第3—10页。

86. 邢占军,"幸福指数的政策意义",《理论动态》,2006年,第1705期,第23—30页。

87. 许家成、王勉、向友余,"关于中国智障者生活质量的分析研究",《中国特殊教育》,2004年,第8期,第43—47页。

88. 许益军,"社会指标在公共政策中的缘起及局限性分析",《南京社会科学》,2006年,第3期,第49—55页。

89. 阎耀军,"中国大城市社会发展综合评价指标体系的建构",《天津行政学院学报》,2003年,第5卷,第1期,第71—76页。

90. 杨多贵等,"发展观的演进——从经济增长到能力建设",《上海经济研究》,2002年,第4期,第3—9页。

91. 杨绪忠,"人的精神生活质量的指标体系研究",《上海统计》,2002 年,第 10 期,第 21—23 页。

92. 姚开屏,"简介与评论常用的一般性健康相关生活质量表兼谈对未来研究的建议",《测验年刊》,2000 年,第 47 卷,第 2 期,第 111—138 页。

93. 叶南客,"苏南城乡居民生活质量评估与提高战略",《中国社会科学》,1992 年,第 3 期,第 135—148 页。

94. 叶文虎、栾胜基,"论可持续发展的衡量与指标体系",《世界环境》,1996 年,第 1 期,第 7—10 页。

95. 叶旭军,"城市外来农民工的健康状况及影响因素研究",《浙江大学博士学位论文》,2003 年。

96. 易松国,"影响城市婚姻质量的因素分析",《人口研究》,1997 年,第 21 卷,第 5 期,第 42—45 页。

97. 曾强、徐慧兰,"失业对精神与躯体健康的影响",《国外医学·精神病学分册》,2000 年,第 27 卷,第 1 期,第 13—16 页。

98. 曾毅、顾大男,"老年人生活质量研究的国际动态",《中国人口科学》,2002 年,第 5 期,第 59—69 页。

99. 张凤荣,"社会指标运动的背景及启示",《长春光学精密机械学院学报(社会科学版)》,2001 年,第 14 卷,第 2 期,第 42—44 页。

100. 张富良,"构建对弱势群体的社会关怀新探",《求实》,2002 年,第 10 期,第 52—54 页。

101. 张静,"可持续发展观视野中人的发展",《松辽学刊》,1999 年,第 1 期,第 5—8 页。

102. 张蕾,"国际生活质量研究协会简介",《国外社会科学》,2005 年,第 3 期,第 66—68 页。

103. 张蕾,"和谐社会与生活质量评价体系的再建构",《社会学视角下的和谐社会》,2006 年,北京:社会科学文献出版社,第 409—421 页。

104. 张蕾,"全球化视野下的社会凝聚:理论与实践探索",《世界民族》,2010 年,第 3 期,第 1—7 页。

105. 张鸣生等,"惠州农村社区康复模式",《中国康复医学杂志》,2005 年,第 20 卷,第 12 期,第 927—929 页。

106. 张文沛,"阿马蒂亚·森:良心的肩负者",《名仕》,2005 年,第 9 期。

107. 赵春丽、杨滨章、刘岱宗,"PSPL 调研法:城市公共空间和公共生活质量的评价方法——扬·盖尔城市公共空间设计理论与方法探析(3)",《中国园林》,2012 年,第 9 期,第 34—38 页。

108. 赵彦云、李静萍，"中国生活质量评价、分析和预测"，《管理世界》，2000年，第3期，第32—40页。

109. 赵玉川、胡富梅，"人类发展观的演进及可持续发展指标体系的确定"，《中国科技论坛》，1998年，第1期，第52—55页。

110. 郑杭生、李迎生，"全面建设小康社会与弱势群体的社会救助"，《中国人民大学学报》，2003年，第1期，第2—8页。

111. 郑晓瑛，"与健康相关的生活质量评估述论"，《人口研究》，1996年，第4期，第20—27页。

112. 钟庭耀等，"香港大学民意研究计划——保栢健康指标意见调查2006"，2006年7月19日，http://www. bupa. com. hk/Bupaactive/PDF/Bupa_July06_full％20report_v4. pdf。

113. 周长城，"社会发展的终级目标是提高人民的生活质量"，《武汉大学学报（哲学社会科学版）》，2004年，第57卷，第5期，第581页。

114. 周长城、蔡静诚，"生活质量主观指标的发展及其研究"，《武汉大学学报（哲学社会科学版）》，2004年，第57卷，第5期，第582—587页。

115. 周健华、李庆瑞，"基于社会凝聚的和谐社会建设"，《西安外事学院学报》，2008年，第3期，第13页。

116. 朱国宏，"生活质量与社会经济发展"，《人口与经济》，1992年，第5期，第36—42页。

117. 朱庆芳，"从社会指标体系看改革开放以来中国社会发展"，《当代中国史研究》，1996年，第3期，第25—33页。

118. 朱庆芳，"我国各省市区社会发展水平最新评价"，《开放时代》，1997年，第2期，第68—72页。

119. 朱韶蓁、张进辅，"话语分析理论及其在心理学研究中的应用"，《中国临床康复》，2006年，第14期，第126—128页。

三、英文学术资料

1. Allardt，E. 1993. "Having, Loving, Being: An Alternative to the Swedish Model of Welfare Research. " in *The Quality of Life*, edited by M. C. Nussbaum and A Sen. New York: Oxford University Press.

2. Argyle，M. 1999. "Causes and Correlates of Happiness. " pp. 353 - 373 in *Well-being*: *The foundations of hedonic psychology*, edited by D. Kahneman, E. Diener, and N. Schwarz. New York: Russell Sage Foundation. quoted from Phillips, D. 2006. *Quality of Life*: *Concept*,

policy and practice. London; New York: Routledge.

3. Bauer, R. A. (Ed.). 1966. *Social Indicators*: MIT Press. p. 1, quoted from Rapley, M. 2003. *Quality of Life: A critical introduction*. London: SAGE Publications Ltd. , p. 5.

4. Berger-Schmitt, R & H. -H Noll. 2000. "Conceptual Framework and Structures of European System of Social Indicators. " in *EuReporting Working Paper* 9. Mannheim: Centre for Survey Research and Methodology (ZUMA).

5. Bhandari, M. 2004. *Quality of life of urban working women*. Delhi Abhijeet Publications.

6. Biderman, A. D. 1974. "Social Indicators — Whence and Whither. " pp. 27 – 44 in *Social Indicators and Marketing*, edited by R. L. Clewett and J. C. Olson. Chicago: American Marketing Association. quoted from Sirgy, M. J. 2001. *Handbook of Quality-of-Life Research*. Dordecht, Netherlands: Kluwer Academic Publishers.

7. Bond, J. and Corner, L. 2004. *Quality of Life and Older People*. Maidenhead, Berkshire: Open University Press.

8. Borgatta, E. F. , and M. L. Borgatta (Eds.). 2000. *Encyclopedia of Sociology*: Macmillan Reference USA New York.

9. Bowling, A. 2005. *Aging Well: Quality of Life in Old Age*. Maidenhead, Berkshire: Open University Press. .

10. Bramston, P. 2002. " Subjective Quality of Life: the Affective Dimension. " pp. 47 – 62 in *The Universality of Subjective Well-Being Indicators* Dordrecht: Kluwer Academic Publishers.

11. Brock, D. 1993. "Quality of Life Measures in Health Care and Medical Ethics. " pp. 95 – 132 in *The Quality of Life*, edited by M. C. Nussbaum and A. Sen. New York: Oxford University Press.

12. Cantril, H. 1965. *The Pattern of Human Concerns*. New Brunswick: Rutgers University Press.

13. Carley, M. 1981. *Social Measurement and Social Indicators: Issues of Policy and Theory*. London; Boston Allen & Unwin. quoted from Sirgy, M. J. 1986. "A Quality-of-Life Theory Derived from Maslow's Developmental Perspective: ' Quality ' Is Related to Progressive Satisfaction of a Hierarchy of Needs, Lower Order and Higher. "

American Journal of Economics and Sociology 45：329.

14. Centers for Disease Control and Prevention. 2000. *Measuring Healthy Days*. Atlanta, GA：CDC. quoted from Rapley, M. 2003. *Quality of Life：A critical introduction*. London：SAGE Publications Ltd.

15. Clydesdale, T. T. 1997. "Family Behaviors among early U. S. Baby Boomers：Exploring the effects of religion and income change, 1965 - 1982." *Social Forces* 76：605 - 635. quoted from Diener, E. and R. Biswas-Diener. 2002. "Will Money Increase Subjective Well-Being?" *Social Indicators Research* 57：119 - 169.

16. Cobb, C. W. , and C. Rixford. 1998. *Lessons Learned from the History of Social Indicators*. San Francisco：Redefining Progress.

17. Cummins, R. A. 1996. "The Domains of Life Satisfaction：An Attempt to Order Chaos." *Social Indicators Research* 38：303 - 328.

18. Cummins, R. A. 1997a. *The Comprehensive Quality of Life Scale：Intellectual Disability*. Toorak：Deakin University Schoool of Psychology. p. 6, quoted from Rapley, M. 2003. *Quality of Life：A critical introduction*. London：SAGE Publications Ltd. , p. 53.

19. Cummins, R. A. 1997b. "Assessing Quality of Life." in *Quality of Life for People with Disabilities：Model, research and practice, 2nd edn.* Cheltenham：Stanley Thornes. , quoted from Rapley, M. 2003. *Quality of Life：A critical introduction*. London：SAGE Publications Ltd. , p. 4.

20. Cummins, R. A. 2000. "Objective and Subjective Quality of Life：An interactive model." *Social Indicators Research* 52：55 - 72.

21. Cummins, R. A. , and J. Cahill. 2000. "Progress in Understanding Subjective Quality of Life." *Intervencion Psisocial：Revista Sobre Igualdady Calidad De Vida* 9：185 - 198. quoted from Gullone, E. , and R. A. Cummins (Eds.). 2002. *The Universality of Subjective Wellbeing Indicators：A multi-disciplinary and multi-national perspective*. Dordrecht：Kluwer Academic Publishers. p. 48.

22. Day, R. 1987. "Relationship between Life Satisfaction and Consumer Satisfaction." in *Marketing and the Quality of Life Interface*, edited by A. Coskun Samli. NY：Quorum Books.

23. Delhey, J. , P. Böhnke, R. Habich, and W. Zapf. 2002. "Quality of

life in a European Perspective: The EUROMODULE as a New Instrument for Comparative Welfare Research. " *Social Indicators Research* 58: 163 – 176.

24. Diener, E. , R. A. Emmons, R. J. Larsen and S. Griffin. 1985. "The Satisfaction with Life Scale. " *Journal of Personality Assessment* 49: 71 – 75.

25. Diener, E. , E. Sandvik, L. Seidlitz, and M. Diener. 1993. "The Relationship between Income and Subjective Well-being: Relative or absolute?" *Social Indicators Research* 28: 195 – 223. quoted from Diener, E. and R. Biswas-Diener. 2002. " Will Money Increase Subjective Well-Being?" *Social Indicators Research* 57: 119 – 169.

26. Diener, E. and E. Suh. 1997. "Measuring Quality of Life: Economic, social and subjective indicators. " *Social Indicators Research* 40: 189 – 216.

27. Diener, E. , E. M. Suh, R. E. Lucas, and H. Smith. 1999. "Subjective Well-being: Three decades of progress 1967 – 1997. " *Psychological Bulletin* 125: 276 – 302. quoted from Gullone, E. , and R. A. Cummins (Eds.). 2002. *The Universality of Subjective Wellbeing Indicators: A multi-disciplinary and multi-national perspective*. Dordrecht: Kluwer Academic Publishers. p. 48.

28. Diener, E. and R. Biswas-Diener. 2002. " Will Money Increase Subjective Well-Being?" *Social Indicators Research* 57: 119 – 169.

29. D'Iribarne, Phillipe. 1974. "The Relationship between Subjective and Objective Well-being. " in *Subjective Elements of Well-being* , edited by Burkhard Strumpel. Paris: OECD. quoted from Sirgy, M. J. 2001. *Handbook of Quality-of-Life Research*. Dordecht, Netherlands: Kluwer Academic Publishers.

30. Erikson, R. 1993. "Descriptions of Inequality: The Swedish Approach to Welfare Research (p. 67 – 83). " pp. 67 – 87 in *The Quality of Life* , edited by M. C. Nussbaum and A. Sen. New York: Oxford University Press.

31. EuroQOL Group. 1990. "EuroQOL-a new Facility for the Measurement of Health-related Quality of Life. " *Health Policy* 16, p. 199. quoted from Rapley, M. 2003. *Quality of Life: A critical introduction*.

London: SAGE Publications Ltd. , p. 16.

32. Fayers, PM. , and D. Machin. 2000. *Quality of Life: Assessment, Analysis and Interpretation*. West Sussex: John Wiley & Sons.

33. Ferriss, A. L. 1988. "The Uses of Social Indicators." *Social Forces* 66: 601 - 617.

34. Flynn, P. , D. Berry, and T. Heintz. 2002. "Sustainability and Quality of Life Indicators: Toward the Integration of Economic, Social and Environmental Measures." *Indicators: The Journal of Social Health.* Vol. 1, No. 4.

35. Frisch, M. 2006. *Quality of Life Therapy: Applying a Life Satisfaction Approach to Positive Psychology and Cognitive Therapy.* Hoboken, N. J: John Wiley & Sons. Ltd.

36. Gilman, R. , and E. S. Huebner. 2000. "Review of Life Satisfaction Measures for Adolescents." *Behaviour Change* 17: 178 - 195.

37. Glatzer, W. , S. Below, and M. Stoffregen (Eds.). 2004. *Challenges for Quality of Life in The Contemporary World: Advances in quality-of-life studies, theory and research.* Dordrecht; London; Boston: Kluwer Academic Publishers.

38. Gullone, E. , and R. A. Cummins (Eds.). 2002. *The Universality of Subjective Wellbeing Indicators: A multi-disciplinary and multi-national perspective.* Dordrecht: Kluwer Academic Publishers.

39. Hagerty, M. R. , J. Vogel, and V. Miller (Eds.). 2002. *Assessing Quality of Life and Living Conditions to Guide National Policy: The state of the art.* Dordrecht; London; Boston: Kluwer Academic Publishers.

40. Harvey, Andrew S. 1997. "Time Use Analysis in Quality of Life Studies." in *Developments in Quality-of-Life Studies Vol. 1*, p. 381, edited by H. Lee Meadow. Blacksburg, Virginia: International Society for Qualify-of-Life Studies. quoted from Sirgy, M. J. 2001. *Handbook of Quality-of-Life Research.* Dordecht, Netherlands: Kluwer Academic Publishers.

41. Headey, B. , and A. Wearing. 1989. "Personality, Life Events and Subjective Well-being: Toward a dynamic equilibrium model." *Journal of Personality and Social Psychology* 57: 731 - 739.

42. Henderson, H. , J. Lickerman, and P. Flynn. 2000. *Calvert-Henderson Quality of Life Indicators*: Calvert Group Lanham, Md.

43. Hudler, M. , and R. Richter. 2002. "Cross-national Comparison of the Quality of Life in Europe: Inventory of Surveys and Methods. " *Social Indicators Research* 58: 217 - 228.

44. Huebner, E. S. 2004. "Research on Assessment of Life Satisfaction of Children and Adolescents. " *Social Indicators Research* 66: 3 - 33.

45. Jacob, J. C. , and M. B. Brinkerhoff. 1999. "Mindfulness and Subjective Well-being in the Sustainability Movement: A further elaboration of multiple discrepancies theory. " *Social Indicators Research* 46: 341 - 368.

46. Jacob M. van Laar. 2005. *Quality of Life* [On-line]. Available from: www. eustar. org/download/SSc _ 2005/slides/day-2/2-5 _ JaapVanLaar. pdf.

47. Johansson, S. 2002. "Conceptualizing and Measuring Quality of Life for National Policy. " *Social Indicators Research* 58: 13 - 32.

48. Joyce, C. R. B. , Hannah M. McGee. , and Ciaran A. O'Boyle (Eds.). 1999. *Individual Quality of Life*: *Approaches to Conceptualisation and Assessment*. Amsterdam: Harwood Academic Publishers.

49. Kajanoja, J. 2002. "Theoretical basis for the measurement of the quality of life. " Pp. 63 - 80 in *The Universality of Subjective Wellbeing Indicators*: *A multi-disciplinary and multi-national perspective*, edited by E. Gullone and R. A. Cummins. Dordrecht: Kluwer Academic Publishers.

50. Kalimo, E. 2005. " OECD Social Indicators for 2001: A Critical Appraisal. " *Social Indicators Research* 70: 185 - 229.

51. Kind, P. , P. Dolan, C. Gudex, and A. Williams. 1998. "Variations in Population Health Status: Results from a United Kingdom national questionnaire survey. " *British Medical Journal* 316: 736 - 741.

52. Kuklys, W. , and A. K. Sen. 2005. *Amartya Sen's Capability Approach*: *Theoretical Insights and Empirical Applications*. Berlin: Springer Verlag.

53. Lamberton, D. (Ed.). 2002. *Managing the Global. Globalization*, *Employment and Quality of Life*. London and New York: IB

Tauris Publishers

54. Land，K. 2000. "Social indicators." in *Encyclopedia of sociology*, edited by E. F. Borgatta and M. L. Borgatta. New York: Macmillan Reference USA.

55. Lane, Robert E. 1991. *The Market Experience*. Cambridge, England: Cambridge University Press. quoted from Sirgy, M. J. 2001. *Handbook of Quality-of-Life Research*. Dordecht, Netherlands: Kluwer Academic Publishers.

56. Lane, R. E. 1994. "Quality of Life and Quality of Persons: A New Role for Government?" *Political Theory* 22: 219 – 252.

57. LaPointe. 2001. "Quality of Life with Brain Damage." *Brain and Language* 71: 135, quoted from Rapley, M. 2003. *Quality of Life: A critical introduction*. London: SAGE Publications Ltd. , p. 3.

58. Layard, R. 2005. *Happiness: Lessons form a New Science*. London: Allen Lane. p. 3.

59. Liao, P. S. , Y. C. Fu, and C. C. Yi. 2005. "Perceived Quality of Life in Taiwan and Hong Kong: An intra-culture comparison." *Journal of Happiness Studies* 6: 43 – 67.

60. Michalos, Alex C. 2003. *Essays on the Quality of Life*. Dordrecht; London; Boston: Kluwer Academic Publishers.

61. Mira, R. G. , D. L. Uzzell, J. E. Real, and J. Romay (Eds.). 2005. *Housing, Space and Quality Of Life*. Burlington: VT Ashgate Pub Ltd.

62. Morrison, K. 2005. "Quality of Life Indicators: An Introduction. " *Macau Study* 26.

63. Noll, Heinz-Herbert. 1996. "Social Indicators and Social Reporting: The International Experience", presented to *the Canadian Council on Social Development Symposium on Measuring Well-Being and Social Indicators*, October 4 – 5. Toronto.

64. Noll, Heinz-Herbert. 2002a. "Social Indicators and Quality of Life Research: Background, Achievements and Current Trends. " pp. 168 – 206 in *Advances in Sociological Knowledge over Half a Century*, edited by Nicolai Genov. Paris: International Social Science Council.

65. Noll, Heinz-Herbert. 2002b. "Towards a European System of Social

Indicators: Theoretical Framework and System Architecture. " *Social Indicators Research* 58: 47 - 87.

66. Noll, Heinz-Herbert. 2004. " The European System of Social Indicators: A Tool for Welfare Measurement and Monitoring Social Change. " in *the International Workshop on Researching Well-Being in Developing Countries*.

67. Nussbaum, M. C. , and A. Sen (Eds.). 1993. *The Quality of Life*. New York: Oxford University Press.

68. Parker, M. K. 1997. "Loss in the lives of Southeast Asian elders. " p. 70 in *Developments in Quality-of-Life Studies Vol. 1*, edited by H. Lee Meadow. Blacksburg, Virginia: International Society for Qualify-of-Life Studies. quoted from Sirgy, M. J. 2001. *Handbook of Quality-of-Life Research*. Dordecht, Netherlands: Kluwer Academic Publishers.

69. Peterson, M. 2003. "Climate as a Component of Objective Quality of Life in Countries of the World. " pp. 143~163 in *Advances in Quality-of-Life Theory and Research*, edited by M. J. Sirgy, D. R. Rahtz, and A. C. Samli. Dordrecht/Boston/London: Kluwer Academic Publishers.

70. Phillips, C, and M. Thompson. 1998. *What is a QALY?* London: Hayward Medical Communications.

71. Phillips, D. 2006. *Quality of Life: Concept, policy and practice*. London; New York: Routledge.

72. Phipps, S. 2003. *Social Cohesion and the Well-being of Canadian Children*. In Lars Osberg, ed. *The Economic Implications of Social Cohesion*. Toronto: The University of Toronto Press. pp. 79~120.

73. Pigou, A. C. 1929. *The Economics of Welfare*. London: Macmillan. p. 14, quoted from Glatzer, W. , S. Below, and M. Stoffregen. 2004. *Challenges for Quality of Life in the Contemporary World: Advances in quality-of-life studies, theory and research*. Dordrecht; London; Boston: Kluwer Academic Publishers, p. 22.

74. Rapley, M. 2003. *Quality of Life: A critical introduction*. London: SAGE Publications Ltd.

75. Ritchie, J. R. B. 1987. "Tourism, Marketing, and the Quality-of-Life " Pp. 47 - 62 in *Marketing and the Quality-of-Life Interface*, edited by A. C. Samli. New York: Basic Books. quoted from Peterson, M. 2003.

"Climate as a Component of Objective Quality of Life in Countries of the World." pp. 143 – 163 in *Advances in Quality-of-Life Theory and Research*, edited by M. J. Sirgy, D. R. Rahtz, and A. C. Samli. Dordrecht/Boston/London: Kluwer Academic Publishers.

76. Sartorius, N., and W. Kuyken. 1994. "Translation of Health Status Instruments." pp. 3 – 18 in *Quality of Life Assessment: International Perspectives*, edited by J. Orley and W. Kuyken. Berlin: Springer Verlag.

77. Schalock, R. L. 1996. "Reconsidering the Conceptualization and Measurement of Quality of Life." pp. 123 – 139 in *Quality of Life: Vol. I. Conceptualization and Measurement* edited by R. L. Schalock. Washington, DC: American Association on Mental Retardation.

78. Schalock, R. L. 2004. "The Concept of Quality of Life: What We Know and Do not Know." *Journal of Intellectual Disability Research* 48: 203 – 216.

79. Seed, P. 1992. "Assessing, Resource Allocation and Planning." A Literature Review focused on the placement of adults with learning difficulties in supported accommodation. *University of Dundee Social Work Department*. quoted from Seed, P., and G. Lloyd. 1997. *Quality of Life*. London: Jessica Kingsley Publishers.

80. Seed, P., and G. Lloyd. 1997. *Quality of Life*. London: Jessica Kingsley Publishers.

81. Sharma, L. R. (Ed.). 2005. *Quality of Life in the Himalayan Region*. New Delhi: Published for Institute of Integrated Himalayan Studies.

82. Sirgy, M. J. 1986. "A Quality-of-Life Theory Derived from Maslow's Developmental Perspective: 'Quality' Is Related to Progressive Satisfaction of a Hierarchy of Needs, Lower Order and Higher." *American Journal of Economics and Sociology* 45: 329 – 342.

83. Sirgy, M. J. 2001. *Handbook of Quality-of-Life Research*. Dordecht, Netherlands: Kluwer Academic Publishers.

84. Sirgy, M. J., and A. C. Samli (Eds.). 1995. *New Dimensions in Marketing/Quality-Of-Life Research*. Westport, CT: Quorum/Greenwood.

85. Sirgy, M. J. , D. R. Rahtz, and A. C. Samli (Eds.). 2003. *Advances in Quality-of-Life Theory and Research*. Dordrecht/Boston/London: Kluwer Academic Publishers.

86. Sirgy, M. J. , Don Rahtz, and Dong-Jin Lee (Eds.). 2004. *Community Quality-of-Life Indicators: Best cases*. Dordrecht; London; Boston Kluwer Academic Publishers.

87. Sirgy, M. J. , A. C. Michalos, A. L. Ferriss, R. A. Easterlin, D. Patrick, and W. Pavot. 2006. "The Qualityity-of-Life (QOL) Research Movement: Past, present, and future. " *Social Indicators Research* 76: 343 – 466.

88. South Australian Business Vision 2010 Inc. 2004. *Making a Difference through Benchmarking: Indicators of the State of South Australia*. Adelaide, South Australia: South Australian Business Vision 2010 Inc. quoted from Morrison, K. 2005. "Quality of Life Indicators: An Introduction. " *Macau Study* 26.

89. Taylor, C. 1993. "Explanation and Practical Reason. " pp. 208~232 in *The Quality of Life*, edited by M. C. Nussbaum and A. Sen. New York: Oxford University Press.

90. Thoits, P. , and M. Hannan. 1979. "Income and Psychological Distress: The impact of an income-maintenance experiment. " *Journalof Health and Social Behavior* 20: 120 – 138. quoted from Diener, E. and R. Biswas-Diener. 2002. "Will Money Increase Subjective Well-Being?" *Social Indicators Research* 57: 119 – 169.

91. Veenhoven, R. 1996. "Happy Life-expectancy, A Comprehensive Measure of Quality of Life in Nations. " *Social Indicators Research* 39: 1 – 58, quoted from Rapley, M. 2003. *Quality of Life: A critical introduction*. London: SAGE Publications Ltd.

92. Walzer, M. 1994. *Thick and Thin: Moral Argument at Home and Abroad*. Notre Dame, Indiana: University of Notre Dame Press. p. 18. quoted from Kajanoja, J. 2002. "Theoretical basis for the measurement of the quality of life. " p. 71 in *The universality of subjective wellbeing indicators: A multi-disciplinary and multi-national perspective*, edited by E. Gullone and R. A. Cummins. Dordrecht: Kluwer Academic Publishers.

93. Wang, L. 1994. "Quality of Life in Urban China: A Data-based Study in the City of Tianjin." UMI Dissertation Services.

94. Wolff, Edward N. (Ed.). 2004. *What Has Happened to the Quality of Life in the Advanced Industrialized Nations*. Northampton, MA: Edward Elgar Publishing.

95. Wood, V., M. L. Wylie, and B. Sheafor. 1969. "An Analysis of a Short Self-report Measure of Life Satisfaction: Correlation with Rater Judgments." *Journal of Gerontology* 24: 465 - 469.

96. Yankelovich, D. 1974. ". How Opinion Polls Differ from Social Indicators." pp. 54 - 56 in *Social Indicators and Marketing*, edited by R. L. Clewett and J. C. Olson. Chicago: American Marketing Association. quoted from Sirgy, M. J., A. C. Michalos, A. L. Ferriss, R. A. Easterlin, D. Patrick, and W. Pavot. 2006. "The Qualityity-of-Life (QOL) Research Movement: Past, present, and future." *Social Indicators Research* 76: 408 - 409.

97. Yuan, Lim Lan, Belinda Yuen, and Christine Low (Eds.). 1999. *Urban Quality of Life: Critical Issues and Options*. Singapore: School of Building and Real Estate, National University of Singapore.

98. Zapf, W. 1984. "Individuelle Wohlfahrt: Lebensbedingungen und wahrgenommene Lebensqualität." pp. 13 - 26 in *Lebens-qualität in der Bundesrepublik. Objektive Lebensbedingungen und subjektives Wohlempfinden*, edited by W. Glatzer and W. Zapf. Campus, Frankfurt/Main., quoted from European Union, Committee of the Regions. 1999. *Evaluating the Quality of Life in European Regions and Cities: Theoretical Conceptualization, Classical and Innovative Indicators*. Brussels: European Union, Committee of the Regions; Luxembourg: Office for official Publications of the European Communities. p. 14.

四、国际组织及外国政府出版物

1. ［埃］阿卜杜勒·马利克等著，杜越等译，1990，《发展的新战略》（联合国资料），北京：中国对外翻译出版公司。

2. 联合国开发计划署，中国国家计划委员会社会发展司编译，1995，《人类发展报告·1994》，牛津大学出版社。

3. 联合国开发计划署编,高春燕等译,2000,《1998 年人类发展报告》,北京：中国财政经济出版社。

4. 联合国开发计划署组织编著,2001,《2000 年人类发展报告：人权与人类发展》,北京：中国财政经济出版社。

5. 联合国开发计划署,2014,《2014 年人类发展报告：促进人类持续进步》,UNDP 中国官方网站。

6. 联合国开发计划署驻华代表处等,2013,《中国人类发展报告 - 2013 - 可持续与宜居城市：迈向生态文明》,北京：中国对外翻译出版公司。

7. 联合国开发计划署驻华代表处等,2016,《中国人类发展报告 2016：通过社会创新促进包容性的人类发展》,北京：中译出版社。

8. 《世界发展报告》编写组,2003,《2003 年世界发展报告(变革世界中的可持续发展)》,北京：中国财政经济出版社。

9. 世界银行,2015,《2015 世界发展报告》,北京：清华大学出版社。

10. 世界银行,2015,《2014 世界发展报告》,北京：清华大学出版社。

11. 世界银行,2017,《2018 世界发展报告：学习以实现教育的承诺》,https://www. sohu. com/a/195646892_810912。

12. 世界银行,2018,《2019 年世界发展报告：工作性质的变革(中文版)》,世界银行集团旗舰报告会议版本。

13. Australian Bureau of Statistics. 2001. *Measuring Wellbeing: Frameworks for Australian Social Statistics* [On-line]. Available from: http://www. abs. gov. au/AUSSTATS/abs-@. nsf/DetailsPage/.

14. Battaini-Dragoni, Gabriella and Stefano Nominioni. (2003). *The Council of Europe's Strategy for Social Cohesion* [On-line]. Available from: http://www. hku. hk/socsc/cosc/Full%20-paper/BATTAINI-DRAGONI%20Gabriella%2025. 11. pdf.

15. Bloom, David E, Patricia H. Craig, Pia N. Malaney. 2002. *The Quality of Life in Rural Asia*. Bethesda, Md. : LexisNexis.

16. Canadian Council on Social Development. 2000. *Social Cohesion in Canada: PossibleIndicators HIGHLIGHTS* [On-line]. Available from: www. ccsd. ca/pubs/2001/si/sra-542. pdf.

17. Craglia, M. , Leontodou, L. , Nuvolati, G. & Schweikart, J. 1999. *Evaluating Quality of Life inEuropean Regions and Cities*. Brussels: Committee of the Regions of the EuropeanUnion.

18. Economic Commission for Europe. 2001. *ECE Strategy for a*

Sustainable Quality of Life in Human Settlements in the 21st Century.
New York ; Geneva : United Nations.

19. Economic Commission for Europe. 1981. *Quality of Life and Human Settlements : Examples of Protection and Improvement in South European Countries.* New York: United Nations.

20. Economic and Social Commission for Asia and the Pacific. 1990. *Guidelines on Methodological Approaches to the Conduct of a Regional Survey of the Quality of Life as an Aspect of Human Resources Development.* New York: United Nations.

21. ESCWA. 2003. *Selected Social Indicators on Quality of Life in ESCWA region.* Bethesda, Maryland: LexisNexis.

22. European Union, Committee of the Regions. 1999. *Evaluating Quality of Life in European Regions and Cities: Theoretical Conceptualization, Classical and Innovative Indicators.* Brussels: European Union, Committee of the Regions; Luxembourg: Office for official Publications of the European Communities.

23. European Communities. 2000. *Improving the Quality of life: an Integrated Approach to Life Sciences in Europe.* Luxembourg: Office for Official Publications of the European Communities.

24. European Commission. 1999. *Quality of life and management of living resources: information package.* Luxembourg: Office for Official Publications of the European Communities.

25. Expert Meeting on Indicators of Environmental Quality and the Quality of Life, 1st, Paris, 1976. *Indicators of Environmental Quality and Quality of Life.*

26. FCM. 2004. *Quality of Life Reporting System Highlights Report* [Online]. Available from: http://www.fcm.ca/english/qol/reports.html.

27. Fradier, Georges. 1976. *About the Quality of Life.* Paris: UNESCO.

28. Jeannotte, M. Sharon, Dick Stanley, Ravi Pendakur, Bruce Jamieson, Maureen Williams, and Amanda Aizlewood. 2002. *SRA-631-Buying in or Dropping Out: The Public Policy Implications of Social Cohesion.* Ottawa: Strategic Research and Analysis Directorate, Department of Canadian Heritage.

29. Jeanotte, M. Sharon. 2003. *Social Cohesion: Insights from Canadian*

Research [On-line]. Presented at the Conference on Social Cohesion Hong Kong-November 29, 2003. Available from: www. hku. hk/socsc/ cosc/Full%20paper/Jeannotte%20Sharon_Full788. pdf.

30. Kan, Gloria Li. 2003. *Social Cohesion: A Global Issue of Increasing Importance* [On-line]. Available from: www. hku. hk/socsc/cosc/ prog. htm.

31. Levi, Lennart. and Andersson, Lars. 1974. *Population, Environment and Quality of Life: a Contribution to the United Nations World Population Conference.* Stockholm, Sweden: Allmänna förlaget.

32. Rahman, Tauhidur et al. 2005. *Measuring the Quality of Life across Countries: a Sensitivity Analysis of Well-being Indices.* Bethesda, Md. : LexisNexis.

33. Solomon, E. S. 1983. *Quality of life: Problems of Assessment and Measurement. Socio-economic Studies; Vol. 5.* Paris: UNESCO.

34. The WHOQOL Group. 1995. The World Health Organization Quality of Life Assessment (WHOQoL): Position paper from the World Health Organization. *Social Science andMedicine*, 41, 1403 – 1409.

35. The World Bank. 2018. *World Development Report* 2019: *The Changing Nature of Work.* [On-line]. Available from: http://www. worldbank. org/en/publication/wdr2019.

36. The World Bank. 2017. *World Development Report* 2018: *Learning to Realize Education's Promise.* [On-line]. Available from: http:// www. worldbank. org/en/publication/wdr2018.

37. UNESCO. 1981. *Quality of Life: Problems of Assessment and Measurement.* Paris: UNESCO.

38. United Nations. 1993. *Compendium of Social Development Indicators in the ESCAP Region : Quality of Life in the ESCAP Region.* [Bangkok]: Economic and Social Commission for Asia and the Pacific, United Nations.

39. World Health Organization. 1997. *WHOQOL: Measuring Quality of Life.* Geneva: World Health Organization.

五、网站信息
Websites

http://www.gesis.org/en/iz/

http://www.fcm.ca/

http://www.gloucestershire.gov.uk/index.cfm? articleid＝6551

http://www.calvert-henderson.com/index.htm

http://www.bigcities.govt.nz/About_the_Project/index.htm

http://www.worldbank.org/

http://socialreport.msd.govt.nz

http://www.who.int/

http://www.nimh.nih.gov/

http://www.cmha.org.uk/chinese/mental_info/mental_info.htm

http://www.mhf.org.tw/2003new/index.php

http://www.hkmhaf.org/main.php3

http://www.cob.vt.edu/market/isqols

http://www.eur.nel/fsw/soc/detabase.happiness

http://who.int

www.ccsd.ca

http://acqol.deakin.edu.au/index.htm

http://www.proqolid.org/questions.html＃term

Journals

Social Indicators Research

　　http://www.wkap.nl/jouranlhome.htm/0303-8300

Quality of life Research

　　http://www.wkap.nl/jouranlhome.htm/0962-9343

附录 图表目录

后　记

记得小时候有首脍炙人口的歌，名字叫做《幸福在哪里》。歌词大意是这样的："……幸福在哪里？朋友我告诉你，它不在月光下，也不在温室里。幸福在哪里？朋友我告诉你，它在你的理想中，它在你的汗水里……"现在回想起来，更能体味到它的真谛所在。不仅是因为研究生活质量、关注幸福，增加了很多对生活的理性感悟，更是因为全身心的投入与付出之后才深切地体会到内心的那种充实与淡定。

这是一本在博士论文基础上撰写的学术专著。感谢武汉大学的周长城教授将我带入生活质量研究的领域。周老师开阔的学术视野和对国际研究动态的敏锐把握，为我的博士深造提供了宽阔的研究平台。同时也要感谢我的学术引路人，硕士生导师周运清教授，老师精辟的分析与独到的见解常常令我有醍醐灌顶之感，循循善诱、指引我学会如何思考。虽尚不敢轻言研究如何，但毕竟小有心得。

从钟灵秀美的珞珈山来到草木青葱的暨南园，转变的是学习工作的地点，不变的却是对学术的态度与追求。至今忘不了盛夏酷暑奔波在北京查找资料的四十多个日日夜夜，希望穷尽国家图书馆的每一篇可以查阅的文献，即使小小的缩微胶片都不曾放弃；失眠之夜灵感突现用手机记录下写作思路的喜悦之情仿佛昨夜刚刚发生；更忘不了无数次熬红了双眼，即便"泪眼朦胧"依然挣扎在电脑前的分分秒秒。而今这一切都已经成为记忆的片断，唯有思绪万千沉淀在字里行间。虽然深知付出并不一定会有收获，但我依然执着地认为每个人内心深处或许都会有一个坚定的信念，于我而言，那便是用心、踏踏实实地做好每一件事情。

无论是珞珈山畔的寒窗苦读，与灯影相伴的日子、与书本相依的生活，还是暨南园里为人师表，从"青椒"渐褪稚涩，成长的道路上有幸得到太多师长的帮助与教诲。感谢每一位良师益友，你们的身上闪烁的不止学术的光芒，更有生活的智慧。还有我可爱的研究生们，"我们的群"里人丁兴旺，既有第一次做导师就让我马上荣升"师奶"的大师姐，又有或古灵精怪，或温柔婉约的小师妹和帅气多才的师弟。感谢你们给予我的信任和各种意外惊喜，更让我有机会时时与青春同频，感受年轻的阳光。

当然，更要感谢的是我的家人。人到中年，上有年迈多病的父母，下有稚嫩淘气的幼子，生活和工作的天平实难平衡。如果没有父母和婆婆无私的付出，帮我分担照料两个年幼的宝贝，我又怎能心无旁骛地投入工作与科研。如果没有爱人的理解与支持，每到周末开启超级奶爸一拖二模式，解我后顾之忧，我也不可能在最艰难的时刻能够顺利完成书稿。从北到南，一路风风雨雨，携手相伴近二十载，在人生追求幸福的课题中我们一直在摸索前行，希望也能有属于自己的精彩书写。

张 蕾

2019 年元月于广州

图书在版编目（CIP）数据

国际视野与中国实践：生活质量的指标体系研究/张蕾著.—
上海：上海三联书店，2019.4
ISBN 978-7-5426-6667-3

Ⅰ.①国…　Ⅱ.①张…　Ⅲ.①生活质量-评价指标-研究
Ⅳ.①C913.3

中国版本图书馆 CIP 数据核字（2019）第 071324 号

国际视野与中国实践：生活质量的指标体系研究

著　　者 / 张　蕾

责任编辑 / 杜　鹃
装帧设计 / 一本好书
监　　制 / 姚　军
责任校对 / 王凌霄

出版发行 / 上海三联书店
　　　　　（200030）中国上海市漕溪北路 331 号 A 座 6 楼
邮购电话 / 021-22895540
印　　刷 / 上海肖华印务有限公司

版　　次 / 2019 年 4 月第 1 版
印　　次 / 2019 年 4 月第 1 次印刷
开　　本 / 890×1240　1/32
字　　数 / 300 千字
印　　张 / 9.75
书　　号 / ISBN 978-7-5426-6667-3/C·584
定　　价 / 39.00 元

敬启读者，如发现本书有印装质量问题，请与印刷厂联系 021-66012351